Xav YR

P

BĂRBAŢI MANIPULAŢI

Cum să ieși din relațiile cu femei care manipulează

Traducere din limba franceză de
Renata Ungureanu

philobia

HOMMES SOUS EMPRISE

LES MANIPULATRICES DANS LE COUPLE

Xavier Cornette de Saint Cyr

BĂRBAŢI MANIPULAŢI

CUM SĂ IEȘI DIN RELAŢIILE CU FEMEI CARE MANIPULEAZĂ

Xavier Cornette de Saint Cyr

ISBN 978-606-9707-17-3

internet: www.philobia.com
e-mail: contact@philobia.com

***Editor:* Bianca Biagini**
Traducere: Renata Ungureanu
Redactare: Bianca Biagini
Corectură: Oana Ţăranu
DTP: Petronella Andrei
Copertă: Roxana Soare

Descrierea CIP a Bibliotecii Naţionale a României
DE SAINT CYR, XAVIER CORNETTE
Bărbaţi manipulaţi: Cum să ieşi din relaţiile cu femei care manipulează / Xavier Cornette de Saint Cyr; trad. din lb. franceză de Renata Ungureanu – Bucureşti: Philobia, 2021
ISBN 978-606-9707-17-3

I. Ungureanu, Renata (trad.)

159.9

Cuprins

Prefață

Christel Petitcollin

Trebuia să existe o carte ca aceasta! Este exact ceea ce ne lipsea fiecăruia din bibliotecă cu referire la manipularea mentală: adică o lucrare care să vorbească despre dominația psihologică, foarte specifică, la care o femeie manipulatoare își supune partenerul de viață.

Firește că această carte n-ar fi putut fi scrisă decât de către un bărbat, unul elegant de altfel, întrucât bărbații care cad victime sunt adesea ei înșiși niște gentlemeni. Să-i mulțumim deci lui Xavier Cornette de Saint Cyr, pentru că a dat dovadă de imparțialitate, de măsură și rafinament în abordarea acestui subiect, în pofida caracterului său obscur. Bărbații aflați sub dominație psihologică vor putea parcurge cartea fără a fi câtuși de puțin șocați de vreo urmă de vulgaritate. Iar să dai dovadă de clasă atunci când vorbești despre „nemernice", asta da realizare! Până la apariția cărții *Bărbați manipulați,* acea parte a literaturii ce trata subiectul era scrisă în mare parte de către femei, adresându-se femeilor și din perspectiva unei femei aflate sub dominație masculină. Eu însămi am fost părtașă la așa ceva. În lipsa unor publicații mai adaptate la situația proprie, bărbații care s-au numărat printre clienții mei mi-au citit cărțile. Chiar dacă afirmațiile mele i-au luminat și ajutat, mi-au mărturisit că s-au simțit frustrați pe tot parcursul lecturii, fiindcă s-au văzut nevoiți să facă în permanență efortul intelectual de a inversa situația pentru a și-o însuși. Dar, mulțumită cărții scrise de Xavier Cornette de Saint Cyr, vor putea, în sfârșit, să simtă că cineva li se adresează în mod direct.

Adesea, îmi încep conferințele pornind chiar de la niște scuze: *Dat fiind că, la plural, masculinul trebuie să prevaleze asupra genului feminin, conform regulilor noastre gramaticale, manipulatoarele, care sunt în număr la fel de mare precum manipulatorii, nu vor fi deloc reprezentate în expunerea mea.* Ei bine, da: limba franceză este sexistă într-un mod obiectiv. Date fiind astfel de cazuri, în care avem de-a face cu o femeie manipulatoare, sexismul contravine bărbaților, pentru că, la plural, ne referim folosind tot genericul „manipulatori". Dar poate ați mai remarcat o particularitate, și anume că noțiuni precum „călău" și „vânător" nu au feminin, pe când „victimă" și „pradă" nu au masculin. Ca atare, și bărbatul este tot victima *călăului* său! Cât de derutant! Numai că, după cum precizez și în lucrările mele și după cum o evidențiază și Xavier Cornette de Saint Cyr, bărbații au fost până în acest moment marii absenți ai mărturiilor legate de manipularea mentală. Sunt minoritari în cabinetele de terapie și aproape inexistenți în cadrul atelierelor de dezvoltare personală. Ba chiar, în unele dintre atelierele pe care le desfășor, publicul este 100% feminin. Puțini bărbați sunt dispuși să facă mărturisiri, iar să denunțe încă și mai puțini. Să sperăm că existența acestei cărți îi va impulsiona și pe ei să își spună povestea. Chiar dacă, în ultimii ani, mentalitățile sunt într-o perpetuă evoluție, bărbații încă nu au în reflex apelarea la ajutorul unui psiholog. Pentru cei mai mulți dintre ei, nici psihologia și nici dezvoltarea personală nu reprezintă o chestie „pe gustul lor". Nu putem nici să-i învinovățim în întregime: bărbații urmăresc un ajutor concret, eficace și imediat. Iar abordarea „psihologică" poate să li se pară prea abstractă, prea conceptuală, ba chiar trasă de păr. Cu toate acestea, coaching-ul ar putea preîntâmpina nevoia lor de eficacitate. Chiar și așa, trebuie găsit întocmai acel terapeut îndeajuns de familiarizat cu manipularea mentală, încât să știe să o numească, să o denunțe și să coordoneze corespunzător scăparea de sub jugul dominației.

Cum se face că fenomenul dominației psihologice a bărbaților este aproape necunoscut? Păi, acest lucru se întâmplă în mare parte din pricina codurilor de virilitate, care amplifică ascendentul pe care o femeie îl poate dobândi asupra unui bărbat.

Bărbaților nici măcar nu le stă în fire să ceară ajutorul: pentru că, nu-i așa, un bărbat își rezolvă singur problemele. Numai că dominația psihologică izolează și mai mult, când o singură privire exterioară ar permite regăsirea obiectivității. Spre deosebire de femei, care își destăinuie una alteia grijile, și chiar cu mare ușurință, bărbații nu au obiceiul de a vorbi prea mult. Societatea nu le permite să își denigreze în vreun fel partenerele. Dacă femeile se plâng între ele de partenerii lor de viață, bărbații nu prea fac lucruri de genul acesta, din galanterie, dar și din pudoare. Bărbații dominați psihologic sunt tocmai cei mai drăguți, cei mai amabili, cei mai toleranți și deci cei mai eleganți dintre bărbați. Tăcerea lor este un omagiu adus actualelor sau fostelor partenere de viață, deși ele nu merită acest lucru. Femeile care maltratează ar trebui denunțate la fel de ferm ca și bărbații cu devieri comportamentale. În momentul în care vor îndrăzni să spună prin ce trec, bărbații respectivi se vor elibera. Abia acum încep să apară mărturisiri de genul acesta și nu putem decât să sperăm că lucrarea de față va constitui bază legitimă și solidă care să permită bărbaților victime ale manipulării mentale să denunțe maltratările la care sunt supuși. Nu în ultimul rând, mai trebuie spus că aceleași coduri de virilitate fac ca un bărbat manipulat să fie aproape imposibil de auzit în societatea noastră. După cum bine ne explică Xavier, lucrul acesta se întâmplă chiar mai mult decât în cazul femeilor dominate – sunt întotdeauna înțelese pe de-a-ntregul, atunci când anturajul neagă puterea ascunsă a capcanei mentale în care poate fi prins un bărbat. Un bărbat nu are cum să fie captiv din punct de vedere mental! Ba mai rău: ideea că un bărbat ar putea fi bătut continuă să pară amuzantă. Totuși, glumele cu grasa și făcălețul ei vorbesc despre violența cu armă albă împotriva bărbatului.

La modul general, din lipsă de informații, societatea nu înțelege implicațiile dominației psihologice, fiind în incapacitatea de a evalua gravitatea unor asemenea situații. În pofida faptului că s-au înmulțit sinuciderile și cazurile soldate cu decesul femeilor abuzate, încă este greu de transmis mesajul cum că violența psihologică poate ucide și că persoana dominată este în pericol.

Și totuși, ar trebui să fie simplu de înțeles: manipularea mentală este un fenomen chiar standardizat! Este vorba de o veritabilă prădare psihologică, prin care o persoană acaparează și vampirizează energia vitală a unei alte persoane. Iar procedeul este metodic, la modul foarte sinistru: seducție, hărțuire, distrugere. În paralel, exact ca un leu (ba chiar ca o leoaică, în cazul nostru!), care vânează prin savană, prinderea prăzii presupune să o izolezi de restul grupului, să o îndepărtezi, să o dezorientezi, după care să o epuizezi și în cele din urmă să o devorezi liniștit, la adăpost de privirile celorlalți.

Manipulatorii și manipulatoarele au multe puncte în comun: vorbim despre oameni cu două fețe, patru sfori (seducția, victimizarea, intimidarea și culpabilizarea) și, mai ales, fără nicio limită sau scrupul. Sunt persoane imature, neresponsabile, mincinoase și calculate... Numai că femeia manipulatoare este, în continuare, acceptată din punct de vedere social: mitul femeii-copil, delicată și delicios de capricioasă continuă să trezească instinctul protector masculin.

Și victimele manipulării au multe lucruri în comun: sunt persoane cu profunde valori umane, empatice și binevoitoare. Dar, pe lângă propriile coduri de virilitate, bărbații mai au și puncte vulnerabile, tipic masculine, de care manipulatoarele știu să profite cu mare ușurință.

Este greu de crezut, dar bărbații sunt adesea mai dependenți de femei decât femeile de bărbați. Aceștia din urmă au mai mare nevoie să trăiască în cuplu decât femeile. Din punct de vedere statistic, 75% dintre divorțuri sunt inițiate de femei, în vreme ce doar 25% dintre bărbații care își părăsesc căminul conjugal pleacă de lângă neveste pentru a fi cu o altă femeie. Or, atunci când te afli sub controlul unei prădătoare, probabilitatea de a ajunge vreodată să cunoști o altă femeie devine aproape nulă. Inutil să te aștepți ca ea să te părăsească vreodată: un animal de pradă nu își lasă niciodată prada. În acest context, numai bărbatul este cel care poate fi la originea rupturii, ceea ce este extrem de complicat.

De aceea, în ciuda standardizării manipulării mentale, este important să scoatem la lumină particularitățile dominației psihologice a unui bărbat de către o femeie. Și doar un bărbat ar putea să le explice altor bărbați care sunt punctele lor slabe fără a-i ofensa în vreun fel. Deoarece femeile nu pot înțelege anumite moduri de funcționare strict masculine. Ce ar putea ști ele, de pildă, despre felul în care bărbații percep noțiunile de potență și impotență? Cum ar putea o femeie să înțeleagă ce simte un bărbat îndrăgostit atunci când îi spune „nu" femeii iubite și (se subînțelege) iubitoare? Se poate chiar întâmpla ca, uneori, când un bărbat îi spune „nu" unei femei, mai ales când aceasta așteaptă din partea sa susținere sau protecție, lucrul acesta să echivaleze cu a spune „nu" însăși propriei virilități. Culmea paradoxului apare atunci când se consideră că a răspunde unei manipulatoare cu propria-i monedă înseamnă a da dovadă de grosolănie maximă.

Xavier Cornette de Saint Cyr abordează totodată o serie de emoții, cu greu accesibile bărbaților. Cum pot fi ele gestionate și exprimate? Cum se poate ține doliul necesar în urma unei pierderi de orice fel, cum se poate trece prin perioadele de tristețe, cum se poate gestiona frustrarea, cum poți recunoaște că ai fost umilit... De la cele cât se poate de generale, când un bărbat se lasă dominat și maltratat de către o femeie, la altele mai specifice, mai intime, cum ar fi umilințele sexuale, ori cele care oscilează între refuz, dispreț, batjocură și infidelități...

Domnilor, mesajul acestei cărți este că nu sunteți singuri. Esența dominației psihologice este dorința cuiva de a vă lipsi de propria demnitate umană. Xavier Cornette de Saint Cyr vă oferă toate mijloacele necesare pentru a înțelege acest lucru și a vă elibera. Vă explică în ce măsură vă aflați în pericol prin prisma necunoașterii propriei valori și, mai ales, ce presupune regăsirea stimei de sine, ba chiar a iubirii de sine. Aveți dreptul de a fi respectat, de a fi tratat omenește. Și mai există o serie de alte drepturi ce merită recucerite: dreptul la fericire, la dragostea adevărată, sinceră, dreptul de a vă oferi plăceri și de a fi fericit ori de a vă distra... pe scurt, dreptul de a trăi (și nu numai acela de a supraviețui și atâta tot).

Parcurgând cartea *Bărbați manipulați,* pagină după pagină, m-am surprins gândindu-mă cu compasiune și afecțiune la fiecare bărbat manipulat pe care mi-a fost dat să îl cunosc de-a lungul anilor. Și la felul în care toate cazurile de hărțuire seamănă în mod izbitor, putând să regăsesc câte puțin din experiențele bărbaților respectivi în fiecare dintre aspectele descrise în carte. Ce păcat că o astfel de lucrare nu exista și pentru ei încă de pe-atunci, de pe vremea aceea! Fiindcă ar fi însemnat un ajutor de nădejde pentru ei în sinuosul demers pe care îl presupune eliberarea de dominația psihologică. Mi-ar plăcea să pot oferi cartea aceasta tuturor bărbaților care se numără printre clienții mei, ca un omagiu adus bunătății și curajului lor! Dar mai presus de orice, domnilor, dincolo de această lectură, trebuie să știți că există și femei iubitoare și de bună-credință. Ca atare, feriți-vă de ticăloase!

Christel Petitcollin
Scriitoare și conferențiar
Consilier și formator în domeniul
comunicării și dezvoltării personale
Autoarea lucrărilor *Gândesc prea mult,*
Scapă de manipulatori, Copiii manipulatorilor,
Copilul meu gândește prea mult și
Cu cât sunt mai inteligent, cu atât sunt mai ușor de manipulat
(lucrări apărute la Editura Philobia, www.philobia.com)

Introducere

Absenți neidentificați?

Copii fiind, am citit fel de fel de basme, care se încheiau invariabil astfel: „Și au trăit fericiți până la adânci bătrâneți și au avut mulți, mulți copii". Apoi, la maturitate, am ascultat cântecul Ritei Mitsouko: „Așa urât se încheie, de obicei, toate poveștile de dragoste." Iar, între timp, ne-am aplecat urechile la cântecul lui Jean Ferrat, *Aragon*: „Fericit cel ce moare din dragoste." La urma urmei, nici nu mai știi ce să crezi!

Ca să nu mai amintim și de cuvintele pe care mulți le folosesc pentru a verifica dacă și cât de satisfăcute sunt partenerele lor: „Și... ești mulțumită?" Așa se instalează îndoiala. Nu este totul simplu sau liniar. Dragostea te poate împlini într-un mod minunat. Doar că uneori ea reprezintă și un mecanism de distrugere în masă pentru acele persoane care îi transformă pe cei de lângă ele în niște simple marionete pe care le folosesc după bunul lor plac. Vom vedea cum și de ce se întâmplă așa ceva, dar vom căuta totodată și diverse mijloace de a scăpa de o potențială tactică de distrugere.

Să luăm drept exemplu cazul lui Édouard. Stând în picioare și vorbind pe un ton poate prea calm, lasă impresia individului obosit, care a încercat tot ce depindea de el pentru a face lucrurile cât mai bine, dar păstrează încă urmele unei răni după un eșec, care încă doare. La șaizeci de ani, constată că și-a irosit mai bine de două decenii din viață. Iar douăzeci de ani înseamnă mult, când fiecare zi este plină de urlete, neliniște și umilințe, ori când fiecare discuție, chiar și inofensivă în aparență, se sfârșește cu reproșuri și critici dureroase. Édouard face parte din consiliul director al unei instituții financiare. El răspunde de luarea unor importante decizii strategice, coordonează echipe de experți cu vechime și negociază cu reprezentanți ai unor mari grupuri internaționale. Este renumit pentru profesionalismul său, pentru latura sa afabilă într-un mod cât se poate de firesc, dar și pentru abilitățile de a-i coordona pe oameni. Este un director extraordinar, apreciat și respectat. Dar a existat și o altă parte a vieții sale; una în care, zi de zi, în intimitatea vieții sale de cuplu, se lăsa insultat, rănit, umilit de o femeie, și anume de soția sa. Acum, în sfârșit, este despărțit de ea, de mai bine de trei ani. Numai că a fost o despărțire care l-a costat mult, extrem de mult. Cel mai tare îl doare faptul că, de trei ani, nu-și mai vede copiii, pe care mama lor i-a montat împotriva lui. Copiii pe care i-a iubit întotdeauna foarte mult și de care s-a ocupat mereu nici nu mai vor să audă de el în acest moment. Édouard nu poate decât să constate, cu amărăciune, eșecul dezastruos al familiei pe care a încercat, în ciuda tuturor întâmplărilor, să o construiască și să o păstreze până în punctul în care s-a trezit înghițit de explozia care a avut loc. Bruno, pe de altă parte, are în jur de cincizeci de ani. Antreprenor, având o origine socială modestă, a muncit fără încetare pentru a pune bazele firmei de construcții la care visase. Iar aceasta este o reușită de care se declară perfect mulțumit. Nu rămâne cu un profit prea mare de pe urma încasărilor, mai ales că este nevoit să cumpere mereu cadouri din ce în ce mai costisitoare pentru soția sa, în ideea în care ar putea să o îmbuneze pentru a obține, în sfârșit, aparenta liniște la care visează. Numai că ce face el nu este niciodată îndeajuns. A trebuit să ia un credit uriaș pentru a achiziționa o reședință mare în zona Bordeaux, pe care doamna a ținut morțiș să o renoveze în întregime și pe care, ulterior, apelând la șantajul afectiv, a reușit să o treacă pe numele ei. Mai mult, și-a luat și un amant. Acesta din urmă, cu solicitudine și viclenie, i-a trimis lui Bruno un mesaj în care îi relata în termeni cât se poate de concreți și grosolani cum își petrecea timpul cu soția lui și tot ce-i făcea, chiar în momentul în care Bruno negocia un contract, undeva în celălalt capăt al Franței. Toate acestea au culminat cu un divorț deosebit de violent. Chiar dacă a fost dat afară din casă, Bruno nu a scăpat doar cu atât, a trebuit să se înhame și la plata unei pensii alimentare consistente, întrucât fosta soție a reușit să ascundă o bună parte din propriile venituri și a obținut și custodia copiilor. Ba chiar a ajuns să-l facă pe judecător să creadă că *ea* era cea supusă agresiunilor soțului său și că suferea deosebit de tare din această cauză. Deși cei doi s-au despărțit, femeia continuă să-l hărțuiască ori de câte ori are ocazia.

Ce au în comun Édouard și Bruno – și mulți alți bărbați, de altfel – ar fi faptul că, într-o zi, drumul fiecăruia dintre ei s-a intersectat cu cel al unei femei manipulatoare, care i-a sedus, făcându-i să viseze la un viitor minunat, iar apoi – lent, insidios și tenace – i-a stors de vlagă, până la ultimul strop, i-a distrus și privat de orice beneficiu, umilindu-i și lipsindu-i de prezența propriilor copii sau a celor apropiați. Vorbim despre genul acela de femeie capabilă să distrugă orice bucurie de a trăi, să compromită buna reputație a partenerului și relațiile pe care acesta le are cu familia, prietenii și colaboratorii. Pe femeie o caracterizează dorința aprigă de a ruina efectiv tot ceea ce are sau reprezintă un om.

Despre astfel de drame nu se vorbește deloc sau doar foarte puțin. Cu toate acestea, astfel de bărbați chiar există, bărbați călcați în picioare de agresivitatea de care poate da dovadă o femeie, o agresivitate pe care nici n-o bănuim. De ceva vreme, apar menționați sub numele de perverși narcisici. Mai ales atunci când, în lipsa unei definiții precise și atente, amestecăm în aceste noțiuni comportamente disparate, de la schimbările de dispoziție, până la violența fizică. Pericolul constă în a vedea perverși pretutindeni ori în a ignora o atitudine care rămâne scandaloasă și poate deveni primejdioasă. Despre „perversele narcisice", însă, nu se vorbește aproape niciodată.

Dacă lucrul acesta pe care îl numim „dominație" – însemnând sistemul care distruge capacitatea de a gândi analitic și de a acționa în fața executorului – este greu de înțeles de către femei, bărbații efectiv îl neagă cu desăvârșire. „Dacă te duce de nas, n-ai decât să mergi la alta!", „Eheee, ar trebui să-i mai arăți din când în când cine-i șeful!", „Ei, îți arde de glume! Vrei să mă faci să cred că te ține sub papuc nevastă-ta, care-i fată bună...!" Așa este construită societatea noastră: nimeni nu-și poate închipui că așa-zisul sex „tare" se lasă condus și maltratat de așa-numitul sex „slab".

Bărbaților care se regăsesc în situația aceasta le este pur și simplu rușine. Fac orice ca să ascundă realitatea și să-și păstreze dramul de demnitate care le-a mai rămas, pentru ca astfel să nu devină ținta glumelor tuturor. Ca atare, nici nu aduc în discuție acest subiect. Nimeni nu vrea să creadă în veridicitatea unei astfel de povești în care femeia domină un bărbat, ba, mai mult, o face ani la rând! Câte femei nu denunță lipsa de empatie față de suferințele lor în momentul în care depun plângeri la poliție! Chiar dacă lucrurile încep să se îmbunătățească din acest punct de vedere, în realitate, poliția și justiția încă nu au prea bine definite noțiunea de manipulare. Vă puteți imagina că lucrurile stau încă și mai rău când este vorba de un bărbat! În cel mai bun caz, i se va spune că tot ce are de făcut este să-și rezolve problemele de cuplu, cu care oricum se confruntă toată lumea, iar în cel mai rău caz – i se va râde în față.

Acești bărbați victime sunt „absenți". Așadar, despre ei vom vorbi. Pentru a vedea clar cine sunt și prin ce trec. Dar în niciun caz în spiritul parității ori al răzbunării, cu afirmații de genul „Ah, vedeți? Și femeile pot fi perverse, nu doar bărbații!" Sub nicio formă, pe nimeni nu interesează aspectele de genul acesta. Ideea este să scoatem la lumină o realitate ascunsă, din umbră, însă la fel de autentică, cu toată violența și durerea ce o caracterizează, cu întregul ei caracter distructiv. Așa cum se prezintă ea pentru bărbații în discuție și, din păcate, pentru copiii acestora.

Referitor la profilul fiecăruia, trebuie precizat că, atât femeia manipulatoare, cât și bărbatul manipulat își păstrează fiecare personalitatea și unicitatea. Există totuși unele constante, pe care le întâlnim de aproape fiecare dată, sau cel puțin variațiuni apropiate acestora, indiferent că apar încă de la debutul unei relații sau pe parcursul ei. Dintre toate aceste constante, unele se întâlnesc la toți manipulatorii, iar altele sunt mai degrabă specifice femeilor. Pe acestea urmează să le abordăm, ajutați de diverse mărturii, menite să ne permită să vedem felul în care anumite comportamente pot să se reflecte sub diverse forme. Bineînțeles, nu vom putea să abordăm absolut toate situațiile posibile; voi face referire la cele despre care chiar eu am cunoștință, fiindcă acestea ar trebui să fie îndeajuns pentru a alcătui o panoplie aproape exhaustivă.

Înainte de a începe, consider necesar să fac o precizare în privința vocabularului. Pentru că așa mi-am propus, cuvinte precum „manipulator", „manipulatoare", „manipulat" și „manipulare" vor fi folosite adesea, la fel și „victimă" ori „pradă", după ce vom fi stabilit mai bine ce înseamnă acestea, chiar dacă stilul poate părea la un moment dat greoi, pentru că se repetă aceleași noțiuni. Expresia „perversă narcisică" nu va fi utilizată (sau va fi utilizată foarte puțin), în primul rând pentru că nu este foarte des întâlnită, ca noi să ne putem construi o imagine despre ea *a priori*, iar în al doilea rând pentru că, spre deosebire de prima, expresia „pervers narcisic" (la masculin, deci) a fost într-atât de întoarsă pe toate părțile[1], încât a sfârșit prin a-și pierde din claritate.

Prima parte este una comună bărbaților și femeilor; comportamentele lor sunt identice. Cu toate acestea, în cărți, aproape întotdeauna se folosește cuvântul „manipulator". Prin urmare, bărbații trebuie să facă un efort intelectual (și uneori emoțional) când întâlnesc cuvântul respectiv și să-l înlocuiască cu „manipulatoare". Trebuie să schimbăm, în sfârșit, stilul acesta de a ne raporta la subiecți, iar întrucât cartea de față se referă la bărbații victime, atunci haideți să ne punem în locul lor și să vorbim de-aici înainte despre „manipulatoare" și numai despre „manipulatoare".

Iar acum, haideți să ridicăm cortina și să vedem ce se întâmplă în dureroasa intimitate a acestor cupluri, în care unul dintre protagoniști îl sfâșie și îl devorează pe celălalt.

---

[1] La începutul lui martie 2019, dacă tastai „pervers narcisic" pe Google, îți apăreau nu mai puțin de 1.640.000 de răspunsuri.

1

CÂND VORBIM DESPRE PERVERSIUNE

MANIPULARE ȘI PERVERSIUNE

Pentru a clarifica lucrurile

Influență și manipulare

În primul rând, trebuie să definim ce este manipularea și care sunt principalele ei caracteristici. Ce înseamnă, în esență, manipulare? Pare să fi apărut așa, dintr-odată; înainte era mai degrabă discretă, iar apoi, parcă într-un mod din ce în ce agresiv, toți au început să vorbească despre ea. Dar acest apelativ este folosit întotdeauna în mod corespunzător? Există situații în care o persoană.o acuză pe alta că ar fi manipulatoare, pentru că aceasta din urmă a făcut un lucru care celei dintâi nu i-a plăcut. Apoi, discutând cu persoana în cauză, aflăm că ea pur și simplu nu știe să spună „nu", din cauza lipsei de încredere în propriile forțe și a greutății pe care o întâmpină în ceea ce privește afirmarea de sine. Dacă vi se propune un proiect pe care să-l realizați și vă gândiți să refuzați, însă spuneți „da" din teama de a nu fi pe placul persoanei care îl propune sau de a lăsa o impresie neplăcută despre propria persoană, ori pentru a vă conforma comportamentului general de grup, atunci nu se poate spune (decât în situații specifice) că sunteți manipulată. În momentul de față, sunteți, pur și simplu, o persoană căreia îi lipsește încrederea în ea, la fel ca multor altor mii sau chiar milioane de persoane.

Tot așa se face adesea confuzie și între discursul folosit de cineva pentru a manipula o persoană și cerința pentru ca manipularea să fie făcută cu succes. Acest tip de discurs se atribuie în mod obișnuit liderului unei companii, însă îl putem întâlni și printre cei apropiați: vorbim aici despre o persoană care dispune de o anumită putere de seducție și care îi determină cumva pe ceilalți să o urmeze atunci când propune ceva, fiindcă o face cu entuziasmul necesar și dând dovadă de multă convingere. Este genul de persoană care emană o anumită „forță". Principalele caracteristici ale acestui tip de discurs sunt următoarele:

- Ceea ce se propune este cât se poate de clar; nu există nicio capcană, știți încotro vă îndreptați. Dacă apar dificultăți sau vi se cere să depuneți eforturi suplimentare, știți lucrul acesta încă de la început.
- Ce vi se propune este benefic pentru grup în ansamblu și/sau pentru dumneavoastră. Chiar dacă va trebui să vă dedicați din plin acestui lucru, la sfârșit veți ieși câștigător.
- Ce vi se propune presupune implicarea fiecărei părți: a dumneavoastră, desigur, dar și a persoanei din partea căreia vine propunerea. Aceasta nu va aștepta să faceți toată treaba și, după aceea, să aibă numai ea beneficii; deoarece trebuie să se ocupe, la rândul ei, de ceea ce are de făcut.

Discursul unei manipulatoare sună cu totul altfel! Este plin de informații vagi, ambiguități și neclarități, dar și minunate promisiuni legate de viitor, atâta doar că... sunt în egală măsură abstracte și lipsite de coerență: ce ar fi de câștigat din asta, mai exact? Când? Și în ce fel? Evident că, în momentul în care ați îndrăzni să cereți informații mai concrete, vi se va reproșa că sunteți fie fricos, fie prea timid și că nu vă încumetați să ieșiți din propria „zonă de confort“ (vai, groaznic, începe chiar să vă fie rușine!“). La fel, vi se poate spune că riscați să dați cu piciorul unei șanse unice (moment în care începe să vă fie teamă că ați putea rata afacerea secolului). Mai puteți fi acuzat – printr-un straniu amestec de dispreț, regret și ton amenințător – că pur și simplu „nu aveți încredere“ (aici, practic sunteți provocat ca, indiferent ce vi s-ar propune, să dați dovadă de încredere). Mai sunt cazuri în care vă treziți efectiv certat, luat la rost doar pentru că ați pus o întrebare! De fapt, discursul manipulatoarei poate fi recunoscut după două aspecte principale:

1. Dacă ați fi știut de la bun început despre ce era vorba, atunci nu v-ați fi luat niciodată angajamentul de a face așa ceva. Ca atare, vă obligă să faceți un lucru pe care altminteri, în cunoștință de cauză, nu l-ați fi făcut. Iar atunci când, în sfârșit, vă dați seama în ce v-ați băgat, din păcate este prea târziu pentru a mai da înapoi. Așa se și explică, de altfel, toată acea ambiguitate de la început, natura vagă a explicațiilor date: se urmărea obținerea unui acord din partea dumneavoastră.
2. Din orice unghi ați privi, rezultatul este negativ pentru dumneavoastră și benefic exclusiv pentru manipulatoare. Regula după care funcționează aceasta este „să ies mereu

în profit numai eu, iar celălalt să iasă în dezavantaj": ea se va bucura de 90% dintre avantaje, nelăsându-vă decât un „generos" 10% (maxim), ori chiar nimic, ba poate chiar o pierdere, la o adică. Mai există și situații în care constatați că, pentru a obține un rezultat, dumneavoastră a trebuit să vă suflecați bine mânecile și să faceți 90% din treabă, în vreme ce ea nu s-a străduit decât pentru vreo 10%. Cele mai experimentate dintre aceste femei câștigă pe ambele planuri: n-au făcut oricum mare lucru și au reușit să se aleagă și cu tot câștigul.

Dacă ar fi să facem referire la un exemplu din viața de cuplu, iată ce ar putea să însemne toate acestea într-o situație cât se poate de banală. Partenera dumneavoastră de viață, manipulatoare, propune să se ocupe ea de organizarea vacanței. V-ar fi plăcut să o petreceți într-un colțișor liniștit din Franța, pentru a vă odihni puțin. Ei bine, nici vorbă de așa ceva, pentru că veți nimeri fix în celălalt capăt al lumii: nisipuri albe, mări turcoaz și cocotieri. Nu-i nimic, sfârșiți prin a aproba alegerea ei. Trece pe la agenția de turism și vine acasă cu fel de fel de broșuri și propuneri de destinații. Și cu asta, gata, „treaba" ei se încheie aici (cu toate că se mai întâmplă să nu facă nici măcar atât). Căci, deși poate nu știți încă, veți afla cât de curând că va trebui să vă ocupați singur-singurel de transport, de cazare, vă veți informa ce vaccinuri sunt necesare și toate, absolut toate celelalte detalii legate de plecare vor intra tot în sarcina dumneavoastră.

Bun, dacă lucrul acesta se întâmplă doar o dată, nu e nicio dramă. Prima problemă, însă, ar fi faptul că un asemenea comportament nu este izolat; se repetă și intervine în toate aspectele vieții cotidiene, mai mult sau mai puțin importante.

Cea de-a doua problemă ar fi faptul că o manipulatoare dispune de două arme groaznice, de care se servește din plin: face în așa fel încât să vă simțiți îndatorat și, în plus, chiar vinovat. Apelează la celebrul reproș: „După tot ce am făcut pentru tine!" Ei, da! Culpabilitatea aceasta... vom reveni adesea asupra ei. Precum genul acela de buruiană de care nu reușești să scapi orice ai face, și ea se insinuează pretutindeni, tot timpul, năpădind tot mai mult spațiul. Dacă e să ne raportăm la exemplul dat mai sus, dumneavoastră sunteți practic cel care se face vinovat de ora nepotrivită a zborului, de locul neinspirat în care ați ales să vă fotografiați ori de proasta alegere a hotelului și tot așa. Dacă plouă, sunteți direct responsabil pentru timpul mohorât care vă strică vacanța, iar dacă vremea este frumoasă, atunci tot dumneavoastră sunteți de blamat pentru căldura insuportabilă; dacă locul este liniștit, atunci vă faceți vinovat pentru izolarea aceasta prostească, într-un colț uitat de lume, iar dacă este aglomerat – atunci clar sunteți răspunzător pentru vacarmul îngrozitor, care nu se mai termină. Pe scurt, orice ați face, se va dovedi rău sau, în orice caz, o alegere neinspirată. Cert este că pe dumneavoastră nu se poate conta: sunteți într-adevăr prea... (cel mai adesea, urmează o suită de adjective depreciative și ofensatoare). La revenirea din vacanță, toți cunoscuții vor fi deja la curent cu incapacitatea de care ați dat dovadă în organizarea unei simple vacanțe, lucru pe care până și un copil de 10 ani ar fi știut să-l facă.

Iată cam ce ar însemna, în mare, manipularea – fără a pătrunde în subtilități. Repetat în mod frecvent, modul acesta de a face lucrurile atrage după sine o pierdere graduală a tuturor reperelor pe care le aveți. La fel se va întâmpla și cu încrederea în propriile capacități, căci cum ați putea să v-o mențineți dacă vi se repetă constant că nu sunteți bun de nimic? Sfârșiți chiar prin a crede că e adevărat.

O armă fetiș

Să reținem de la bun început că arma fetiș a manipulatoarei este ambiguitatea, care, pentru ea, prezintă cel puțin șase puncte de interes:

1. Poate să se răzgândească cu ușurință: apelând la ambiguitate, vă pune în fața unui subterfugiu vag și incoerent, pe care poate ulterior să-l modeleze după propria-i dorință. De exemplu, nu-și duce frazele la bun sfârșit sau rostește o vorbă ce poate avea mai multe sensuri. Vă permite apoi să-i interpretați spusele, după care vă reproșează: „Dar eu nu am zis niciodată asta! Spui numai prostii!" sau „Dar era de la sine înțeles. Doar n-o să-ți dau mură-n gură, de parcă ai fi un copilaș!" Atunci, dumneavoastră sunteți de vină dacă nu ați înțeles... ceea ce oricum era imposibil de înțeles!
2. Nu-și asumă efectiv nicio răspundere și nici nu se implică. La început, poate lăsa impresia că o interesează să-și ia un angajament: „Bun, iată cum vom proceda..." Nu știți exact cine cu ce se ocupă și, în plus, nu aveți habar cum se va reflecta lucrul acesta din punctul de vedere al timpului, ceea ce, bineînțeles, îi va permite să vă acuze pe un ton răstit: „Poftim? Nu ai făcut nimic? Nu e gata?" Dacă cerința a fost făcută într-un mod echivoc, atunci sunteți îndreptățit să-i dați replica: „Dar în niciun caz nu asta trebuia făcut!" Ați înțeles totul greșit și, din păcate, sunteți res-

ponsabil pentru eșec. În mod obligatoriu sunteți de vină, pentru că ea oricum nu este niciodată.

3. Ascunde adevărata înfățișare a lucrurilor și vă pune în încurcătură: în felul acesta, își lasă loc de manevre. Ați crezut că trebuie să o luați la dreapta, iar ea vă reproșează că nu ați luat-o la stânga (sau invers). Oricum ar fi, ați greșit enorm în alegerea făcută. Vorbim aici despre acea teribilă dublă constrângere, despre care vom discuta și mai târziu.

Amestecând primele trei aspecte anterioare, obținem următorul „dialog":

Subiectul discuției – organizarea unui sfârșit de săptămână.

Domnul (*cât se poate de voios*):

— Ai să te bucuri să afli că am rezervat un weekend într-un parc de aventuri, unde putem inclusiv să ne cățărăm în copaci...

Doamna:

— Ce? Ți-ai pierdut mințile? Ai fi putut să-mi ceri părerea!

Domnul (*surprins*):

— Păi, nu spuneai tu zilele trecute că nu facem nimic împreună în weekend? Mi-ai zis să mă mai eliberez și să planific ceva original.

Doamna:

— Asta înseamnă că nici n-ai ascultat ce-am zis. Pentru că e nebunie curată să te cațeri în copaci!

Domnul (*derutat*):

— Dar când Bernard vorbea despre chestia asta serile trecute, ți s-a părut genială. Îi puneai tot felul de întrebări și îi spuneai că...

Doamna *(întrerupându-l)*:

— Zău că nu știu ce tot inventezi acolo. Mi-e groază când mă gândesc la așa ceva. N-ai putut să mă întrebi și pe mine, sau cum, era prea greu?

Domnul (*iritat*):

— Am vrut să-ți fac o surpriză. Credeam că are să-ți facă plăcere...

Doamna *(pe un ton ferm)*:

— Absolut deloc, mai degrabă ție îți face plăcere. Și, sincer vorbind, niciodată nu te interesezi să afli ce îmi place și mie. Nu hotărăști decât în funcție de tine. Ești atât de egoist, mi se pare incredibil!

Iar în acel moment, doamna părăsește încăperea sau se cufundă la loc în ecranul telefonului pe care îl lăsase puțin deoparte, ca să arate că a încheiat complet dialogul (muțenia aceasta naște tot felul de bănuieli). Domnul rămâne singur, cu tot cu îndoielile sale, neînțelegând cum ar fi trebuit să procedeze și împovărat de vina că a făcut, încă o dată, alegerea greșită. Credea că totul e în regulă, dar s-a trezit acuzat că este egoist...

4. Își dă importanță și își acordă putere folosind un vocabular foarte specific sau „cultivat". Este cu atât mai bine dacă poate să o facă în public, pentru că, în fond, sunteți considerat deliciul întrunirilor. Când vă asociați cu cineva care nu cunoaște prea multe lucruri, treaba aceasta îi permite acelei persoane să dobândească putere în timp ce vă umilește. „Cum? Nu știi despre ce vorbesc? Dar toată lumea știe!" Este un tertip prin care încearcă să demonstreze că aria dumneavoastră de cunoaștere este ridicol de mică. Această nevoie de denigrare se face mereu simțită.

5. Își dă importanță și își acordă putere atunci când vine vorba despre cunoștințe și relații. Scopul este acela de a trezi îndoiala sau teama și de a vă obliga nu să cereți, ci să cerșiți orice fel de informație. Lasă să se creadă ceva... și începe devoalarea unui secret, însă fără a spune totul: „Știu că Jean a făcut un lucru nedrept, dar, în fine, nu pot să-ți spun despre ce e vorba, fiindcă implică prea multe persoane." Rezultatul: ați fi preferat ca mai degrabă să fi tăcut din gură, dat fiind că oricum n-o să aflați niciodată ce a făcut Jean.

    În paralel, îi place la nebunie să le dea celorlalți impresia că ea este o persoană importantă și/sau că deține puteri nebănuite; cunoaște un președinte, un director, un magistrat, un politician, un artist etc. Este întotdeauna cineva mai bine poziționat decât cunoștințele dumneavoastră. Întotdeauna. Fie pentru că dorește să vă umilească („Ah, nu-l cunoști? Hei, ar trebui să ieșim duminică!"), fie pentru că vrea să stârnească frica („Ai mare grijă, că dacă îi spun lui X, ai să vezi ce te-așteaptă!").

6. Bruiază relațiile pentru a izola. Ambiguitatea mai servește și la crearea unor semne de întrebare, menite să deterioreze și în cele din urmă să distrugă complet relațiile bazate pe încredere: „Bernard a zis niște chestii deloc măgulitoare la adresa ta." Oare ce se presupune că a zis numitul Bernard? Nu veți afla niciodată și totuși, iată cum, brusc, nu mai aveți deloc încredere în el.

    Și mai pervers: „Unul dintre prietenii tăi a spus despre tine că... (și urmează niște afirmații negative). Nu-ți pot spune despre cine e vorba, dar ai mare grijă, în orice caz!" Rezultatul: vă întrebați cine, dintre apropiați, v-a putut trăda în felul acesta și, de aceea, nu vă mai încredeți în niciunul. De altfel, doar aveți senzația că vi s-a spus lucrul acesta pentru binele personal. Acel „ai mare grijă, în orice caz" nu este deloc nevinovat și vă îndreptățește cumva să gândiți lucruri negative la adresa... cui, de fapt? Ei bine, nici n-o să aflați: relațiile dumneavoastră, clădite pe încredere, încep pe nesimțite să fie întinate de neîncredere și suspiciune.

Și o armă secretă

„Greșeala" ce trebuie reparată

Culpabilizarea reprezintă cel mai bun instrument al oricărei manipulatoare care se respectă. Este un fel de ingredient de bază în tot acest amalgam pe care ea-l reprezintă, briceagul elvețian cu ajutorul căruia le poate face pe toate. Dacă nu vă simțiți vinovat pentru ceva, este complet dezarmată și nu mai poate reacționa. Ca atare, face tot ce-i stă în putință pentru a-și atinge scopul; pentru ea e indispensabil să procedeze așa (lucru care constituie, de altfel, resortul permanentei ei deresponsabilizări).

La modul general vorbind, ne simțim vinovați atunci când i-am provocat cuiva o suferință. Se subînțelege din aceasta că am comis o greșeală pe care o recunoaștem și care trebuie sancționată în consecință. Sancțiunea înseamnă încercarea de a repara greșeala. Lucrul acesta ar fi cât se poate de obișnuit. Acceptăm sancțiunea întrucât ne asumăm responsabilitatea faptei comise, fie că a fost intenționată, fie că a venit ca urmare a unei confuzii sau greșeli. Iar dacă nu, atunci măcar prezentăm scuzele de rigoare.

Când vorbim despre manipulare, problema o constituie starea proastă (reală sau inventată în întregime) a manipulatoarei. Ea caută să vă facă responsabil, chiar dacă nu aveți niciun fel de vină și deci nici nu ați comis vreo greșeală. Dacă acceptați această responsabilitate, atunci sunteți dispus să răspundeți tuturor cerințelor ei, doar pentru a vă asigura că starea ei se îmbunătățește. „Numai tu ești de vină" poate avea o mulțime de conotații, însă este neapărat necesar ca, de fiecare dată, să reparați acel prejudiciu pe care ea susține că l-a suferit pentru că v-ați purtat așa. Repararea greșelii poate fi disproporționată, iar ea tocmai asta și urmărește: să obțină cât mai multe avantaje, în vreme ce dumneavoastră să suferiți toate inconvenientele. Din clipa în care vă simțiți vinovat, ea așteaptă (și vă solicită) să vă reparați „greșeala". Iar atunci, o veți lua de la capăt, fără a ști dacă rezultatul va fi sau nu acceptat sau respins, ori vă lasă să vă cufundați deprimat într-o tăcere supărătoare, înțesată de întrebări la care nu primiți niciun răspuns. Deveniți din ce în ce mai circumspect, iar ea se desfată la gândul acesta, căci reveniți la vechile obiceiuri cu fiecare suspiciune în parte, fiindcă vă simțiți vinovat de una sau alta.

Iar sentimentul acela de nesiguranță și șovăială este amplificat de faptul că vinovăția și îndatorarea merg mână-n mână. Niciodată nu aveți cum să știți dinainte dacă vă veți împiedica de vreo buturugă care să vă dea peste cap, cufundându-vă în noroi, sau de vreo chestie ce riscă să vă sufoce. Căutați cel mai mic dintre cele două rele, însă în urma loviturii, constatați că nici măcar nu v-ați lămurit cum ar fi trebuit să procedați de la bun început. Evident, faceți mișcări greșite și ezitante, însă toată această instabilitate pe care o arătați este luată în râs, în loc să primiți o mână de ajutor. Pe plan intim, chestiunea aceasta se poate rezuma într-o afirmație de genul: „Bietul de tine, ai îmbătrânit, nimic nu-ți mai iese". Iar în public, „Nu te mai da mereu în spectacol, ești ridicol". Poziție asimetrică și dezechilibrată, întărită prin instaurarea unui sistem de dominație. Este o tehnică simplă și totodată una dintre cele mai eficiente. Ajungeți să vă rușinați într-atât de tare cu „neajunsurile" dumneavoastră, că deveniți realmente demn de milă, cu capul veșnic plecat. Din aceste motive, învinovățirea constituie cu adevărat arma preferată a manipulatoarei, de care se folosește... din plin.

A se remarca faptul că acei „cuantificatori universali" – așa cum îi numim – sunt utilizați fără rețineri. Vorbim despre folosirea unor cuvinte precum „totul", „toți", „mereu", „niciodată", „nimic", „nimeni", „toată lumea", care generalizează în exces, plecând de la un caz izolat. Stilul acesta, de a declara cu subînțeles că este o regulă generală (fără excepție) și că implicit nu există nicio altă posibilitate. În exemplele precedente, „[...] nimic nu-ți iese" = *tot ce faci este un eșec total, nu ești bun de nimic*. Sau, la fel, „Nu te mai da mereu în spectacol [...]" = *mă faci de rușine, ești mereu penibil*. Ideea este de a-l devaloriza de celălalt într-o măsură cât mai mare, pentru a-i distruge nu doar stima de sine, ci și încrederea în propriile puteri.

„Eu și numai eu"

O manipulatoare nu este întotdeauna de o inteligență desăvârșită. Se poate ca, din punct de vedere intelectual, să aibă tot ce-i trebuie, însă pe partea relațională să prezinte destule limite, comportându-se ca o puștoaică imatură, de exemplu, complet egocentrică și extrem de capricioasă. Cu toate acestea, poate deține o abilitate specială, cum ar fi, de exemplu, de a ține discursuri grandilocvente sau de a teatraliza. Adoră să-și exagereze meritele, pe de-o parte, iar pe de alta – să scoată în evidență lipsurile pe care le aveți. Iar toate acestea se văd din perspectiva ei deformată, una egocentristă: tot ce face ea este invariabil excepțional, fabulos, inteligent, subtil etc. În profesia ei, de pildă, este evident că are clienți prestigioși, că ocupă o poziție esențială în organigramă, că a găsit de una singură soluția inteligentă pentru o problemă de nerezolvat etc. Lucrurile acestea pot oferi o disimulare eficientă, însă dacă este analizată în detaliu, descoperim că, în cea mai mare parte a timpului, la baza tuturor afirmațiilor manipulatoare stau lauda de sine, tot felul de clișee ori fabulații copilărești. În cele din urmă, dacă în sinea ei știe că este o persoană mediocră, atunci îi va plăcea să se pună în valoare, discreditându-i pe alții. Metafora cu „piticul cocoțat pe umerii unui uriaș" i se aplică foarte bine, căci ea întotdeauna își dorește să le pară superioară celor mai importanți decât ea. Dar haideți să rămânem în domeniul profesional și să vedem cum se pune în valoare:

- Evocându-și clienții de prestigiu: „Nu am în portofoliu decât multinaționale."
- Denigrându-și colegii: „Măcar nu e ca amărâtul acela de Jean. Care-i mereu pe ultimul loc."
- Supraevaluându-și poziția în organigramă: „Având în vedere cum sunt colaboratorii, noroc că sunt eu acolo, să mai ridic nivelul."
- Lăudându-se cu soluțiile ei inteligente: „Le-am rezolvat problema în numai cinci minute, am făcut ce trebuia făcut."
- Umilindu-i pe alții: „Așa meriți dacă apelezi la experți care n-au habar de nimic."

Nimic nu ilustrează mai clar dominația lui „eu și numai eu" decât această perpetuă declinare a sinelui în toate contextele și ariile. În intimitate, latura ei teatrală se va oglindi sub diverse forme, însă repertoriul este, de fapt, destul de limitat; cum nu există public, nu merită să-și dea osteneala. Nu trebuie decât să provoace un scandal ieftin, chiar dacă se vede nevoită să-și adapteze atitudinea în funcție de circumstanțe. Tocmai de aceea, atunci când îi refuzați o cerere care nu corespunde propriilor dumneavoastră nevoi, iată cum va reacționa manipulatoarea, după caz:

- Vă va aminti tot ce a făcut pentru dumneavoastră.
- Vă va reaminti care este calitatea relației pe care o aveți.
- Vă va aminti că v-a mai cerut și în urmă cu o lună același lucru și că ați refuzat-o deja!
- Vă va spune cât de dezamăgiți vor fi „ceilalți" (numindu-i sau nenumindu-i).
- Vă va reproșa cât sunteți de egoist, indiferent față de ceilalți, fricos, răutăcios, crud etc.
- Vă va preciza cât de mult o uluiește refuzul dumneavoastră, cât o întristează, dezamăgește, contrariază, distruge etc.
- Vă va face să vă simțiți neliniștit, sugerând tot felul de consecințe, care mai de care mai neplăcute.
- Vă va teroriza, enervându-se mult prea mult pentru o nimica toată.

Folosindu-le separat sau combinându-le, aceste opt modalități sunt cel mai frecvent întâlnite, având drept urmare faptul că puteți ajunge nu doar să regretați ce ați făcut sau n-ați făcut, ci și să vă simțiți într-atât de vinovat, încât să vă supuneți cerinței sale. Însă o manipulatoare care vă cunoaște slăbiciunile poate apela și la o serie de mijloace complementare.

Aceasta ar fi prima etapă. Cealaltă etapă, care va apărea progresiv, este aceea în care măștile cad. Iar atunci, vă puteți aștepta să apară cea a durității, a răutății, a răcelii, a lipsei de empatie; chiar înainte de a lăsa loc liber măștilor brutalității și violenței.

Jocul cu măștile

Înger și demon în același timp, manipulatoarea se prezintă adesea sub două chipuri, distincte și opuse. În realitate, are o singură față, dar se comportă cameleonic, adaptându-și discursul și comportamentul oportunist, în funcție de circumstanțe. Seducătoare pe de-o parte, distructivă pe de altă parte, ea își păstrează caracterul ambiguu în totalitate, atât față de victima ei, cât și în raport cu cei din jur. Care este adevărata ei natură, având în vedere că uneori poate fi atât de fermecătoare și chiar emoționantă, doar pentru ca, ulterior, să scoată la iveală un chip dur, impenetrabil, dar capabil să spună cuvinte la fel de tăioase ca un bisturiu? Mulți bărbați, victime ale manipulatoarelor, refuză vreme îndelungată să vadă în partenerele lor că acestora, de fapt, chiar le face plăcere să se arate diabolice. „Totuși are și părți bune", spun ei mereu, amintindu-și de zâmbetul acela șters de care au avut parte la un moment dat și încercând să uite umilințele pe care le-au îndurat.

Dacă ne imaginăm că manipulatoarea are două fețe, ne gândim imediat că, în ciuda durității sau violenței sale, există momente când se dovedește o ființă blândă și binevoitoare. Aceasta este greșeala. „Blândețea" ei de moment nu are nimic autentic; reprezintă doar o parte dintr-o strategie mai amplă. Nu are două fețe, ci mai multe măști; iar asta nu înseamnă deloc același lucru. De fapt, este animată de răutate, dar, ca un excelent cameleon, atitudinea ei se schimbă în funcție de context. Este în continuare aceeași persoană; se schimbă doar deghizarea abordată.

Se comportă aidoma unei actrițe de teatru. Actriță slabă, care joacă excesiv, dar care totuși captează atenția multora. În funcție de scena care urmează să fie jucată, începe să poarte o mască sau alta. Astfel, în public, va fi seducătoare și poate să se arate ca fiind ingenioasă, amuzantă, grijulie și generoasă. Acest lucru este ușor de înțeles: dacă ceea ce urmărește este izolarea prăzii și implicit să discrediteze orice ar spune aceasta că nu e în regulă cu relația pe care o au, atunci ar trebui să lase o impresie agreabilă, menită să înșele pe toată lumea. Generozitatea sa nu vine din inimă, ci servește scopului de a o face să strălucească, conturându-i o imagine frumoasă. O imagine înșelătoare, dar credibilă pentru cei care nu o cunosc cu adevărat. Acesta este motivul pentru care victimele de sex masculin întâmpină atât de multe dificultăți în a găsi sprijin sau pur și simplu în a se face ascultați de către cei din jur: „Ai niște idei fixe, zău așa! Uite, aseară, chiar era grijulie și afectuoasă cu tine. Nu mai dramatiza atâta!" Iar atunci, cum ați putea să vă doriți să le împărtășiți și celorlalți prin ce treceți, dacă oamenii refuză să audă și să înțeleagă ce simțiți?

Și mai perfid: „Ascultă, mie nu mi se pare nimic nesănătos sau în neregulă cu relația voastră. Mai bine te-ai întreba dacă nu cumva porți și tu o parte din vină pentru problemele astea de care tot vorbești." Dacă vi se refuză statutul de victimă și sunteți, în schimb, trecut la cel de responsabil (în totalitate sau parțial) pentru o neînțelegere din interiorul cuplului, atunci confuzia care deja vă încețoșa creierul nu poate decât să se amplifice.

Jocul cu măștile are drept rezultat nu numai lipsa de conștientizare a celor din jur, care nu văd nicio problemă, ci chiar mai mult: aceștia o pot susține și deveni aliatul ei. Ceea ce se petrece dincolo de aparențe nu se lasă la vedere decât în momentul în care publicul dispare. Atunci sunteți bombardat cu reproșuri, sarcasm, denigrare și alte cuvinte menite să înjosească, să umilească și să distrugă, iar asta imediat ce rămâneți doar voi doi.

Ca victimă, iată-vă cu două discursuri interioare: unul care crește sentimentul de izolare – „Trec prin iad, dar nu pot spune nimic, nimeni nu vrea să înțeleagă" – și celălalt care scade treptat încrederea în sine – „Poate că e vina mea, până la urmă, și trebuie să-mi asum lucrul acesta..." Aceste două discursuri se ciocnesc mereu între ele, astfel încât chiar nu mai înțelegeți nimic, iar conflictul interior vă pune în încurcătură și mai mult, împiedicându-vă să faceți orice analiză rațională sau să vă dați un pas înapoi pentru a schimba perspectiva. Unde sunt argumentele pro și unde sunt cele contra? Ce este bine și ce este rău? Ce este inacceptabil și ce rezultă din prea multă susceptibilitate? Ce este adevărat și ce este fals? Toate aceste întrebări și noțiuni se amestecă unele cu altele, cu atât mai mult dacă dumneavoastră sau cei din jur îi găsiți scuze: „Nu este vina ei, trece printr-o etapă dificilă din punct de vedere profesional, a avut o copilărie nefericită, se lasă copleșită de propriile emoții, nu prea a avut noroc în viață etc." Amestecăm rapid scuze și pretexte, ajungând să scuzăm impardonabilul!

Dacă avem de-a face cu un bărbat sensibil, binevoitor și empatic, acesta își conturează un discurs împotriva lui: „Poate că nu sunt suficient de răbdător, poate sunt prea exigent, fac ceva greșit, nu fac ceea ce trebuie și așa mai departe." Pe scurt, el se acuză și se învinovățește pe sine atât de mult, încât poate ajunge să i se pară normal și logic să fie sancționat când face ceva greșit. Inversarea valorilor și a responsabilităților este un proces specific manipulatoarei. Prin urmare, ea iese în câștig în momentul în care, tot aruncând cu afirmații evazive încolo și-ncoace, face ca bărbatul victimă să ajungă să creadă că este unicul responsabil pentru propria-i nenorocire și să se învinovățească pentru atitudinea sa. El începe să se creadă vinovat chiar și pentru lucruri asupra cărora nu are control ori pentru altele, adesea inacceptabile. Își pierde abilitatea de a judeca la rece, în timp ce asistă, chiar de pe unul dintre locurile din față, la piesa neinspirată care se joacă pe seama lui, pe care o cunoaște prea bine și o trăiește zi de zi.

Destabilizarea psihică

Nisipuri mișcătoare

O manipulatoare dispune de multe alte arme, iar violența ei psihologică este deosebit de distructivă. Și nu vorbim numai de aceea pe care o poate arăta, concret, într-un moment de nervozitate crescută, ci și de agresivitatea recurentă, al cărei paroxism este atins atunci când îl tratează pe cel de lângă ea ca pe un obiect și care sfârșește prin a constitui, din păcate, un fel de comportament de zi cu zi.

La nivel emoțional, bărbatul victimă devine deosebit de trist când descoperă că s-a ales praful de viața la care visase. În același timp, simte frică atunci când își dă seama că încântătoarea și seducătoarea sa parteneră afișează acum un rânjet plin de asprime sau indiferență, uneori chiar ură. Este îngrijorat și nu mai înțelege nimic. Într-adevăr, ce poate fi mai tulburător decât o persoană cu capricii neașteptate și devastatoare, amabilă din când în când, chiar înainte de a distruge totul. Este mai rău chiar și decât nisipurile mișcătoare: nu știi niciodată dacă vei continua pe drumul tău sau te vei întinde pe jos, pentru a te afunda tot mai adânc, sfârșind prin a te sufoca. Uneori merge bine, iar alteori este catastrofal. Și întotdeauna este imprevizibil.

De aici și emoția predominantă la bărbatul care cade victimă manipulării: frica. Frică de ceea ce se va întâmpla sau nu, frică de a nu ști niciodată ce, când sau de ce, frică de a nu ști cât de departe poate ajunge etc. Ceea ce altădată era doar ceva vag s-a transformat acum într-o destabilizare cronică și distructivă. Și este cât se poate de adevărat că unui bărbat i se spune încă de când este copil și pe tot parcursul educației sale că frica nu este bărbătească. „Ești băiat mare, cum să-ți fie frică?" Eroul este acela care își depășește temerile pentru a înfrunta pericolul în mod direct. Cel care nu îndrăznește să acționeze pentru că îi este prea frică nu este un erou, ci un pămpălău. În filme, de exemplu, ni se prezintă deseori acest tip de imagine. Tarzan, Zorro sau Spiderman nu stau cu mâinile-n sân, ci trec la fapte, orice ar fi; nu rămân încuiați în camerele lor, tremurând. Prin urmare, faptul că vă este frică, în calitate de victimă, nu poate decât să vă destabilizeze și mai mult. Și manipulatoarea o știe prea bine. Dacă nu v-ar mai fi frică de ea, ar pierde toată puterea pe care o deține.

Mărturie

„În fiecare săptămână, luam trenul ca să merg să o văd. După ce coboram, mai aveam de mers vreo zece minute pe jos până la apartamentul ei. Zece minute de îngrijorare: oare cum avea să mă întâmpine? Ar putea s-o facă surâzând (rareori, dar se mai întâmpla), însă cel mai adesea cu un fel de indiferență, de parcă aș fi venit de pe strada de vizavi, când ea, de fapt, știa că mersesem trei ore cu trenul pentru a o întâlni. De cele mai multe ori îmi făcea tot felul de reproșuri, mai mult sau mai puțin virulente. Întotdeauna ceva nu era în regulă (și era numai vina mea, bineînțeles!), fiindcă nu-mi dădeam seama despre ce era vorba, iar atunci mă învinovățea că nu mă prind de ce am făcut, pentru că, în ochii ea, lucrul acesta reprezenta dovada clară că nu o iubeam, pentru că altfel AR FI TREBUIT să ghicesc! Când mă pregătesc să sun la ușă, respir întotdeauna adânc, de mai multe ori la rând, pentru a-mi calma starea asta de neliniște."

Din întreg arsenalul de arme de destabilizare psihologică, manipulatoarea folosește mai ales trei dintre ele, care fac trimitere una la alta: devalorizarea prin denigrare, hărțuirea și amenințarea.

1. **Devalorizare prin denigrare:** În etimologia cuvântului „a denigra" se regăsește cuvântul latin *niger*, care înseamnă „negru". Așadar pe acesta îl putem traduce prin „a face negru", „a înnegri". Când cineva ne denigrează, încearcă să submineze și să șteargă părerea bună pe care noi sau alții o avem despre propria persoană. Pentru o manipulatoare contează doar să vă rănească profund pentru a vă arăta (și a vă dovedi, de fapt) cât de lipsit de valoare sunteți, cât de demn de dispreț, neavând nicio calitate sau trăsătură interesantă. Are grijă să nu omită nimic.

Nici nu mai contează despre ce fel de desconsiderare de natură fizică e vorba: sunteți prea gras sau prea slab, prea scund sau prea urât, câtă vreme imaginea asupra propriului corp este deteriorată și devalorizată, sugerându-se că nu corespunde nici măcar unui minim acceptabil. Poate să se lege de modul în care mergeți sau mâncați, de tonul vocii, de felul de a râde sau de a plânge, de cum vă aranjați părul, de mirosul corpului... orice fleac poate ajunge să fie văzut dintr-o perspectivă negativă. Lucrurile legate de sexualitatea dumneavoastră, despre ce vă place și nu vă place în viața sexuală nu vor face decât să vă scadă și mai mult stima de sine, pentru că se referă la intimitate, și nu numai în ceea ce privește organele genitale, care fie sunt „prea mult", fie „insuficiente", ci și în ceea ce privește obiceiurile private. Astfel, femeia victimă este acuzată că este frigidă sau nimfomană, în vreme ce despre bărbatul victimă se spune că este impotent sau obsedat. Se poate trece de la o extremă la alta, dar întotdeauna dintr-o perspectivă negativă și degradantă.

În filmul *Le méprise* (*Disprețul*), al lui Jean-Luc Godard, există o scenă de referință în care Brigitte Bardot, goală și întinsă, îl întreabă pe Michel Piccoli despre fiecare parte a corpului ei dacă îi place. „Dar gleznele mele, îți plac la nebunie?" Pe nimeni nu șochează faptul că o femeie îi pune unui bărbat întrebări despre corpul ei. În schimb, ar fi complet deplasat dacă Michel Piccoli ar face același lucru. Cu toate acestea, un bărbat simte și el nevoia să știe dacă este pe placul cuiva, chiar și din punct de vedere fizic, mai ales dacă este vorba despre femeia cu care își împarte viața. Când ea nu spune nimic, lucrul acesta poate fi puțin frustrant, cu toate că se conformează unui standard destul de general. Însă, când ea vorbește despre asta doar pentru a evidenția aspectele negative, reale sau închipuite, este deosebit de demoralizant, ba chiar umilitor. În acest caz nu contează ce aspect este denigrat, atât timp cât doare și este umilitor. Aduce cu o plăcere sadică de a scoate la iveală tot ceea ce lipsește, aproape negând cu desăvârșire personalitatea celuilalt. Mai mult, criticile sunt făcute cu atâta forță și aplomb, încât cel criticat ajunge să fie într-adevăr convins că nu valorează nimic.

Mărturie

„Femeia cu care eram nu-mi făcea niciodată nici cel mai mărunt compliment. Eu, unul, îi spuneam adesea cât de mult îmi plăcea vreun lucru pe care îl făcea sau îi complimentam vreo parte a corpului. Credeam sincer lucrurile acestea și speram ca, într-o bună zi, să-mi spună și ea mie: „Și mie îmi place la tine... cutare și cutare." Dar nu primeam nimic, ajunsesem să cred că nici măcar nu mă plăcea. Cu toate acestea, ea nu rata nicio ocazia să sublinieze până și cel mai mic defect sau ceea ce ea percepea ca fiind un defect. Îl scotea în evidență atunci, pe moment, dar îl amintea cu asprime și când ne certam și strigam unul la celălalt. Am ajuns să o înșel cu prostituate. Știam foarte bine că aceste tinere îmi spuneau vorbe dulci pentru că le plăteam. Dar nu-mi păsa, aveam această nevoie de a auzi un compliment la adresa mea, ceva care să mă facă să mă simt cât de cât mai bine. Chiar a existat o femeie cu care mă vedeam mai des la un moment dat. Senzualitatea, blândețea și zâmbetul ei îmi făceau bine. Aveam așa de multă nevoie de un strop de tandrețe, încât nu mai conta dacă o primeam în schimbul banilor."

Denigrarea afectează în egală măsură emoțiile. Multe dintre ele ne copleșesc fără să vrem. Imaginați-vă că vă sună un prieten și vă spune că are o boală gravă. Simțiți imediat frică (ce se va întâmpla cu el?) sau tristețe (acest prieten vă este drag, iar boala lui vă tulbură). În niciun moment nu vă spuneți: *„Ah, chiar voiam să-mi fie frică sau să mă simt foarte trist!"* Nu, vestea a căzut ca un trăsnet, nu ați vrut să simțiți așa ceva. Ei bine, manipulatoarea vă va învinovăți pentru asta: nu ar trebui să simțiți această emoție sau ar trebui să o simțiți cu o intensitate diferită.

Vă veți trezi, dintr-odată, că trebuie să vă gestionați nu doar propria emoție, dar și cererea manipulatoarei. Pe scurt, nu mai puteți gestiona nimic, pentru că totul se revarsă simultan. Unele dintre ele vă vor otrăvi și mai mult, cu cererile lor terorizante, care nu vă vor afecta doar emoțiile, ci tot ceea ce simțiți. „Aș vrea să alergi" este o cerere normală. „Aș vrea să alergi și să-ți și placă" este o cerere terorizantă, deoarece vi se cere să simțiți ceva specific și care este, în realitate, dorința manipulatoarei. Dacă preferați să mergeți pe bicicletă sau să schiați și detestați să alergați, atunci cum puteți satisface această cerere? Nu puteți. Prin urmare, veți fi denigrați din cauza a ceea ce simțiți sau chiar pe baza a ceea ce nu puteți simți.

O altă situație: tocmai v-ați întors dintr-o călătorie de afaceri și sunteți epuizat, atât din cauza programului de lucru, cât și ca urmare a diferenței de fus orar. O cerere normală ar suna așa: „Mi-ar plăcea să fac dragoste cu tine, dar ar fi bine să te odihnești mai întâi." O cerere terorizantă sună așa: „Vreau ca tu să îți dorești să faci sex cu mine chiar acum." Exprimată în acest mod și în acest context, riscați să resimțiți un impuls destul de slab în sensul cererii. Iar senzația de teroare poate deveni și mai intensă în momentul în care mai auziți și un „Dacă nu, voi căuta în altă parte". Așadar, vi se cere să simțiți ceva ce nu puteți simți, pentru că sentimentul care vă domină este mai degrabă frica decât dorința. Și atunci, de unde ar putea să apară cheful, când frica este singurul sentiment care vă încearcă? Prin urmare, veți fi efectiv denigrat pentru ceea ce nu simțiți și nu puteți simți.

Denigrarea are drept țintă și alte aspecte legate de dumneavoastră, și nu numai în plan fizic, lucruri ce par întotdeauna „prea de tot" sau „nesatisfăcătoare", în orice caz, niciodată adecvate. În ceea ce privește capacitățile intelectuale, există registre diferite:

- Vă face să păreți un ignorant („Dar toată lumea știe asta, totuși! Numai tu, desigur, habar nu ai!");
- Vă compară cu cineva, de exemplu cu o rudă, doar pentru a evidenția cât de ignorant sunteți („Fratele tău măcar știe lucrul acesta!");
- Pune la îndoială o părere („Ascultă, eu, care știu bine subiectul, îți spun că vorbești prostii" sau „Cutare sau cutare, care este expert, susține exact contrariul!"[1]);
- Pune la îndoială probabilitatea ca dumneavoastră să aveți habar despre un subiect oarecare („Ce ai putea să știi tu despre asta?");
- Ridiculizează o opinie („Dacă asta este tot ce-ți trece prin cap, cel mai bine ar fi să taci!").

Această denigrare se poate face în public: „Ia ascultați aici, știți ce a fost în stare să debiteze zilele trecute? Dacă vă spun, muriți de râs!" Acest faimos „umor" al manipulatoarei, care îi

[1] A se remarca faptul că utilizarea cuvintelor „expert" sau „specialist" nu poate decât să decredibilizeze și mai mult opinia declarată.

face pe toți să râdă, pe dumneavoastră vă face să arătați ca un prost desăvârșit.

Devalorizarea prin denigrare se face în mod regulat în raport cu rudele, prietenii și familia, pentru ca victima să ajungă izolată și să fie „otrăvită" și pe mai departe. Încă și mai supărătoare este situația în care felul de a crește copiii este pus sub semnul întrebării, de regulă prin două modalități principale: când este vorba despre o femeie, aceasta este atacată pentru felul în care îi educă pe copiii ei, ceea ce face posibilă stabilirea unei paralele directe între orice problemă specifică a unui copil și educația dată de mamă. Împotriva unui bărbat, atacul funcționează tot cam așa, dar răul poate merge chiar mai departe, prin a întipări o urmă de îndoială cu privire la paternitatea reală. Nu se spune nimic în mod explicit, dar insinuările și propozițiile lăsate neterminate sugerează că, de exemplu, chiar vecinul poate fi tatăl. Adesea, nu se afirmă sau exemplifică nimic în adevăratul sens al cuvântului: tehnica ambiguității permite lăsarea victimei cu ochii-n ceață, pradă tuturor îndoielilor sale.

Mărturie

> „Soția mea obișnuia să dea de înțeles că s-ar putea să nu fiu tatăl celui de-al doilea copil al nostru – un băiețel adorabil, pe care îl iubeam din tot sufletul. Ori de câte ori aduceam vorba despre asta, primeam unul dintre cele trei răspunsuri posibile: fie mi se spunea, cu un zâmbet sadic, „Tare-ai vrea să știi, nu?", fie „Nu mă mai bate la cap cu povestea asta!" pe un ton cât se poate de agresiv și de răutăcios, cu toate că „povestea asta" ne privea pe mine

și pe fiul meu! A treia variantă presupunea să schimbe subiectul, fără a răspunde la întrebarea mea, și să treacă la te miri ce chestie inutilă care ei i se părea, în schimb, esențială."

2. **Hărțuire:** Această „tehnică" va fi discutată cu prioritate, deoarece a fost menționată mai înainte. De exemplu, în legislația franceză, hărțuirea se pedepsește în conformitate cu Legislația muncii și este definită de Codul muncii (Articolul L. 1152-1) și Codul penal (Articolul L. 222-33-2) ca fiind, pentru un angajat, „acte repetate [...], ce au ca obiect sau efect o deteriorare a condițiilor de muncă, susceptibile a-i afecta drepturile și demnitatea, a-i modifica sănătatea fizică sau mentală, sau a-i compromite viitorul profesional".

În contextul care ne interesează, putem păstra unele elemente din această definiție pentru a considera că hărțuirea constă în acte repetate ce au ca obiect sau efect o degradare a condițiilor vieții de familie, cu posibilitatea de a submina demnitatea și de a modifica sănătatea fizică sau psihică a persoanei hărțuite.

Prin urmare, hărțuirea este definită în primul rând sub forma unei violențe repetate. Începe subtil: vi se arată cine este la cârmă, însă fără a vă speria, deoarece încă sunteți stăpân pe propriile capacități intelectuale și pe stabilitatea dumneavoastră emoțională. Ulterior, în mod lent, hărțuirea devine din ce în ce mai intensă și are loc din ce în ce mai des, existând uneori și pauze de liniște, pentru ca apoi să reînceapă cu și mai multă înverșunare. Când prada (adică dumneavoastră) este „coaptă", se manifestă acea repetitivitate ce caracterizează hărțuirea, iar momentele de pauză nu mai există.

Această violență poate fi verbală, fizică sau psihologică. Verbul „a hărțui" înseamnă „a supune neîncetat pe cineva la mici atacuri". În viața de cuplu, este foarte posibil ca tuturor să ni se fi întâmplat ca, într-un moment de nervozitate, să spunem lucruri dureroase. Numai că, într-un cuplu echilibrat, cel sau cea care a spus astfel de lucruri își va cere scuze și va căuta să îndrepte răul pe care l-a făcut. În acest caz, deci, nu este vorba despre hărțuire. Când avem de-a face cu manipulare în adevăratul sens al cuvântului, constatăm că nu este deloc același lucru: atacurile specifice manipulării sunt foarte frecvente și nu există scuze; manipulatoarea se crede îndreptățită să spună un anumit lucru sau să acționeze într-un anumit fel. Ba chiar reușește să resimtă și un soi de plăcere sadică. Există un raport între putere și dominație, atacurile repetându-se în mod regulat, pe o perioadă lungă de timp, împotriva unei victime care, treptat, se trezește incapabilă să se apere. Hărțuirea este ca un țânțar care îți dă târcoale și te sâcâie toată noaptea. Oricât l-ai alunga, el se întoarce cu bâzâitul său îngrozitor. Iar dacă nu-l mai poți auzi, nici atunci nu e mai bine, pentru că imediat presupui că trebuie să fi aterizat deasupra ta. Nu mai suporți! Calmul dinaintea furtunii este la fel de înspăimântător și de neliniștitor pe cât este furtuna însăși. Orice s-a spus despre devalorizare și denigrare poate face obiectul hărțuirii. Se întâmplă ca într-o buclă, iar și iar: spațiul psihic vă este invadat, iar capacitatea de gândire critică este practic anihilată. Sunteți literalmente intoxicat, încet și sigur, așa că trăiți cu frica declanșării unei noi crize. Dispare orice urmă de rezonabilitate, astfel că ajungeți marele învins. Aceasta este versiunea dramatică, pentru adulți, a acelui joc din copilărie în care arunci o monedă și stabilești: „Cap, câștig eu, pajură, pierzi tu."

3. **Amenințări:** Și amenințările sale acoperă o gamă largă. Prima etapă cuprinde diferite acte de intimidare, cum ar fi spargerea unui lucru, de exemplu, un vas (acțiune zgomotoasă și care șochează întrucâtva) sau un obiect care vă aparține, mai ales dacă îl apreciați pentru valoarea lui sentimentală. Scopul este triplu: acela de a se defula teatralizând (vasele sparte ilustrează bine acest lucru), de a vă intimida pedepsindu-vă (răzbunându-se pe televizor sau computer ori chiar distrugându-le) sau rănindu-vă profund (distrugând un obiect decorativ sau vreo bijuterie provenite de la unul dintre strămoși) și, în cele din urmă, de a-și arăta puterea. Seamănă întrucâtva cu felul în care unele animale scot zgomote și își arată colții pentru a intimida și supune adversarul: manipulatoarea arată de ce este capabilă: „Uite ce fac! Acum gândește-te ce altceva aș mai putea face (sau ți-aș putea face), mai rău de-atât."

Lucrurile pot merge chiar mai departe, ajungând în punctul în care viața însăși este pusă în pericol: poate șofa periculos, poate curăța o armă și ataca brusc victima vizată etc. Prin crearea unui climat de frică, se urmărește generarea unor temeri difuze și viitoare, închipuite chiar în imaginația victimei. Amenințarea poate fi indirectă, dar la fel de violentă și atunci când este atacat animalul de companie, mai ales dacă victima ține la acesta sau, în cazurile mai dramatice, când amenințarea îi vizează chiar pe copiii victimei.

Mărturie

„Știind că eu am amețeli, soția mea îi duce adesea pe copii într-un parc de distracție din apropierea casei și, de fiecare dată când o face, le rezervă cele mai spectaculoase activități. Eu rămân jos, la sol, și sunt speriat de moarte când îmi văd puii suspendați și țipând de frică, la douăzeci de metri deasupra solului. O știe foarte bine și întotdeauna îmi răspunde pe un ton răstit: „Nu-ți mai face atâtea scenarii, vezi bine că nu s-a întâmplat nimic."

O altă amenințare, destul de obișnuită – deși se pare că este mai frecventă printre bărbați – ar fi șantajul cu sinuciderea, plecând evident de la ideea că unul este responsabil pentru moartea celuilalt. Unii oameni pot ajunge chiar să fie terorizați de posibilitatea respectivă. Alții reacționează foarte pragmatic și dezamorsează șantajul: „La cea de-a doua amenințare de sinucidere din partea bărbatului cu care trăiam", povestea o femeie, „am căutat și am găsit datele de contact a două dintre fostele sale iubite. Și pentru acestea se mai «sinucisese» de câteva ori! Deci, când a revenit cu amenințarea, i-am spus așa: «Dă-i drumul, fă-o acum și să terminăm odată cu toată discuția asta. Vrei să te ajut?» Iar asta l-a lăsat fără cuvinte. Ne-am despărțit la scurt timp după aceea." O reacție foarte bună pentru a anula efectul sperat, cel de generare a fricii, dar când ești cu adevărat subjugat, devine foarte greu să reacționezi în acest fel.

La modul general vorbind, o femeie mai degrabă va lăsa să plutească în aer ideea unui sfârșit de relație, dar se va folosi întotdeauna de tactica ambiguității. De exemplu, va da de înțeles că este curtată de un bărbat mai frumos, mai bogat, mai deștept, mai viril etc. Nu este suficient de explicită încât să puteți fi sigur de lucrul acesta, dar va fi suficient de aluzivă încât să vă determine imaginația să o ia razna. Și, în felul acesta, este pusă din nou în mișcare mașinăria bănuielilor!

Ceea ce stă la baza unei amenințări este genul acela de proiecție în viitor ce alimentează frica. Într-adevăr, când se creează un climat favorabil îndoielii, ambiguității și instabilității, ori de câte ori există o luptă între imaginație și rațiune, realitatea este că prima are sorți de câștig. Declanșează o teamă de ceea ce s-ar putea întâmpla (în esență, este vorba despre teama de abandon și de represalii). Frica pe care o simțiți poate deveni intensă și, pentru a găsi senzația de siguranță, vă supuneți diferitelor comenzi.

Aceste trei tipuri de arme (devalorizare/denigrare, hărțuire și amenințare), folosite în mod regulat, creează o destabilizare psihologică, până în punctul în care vă credeți vinovat și responsabil pentru orice, ajungând într-un final să acceptați inacceptabilul, în speranța că veți obține astfel dramul de pace pe care vi-l doriți. Repetarea acestor obiceiuri creează o atmosferă distructivă și, pentru a atinge nivelul minim de armonie visat, trebuie să vă implicați din ce în ce mai mult, până când sunteți totalmente epuizat – atât fizic, cât și mental.

Impactul unor vorbe

Vorbe goale și vorbe grele

Vorbirea, după cum am văzut, reprezintă un mijloc eficient de a crea tot felul de distorsiuni posibile. Poate răspândi o otravă înfricoșător de dăunătoare și poate fi chiar mortală. Tot ceea ce poate deteriora sau distruge demnitatea și integritatea este acum folosit din plin. Desigur, în momentul de față se poate apela și la forma scrisă a mesajelor (scrisori, SMS-uri sau e-mailuri), atâta vreme cât provoacă durere, iar relația de dominație poate continua.

În general, femeile vorbesc mult mai mult decât bărbații. Nevoia lor de a vorbi, foarte des, este mai mare. Într-un cuplu echilibrat, acest lucru nu ridică vreo problemă fundamentală. Dar într-un cuplu în care există o manipulatoare, dificultatea apare atunci când spațiul senzorial al bărbatului este saturat de zgomote, sunete, cuvinte. Când o femeie vă spune: „Nu-mi place cum procedezi în cutare situație, deoarece mă afectează și aș vrea să găsim împreună o soluție", atunci vă aflați într-o căutare comună și încununată de respect, amândoi căutând să afle ce trebuie făcut pentru a îmbunătăți relația. Dar dacă începe cu: „Nu pot să suport modul tău de a face lucrurile, este inacceptabil" etc., și, în plus, vă dă și un ultimatum, atunci puteți trage concluzia că lucrurile au început prea prost ca să rămâneți cu brațele încrucișate. Dacă, după ce v-a expus nemulțumirile ei, le reia pentru a doua oară, iar apoi pentru a treia, repetându-le chiar și a zecea oară și, eventual, începe din nou după o pauză de zece minute, ridicând și mai mult tonul, atunci fără îndoială ajungeți la saturație. În general, aveți doar două soluții: fie explodați de furie, în încercarea de a opri această revărsare de cuvinte (dar ați îndrăzni să vă supărați pe o femeie manipulatoare care nu are absolut nicio teamă că exagerează cu vorbitul?), ori capitulați și nu mai spuneți nimic, așteptând ca uraganul să treacă și pregătindu-vă mental să acceptați toate cerințele sale.

O discuție cu o manipulatoare seamănă adesea cu o partidă de scrimă, în care cuvântul servește drept armă. Doar că nu aveți aceeași armă. Dumneavoastră vă prezentați cu o floretă veche și uzată, iar ea vine cu o sabie de atac. De îndată ce lăsați garda jos, ea va încerca să vă rănească direct. Dumneavoastră rămâneți adesea pe o poziție defensivă, dar ea apelează la mai multe moduri de atac. În primul rând, spune cuvinte cu dublu sens (sau încearcă modalități vagi de a le spune) la adresa dumneavoastră sau a celor din jur, doar pentru a vă strica dispoziția și a da naștere la îndoieli deloc binevenite.

Iată un exemplu în acest sens:

— Nu ți se pare că mama ta este un pic mincinoasă, dacă stai să te gândești?

— Mincinoasă, zici? De ce? La ce te referi?

— Exact la asta, că e mincinoasă! Ce vrei să-ți spun mai mult de-atât?

— Mă rog... mie nu mi se pare. Poți să-mi dai un exemplu?

— Dacă nu-ți dai seama singur, îmi pare rău pentru tine. Nu cumva să te plângi!

După acest scurt schimb de replici, manipulatoarea nu merge mai departe: schimbă subiectul, iese din încăpere sau se apucă de altceva. A obținut ce și-a dorit, otrava a fost injectată, acum nu-i mai rămâne decât să aștepte să producă efectul dorit.

În realitate, înțelegerea acestui simplu fapt dă naștere unui conflict interior, care vă dă o stare de indispoziție. O parte din dumneavoastră își spune așa: *„N-are cum, îmi cunosc bine mama, este bunătatea întruchipată, nu minte niciodată"*, pe când cealaltă parte se va întreba, concomitent: *„Dar dacă totuși este adevărat?"* Un om cu o stare de spirit bună, sănătoasă, renunță să-și bată capul cu această a doua parte (chiar dacă, adesea, poate rămâne o urmă de îndoială...). Dar în cazul unei persoane aflate deja în strânsoarea relației de manipulare, neliniștea se conturează din ce în ce mai clar în interiorul ei. Acel *„Până la urmă, poate fi adevărat"* va începe să se transforme în *„Da, este categoric adevărat în unele cazuri"*. Și uite-așa, otrava începe să-și facă efectul! Acesta este punctul de pornire al unei perioade de observare care, în mod evident, va fi umbrită de negativism: fiecare cuvințel din gura acestei femei va fi răstălmăcit, ba chiar contrazis, pentru a face să coincidă spusele ei cu ceea ce estimați a fi o minciună. Se instalează o nouă convingere și, pentru a nu rezulta o disonanță cognitivă, tendința este aceea de a „ajusta" anumite lucruri și de a le reinterpreta astfel încât să se alinieze la ceea ce credeți de-acum înainte. Disonanța cognitivă se referă la tensiunea resimțită atunci când un comportament este în contradicție cu ideile ori convingerile noastre sau când acestea din urmă se contrazic între ele. Caz în care se folosesc diverse stratageme pentru a regăsi o anumită coerență între ele.

Afirmațiile vagi, încărcate de otravă, constituie un mijloc subtil și viclean de a provoca neînțelegeri între oameni, dintre care unele chiar duc la rupturi reale între aceștia. Nu este o otravă violentă, care ucide instantaneu; se dizolvă încet, în timp, exact atât cât trebuie pentru a-și produce efectele. În exemplul de mai sus, cuvântul „mincinoasă" poate fi înlocuit cu oricare altul, cât timp este îndeajuns de negativ pentru a da naștere la îndoială.

Mărturie

„I-am prezentat noii mele partenere, cu care intenționam să mă căsătoresc, copiii mei din prima căsătorie. Am petrecut împreună un weekend. Fiica mea avea 6 ani, iar fiul meu aproape 10. Câteva zile mai târziu, am purtat următorul dialog:

Ea: — N-ar trebui să ai atâta încredere în fiul tău.

Eu: — De ce? Este atât de drăguț!

Ea: — Eu, una, n-aș paria pe caracterul lui. Ai să vezi în adolescență.

Eu: — Dar este bunătatea întruchipată!

Ea: — Uite, am studiat psihologia, știu despre ce vorbesc.

Vei vedea mai târziu că am dreptate."

Un alt exemplu de conversație care se încheie în coadă de pește, fără să existe vreun argument care să o susțină. Dacă întrunește condițiile de a fi vagă, neclară și negativă, este suficient. Observați aici argumentul autorității, care invocă „studiile de psihologie", sugerând de fapt că „ceea ce spun este adevărat, nu căuta să mă contrazici". Argumentul autorității acționează precum un baros, servind la încheierea unei discuții.

Uneori, manipulatoarea acuză alte persoane de ceea ce o caracterizează pe ea însăși. Dacă, în exemplul cu mama, pur și simplu înlocuim „mincinoasă" cu „perversă", „manipulatoare", „ascunsă" etc., efectul este dublu. Primul: cel al îndoielii, care tocmai a fost evocat. Iar al doilea, care se bazează pe următorul postulat: acuzând pe altcineva de ceea ce noi înșine suntem reprezintă un mod de a se exonera pe sine și de a afirma că în niciun caz nu suntem în felul în care îl acuzăm pe celălalt că ar fi. Este clasicul exemplu în acest sens.

Manipulatoarea folosește întreaga panoplie a nonverbalului pentru a accentua efectul acestor enunțuri neterminate, aluzive. Pentru a înțelege cât mai repede ceea ce înseamnă nonverbal, spuneți cuvântul „salut", cu voce tare, în următoarele trei situații:

1. Sunteți încântat să vă vedeți cu un prieten.
2. Salutați diverși necunoscuți în cadrul unei întâlniri.
3. Întâlniți o persoană care nu vă place deloc.

Veți observa că folosiți întotdeauna același cuvânt – „salut" – fără a adăuga nimic, dar intonația (și probabil gesturile) diferă: reflectă pur și simplu intenția pe care o aveți. Iar atunci, se poate spune că același cuvânt își schimbă sensul. Manipulatoarea se folosește din plin de aspectul acesta: își schimbă tonul, aruncă priviri răutăcioase sau e, dimpotrivă, ca și absentă, se încruntă, își dă ochii peste cap, dă semne de nerăbdare (bate cu degetele în masă), râde batjocoritor sau sarcastic etc. Totul este făcut astfel încât să interpretați un cuvânt sau o expresie într-un anumit mod, iar efectul este amplificat atunci când există o neconcordanță între cuvintele folosite și limbajul nonverbal. Un „te iubesc" rostit cu un oftat obosit nu are aceeași semnificație cu un „te iubesc" șoptit, însoțit de o privire iubitoare. Este simplu, dar și derutant. Când nu există un astfel de acord verbal/nonverbal, simțim o neconcordanță, că ceva nu este în regulă. Uneori, este abia perceptibilă, dar o poți simți oricum, de unde și sentimentul de neliniște. Mai mult, și în mod inconștient, ne manifestăm mai mereu preferința nu pentru ceea ce se spune literalmente, ci pentru limbajul nonverbal, pentru ceea ce acesta ne face să simțim.

În acest sens, percepem toate frazele neterminate ca având mai multe interpretări posibile. Dintre toate aceste opțiuni, care ar trebui aleasă? Mister. Dacă vă aventurați să sugerați una anume, vă veți auzi spunând: „Poate... sau poate nu" ori „Așa vezi tu lucrurile..."

Uneori, nu e nevoie decât de un singur cuvânt: „Ghici..." și nimic mai mult. Suficient pentru a o lua razna, pentru că, încă o dată, mașinăria suspiciunilor începe să se învârtă cu o viteză amețitoare.

Să revenim la „umorul" deja amintit și specific manipulatoarei. Deși se mândrește cu faptul că are simțul umorului și cu cât de spirituală este, le confundă cu nonșalanță și nepăsare cu batjocura și sarcasmul. Deodată, datorită „glumiței" ei, vă alegeți cu o triplă pedeapsă, de fapt:

1. Prima, când săgeata genului acesta de „umor" ajunge la dumneavoastră, rănindu-vă, iar manipulatoarea vă frânge inima.
2. A doua, atunci când îi gustați gluma și vă primiți drept răspuns următoarea replică, rostită cu dispreț sau răutate: „Nu ai deloc simțul umorului!", făcându-vă să păreți genul de om care strică cheful oricui.
3. A treia, dacă îndrăzniți să contestați apucăturile ei, argumentând că „acela nu este cu adevărat umor", moment în care, cu perfidie și cruzime, vi se aruncă în față: „Ce supărăcios ești, dragă! Nu poate omul să spună nimic, că imediat interpretezi greșit."

După cum am văzut, efectul este mai mare atunci când unele chestii sunt spuse în public: să fii ridiculizat în fața altora, fără a putea răspunde pentru a evita în felul acesta o ceartă, este foarte greu de tolerat. Iar atunci, ne prăbușim – la propriu și la figurat. Nu se mulțumește doar cu a vă zgâria rău; mai toarnă și puțină sare sau acid pe rană, astfel încât durerea pricinuită să-i ofere plăcerea de a pretinde că ea este cea mai puternică dintre voi doi. Ea este cea care alege și pune în aplicare pedeapsa, dumneavoastră sunteți cel care o suferă. Așa stau lucrurile. În plus, lucrurile acestea merg doar în sens unic. Așadar, nu cumva să aveți curajul să fiți la rândul dumneavoastră plin de umor și să glumiți, chiar și cu blândețe: riposta va fi violentă.

Lipsa rezonabilității: nu există cale de discuție

Dincolo de toate acestea, există o întreagă litanie de critici și diverse insulte, pornind de la „Ești ridicol" și până la „Ești doar un...", rostite cu dezgust și ură. Degradarea celuilalt are un aspect practic: taie lumea în două – pe de-o parte se află cei care sunt buni, care au dreptate și dețin toate calitățile și, pe de altă parte, cei care sunt echivalenți cu zero, care fără doar și poate greșesc și au numai defecte. A-i nega celuilalt orice valoare ajută la menținerea unei poziții superioare în fața acestuia. Iar a-i repeta la nesfârșit lucrul acesta îl face să creadă, la un moment dat, că poate fi adevărat. În plus, acest mod de a acționa face ca orice alt punct de vedere să nu existe: numai perspectiva manipulatoarei trebuie păstrată și analizată, deoarece a dumneavoastră e lipsită de valoare și nici nu merită să fie luată în calcul.

Astfel de critici, făcute într-o manieră nedreaptă și neechivocă, încurajează acțiunile de disculpare și justificare a propriilor alegeri. De fapt, lucrul acesta nu are rost, dar situația oricum se înrăutățește. Întreruperile constante, pentru a face declarații autoritare și de necontestat, ar face pe oricine să-și piardă elanul și cheful de a se mai certa. Ceea ce ar fi putut să reprezinte un dialog se transformă într-un monolog strident și plin de urlete. Manipulatoarea nu are pic de scrupule atunci când vine vorba de escaladarea verbală sau de respectarea înverșunată a propriei diatribe malițioase pe termen nedefinit, fără să obosească vreun pic referitor la veninosul ei rechizitoriu. Aminteam la un moment dat de saturarea spațiului senzorial. Ei bine, chiar despre asta discutăm acum: de o avalanșă sonoră care vă bruiază. Simțiți că nici să gândiți nu mai puteți, nu vă doriți decât ca totul să înceteze.

În plus, poate avea genul acela de umor sec, dar în același timp tranșant și ucigător. Situație în care, din lașitate sau din teamă, capitulați, ceea ce ei îi permite să-și reclame victoria pe un ton răutăcios: „Aha, vezi, nu mai ai niciun argument!" Iar încercarea de a o contrazice, reproșându-i că nici măcar n-ați avut răgazul de a formula un răspuns sau de a da vreo explicație ar fi zadarnică: n-ați face decât să reporniți mașinăria aceea infernală. Și uite-așa se întâmplă să vă treziți respins, umilit, descalificat și cu încrederea în sine[2] prăbușită în mod inexorabil.

În cele din urmă, nici șanse de dialog nu mai există. De ce? Deoarece manipulatoarea nici măcar nu-l recunoaște pe celălalt ca om; el nu mai reprezintă persoana cu care faci un schimb de impresii, ci un obiect, un țap ispășitor, un instrument numai bun pentru ca ea să-și exercite puterea. La ea, totul funcționează pe un principiu binar: „Eu am dreptate, iar tu greșești." De altfel, în ciuda aparențelor, nici ea nu este prea sigură de propriile forțe. Iar o discuție cu argumente logice și susținute ar deveni periculoasă. Acest lucru ar arăta că afirmațiile ei sunt practic niște vorbe-n vânt sau ar obliga-o să admită că e posibil să se fi înșelat, parțial sau chiar în totalitate. În cele din urmă, ar obliga-o să facă

---

[2] Încrederea în sine: se referă aici la evaluarea propriului potențial într-o anumită situație. Răspundeți la întrebarea: „Sunt în stare să...?" Dacă există vreun neajuns, atunci răspunsul va fi: „Nu, nu pot face așa ceva."
Stima de sine: rezultatul unei autoevaluări menite să determine în ce măsură trăiți în conformitate cu valorile personale. Răspundeți la întrebarea: „Oare ceea ce fac coincide cu lucrurile în care cred?" Dacă există un neajuns, atunci răspunsul va fi: „Nu, nu fac nimic în acest sens".

concesii. Contestarea poziției sale de „atotcunoscătoare" i-ar pune în pericol puterea. Așa că se impune dând ordine, afirmând ori strigând că așa stau lucrurile și nu altfel.

Mai are și alte tehnici pentru a refuza dialogul. De exemplu, răspunzând parțial, numai pentru a se angaja într-un alt subiect pe care îl cunoaște bine sau pe baza căruia poate câștiga cu ușurință poziția de avantaj. În orice caz, vă va face să uitați de întrebarea de dinainte, cea care a deranjat-o. Schimbarea bruscă a subiectului este una dintre caracteristicile sale. Iar dacă îi faceți observație cu privire la aspectul acesta sau o luați prin surprindere, veți vedea că vi se va răspunde în două posibile moduri: „Bine, dar am discutat deja problema, doar n-o să o întoarcem acum pe toate părțile, ore în șir!" sau „Am o minte ascuțită, de aceea pot oricând să schimb subiectul. Tu nu obișnuiești să faci niciodată asta, nu-i așa?" La acestea se adaugă alte două variante: „Întrebarea (sau părerea) nu are nicio importanță în acest caz" sau „Dacă nu știi răspunsul, atunci chiar ai o problemă". De fiecare dată, indiferent de formulare, descalifică pentru a se situa întotdeauna deasupra. Folosirea „umorului" bazat pe ridiculizare sau caricaturizare constituie, de asemenea, o modalitate de a evita dezbaterile și a descuraja orice comentarii ulterioare.

Într-un final, mai există și posibilitatea ca femeia să se arate furioasă, prin reacții pe cât de nepotrivite, pe atât de violente. În acel moment, limbajul verbal și cel nonverbal se aliniază perfect cu o privire de o cruzime glacială. În cele din urmă, discuția se va încheia cu: „Cu tine oricum nu se poate discuta niciodată!" Este afurisit de subtilă chestia asta, fiindcă reușește nu doar să retrezească rapid acel neplăcut sentiment de vinovăție, ci inversează perspectiva în totalitate, iar ăsta nu este decât încă unul dintre semnele sale distinctive: acuzarea celuilalt de propriile sale greșeli. Genul acesta de propoziție, rostită cu elan în torentul emoțional pe care l-a declanșat furia, poate, din păcate pentru victimă, să fie luată de ea drept realitate.

În cazul unui dezacord, pentru o manipulatoare, o discuție nu înseamnă căutarea obișnuită a unei soluții, ci un pericol pentru propria ei plăcere sau o constrângere a acesteia. Așadar, pentru a se proteja, se preface că acceptă discuția, dar o face impunându-și propria soluție, punctul de vedere, viziunea personală asupra lucrurilor, respingându-le sau denigrându-le pe ale dumneavoastră și, dacă nu este suficient, fugind ori explodând în crize de furie. Văzute din afară, scenele în care este supărată sunt pe cât de jalnice, pe atât de caraghioase. Dar, atunci când ești implicat în mod direct, sunt foarte tulburătoare, mai ales că par cât se poate de verosimile.

Având în vedere că singurul scop este acela de a câștiga și de a avea ultimul cuvânt, nici nu mai contează mijloacele folosite. Ce importanță mai au autenticitatea și adevărul, dacă devalorizările, cuvintele nerostite și minciunile ajută la atingerea respectivului obiectiv mai repede? Ați putea spune că minciuna face parte din ADN-ul unei manipulatoare, folosind-o atât pentru a îmbunătăți modul în care o privesc ceilalți, cât și pentru a răni sau a avea beneficii de pe urma ei. Psihologii și neurologii cognitivi au stabilit că o persoană care minte în mod repetat încetează să mai aibă o reacție emoțională la propriile-i minciuni. Dacă astfel de deprinderi se transformă în obicei, lucrul acesta creează la nivelul creierului o desensibilizare progresivă. Iar atunci, minciunile din ce în ce mai complexe devin parte integrantă din stilul de viață al manipulatoarei. La fel ca în cazul unei abilități, există un proces de antrenament, în urma căruia se ajunge la a lăsa deoparte orice emoție, remușcare sau neliniște, precum și orice senzație de vinovăție.

O persoană manipulatoare nu va spune adevărul decât unei alte persoane manipulatoare, complice la manevrele sale, știind că acest „adevăr" face și el parte, de fapt, din minciunile sale. Dacă este demascată, își folosește abilitatea pentru a ocoli problema, de parcă ar apela la un truc magic care să facă minciuna să dispară, toate acestea transferând responsabilitatea pe umerii celuilalt, pentru ca ea să dobândească o poziție superioară. În condițiile în care totul se bazează pe aparențe și pe dorința de a se impune, nimic nu este mai dificil sau mai lipsit de productivitate decât dorința de a discuta: oricare ar fi situația și subiectul, ea găsește întotdeauna un șiretlic întortocheat, de ultim moment, pentru a avea ultimul cuvânt. Întotdeauna!

Dependență și dominație

Nimic nu este intenționat

Constrângerea

Dominația este un fenomen complex, foarte distructiv. Reprezintă un adevărat pivot ce ne face să alunecăm în faza supunerii. Puterea și perversitatea acestui fenomen nu sunt subliniate pe-atât pe cât ar trebui.

Pentru a înțelege dedesubturile și exacerbările manipulării, este important să înțelegem cum se manifestă aceasta. Cei care o ignoră sunt primii care emit critici la adresa victimelor, iar acest lucru se face cu mult prea multă lejeritate: „În locul său, eu aș fi plecat de mult. Asta se întâmplă pentru că o iubește enorm. Eu n-aș fi suportat așa ceva și a doua oară!" Dacă ar fi atât de simplu, ar fi fabulos: nu ar mai exista oameni manipulatori și nici victime, implicit! Dar, din păcate, dominația este un fenomen de o amploare extraordinară, ceea ce complică mult lucrurile.

Sunt mulți oameni care nu s-au intersectat niciodată cu un manipulator. Prin urmare, ei nu știu ce implică dominația. Rămân undeva la suprafața lucrurilor și nu percep absolut nimic din ceea ce se petrece în profunzime. Alții nu vor să știe, preferând să aibă o atitudine critică, ignorând această vampirizare subterană. Mai există și o convingere pe care mulți o împărtășesc, din păcate, și anume că slăbiciunea psihologică a victimelor este cea care le-a adus într-o astfel de situație. Sau se mai poate întâmpla chiar opusul: această vulnerabilitate vine dintr-o acumulare de critici, devalorizări, diverse reacții violente și hărțuiri regulate. Acest gen de gândire abruptă și simplistă servește drept mărturie a faptului că fenomenul nu este înțeles. Nu, victimele de sex masculin nu consimt de bunăvoie la așa ceva și nici nu sunt mulțumite de statutul de victime. Nu, nu au avantaje de pe urma situației în care se află. Nu, nu au posibilitatea de a spune pur și simplu „stop" și de a încheia relația doar trântind ușa. Neînțelegerea situației lor vă permite să rămâneți cu conștiința curată și să simțiți dispreț sau milă, dar nu și compasiune la adresa lor. Pentru că sunt dominați. Ceea ce înseamnă că sunt spălați pe creier și și-au pierdut liberul-arbitru. Lucrul acesta s-a întâmplat pe nesimțite, iar capcana s-a închis lent, făcând ca toate căile de ieșire să dispară una câte una. Nimeni nu acceptă această stare de fapt de bunăvoie și pe deplin conștient, tot așa cum nimeni nu și-o dorește.

O altă interpretare greșită: să presupunem că aceste victime de sex masculin au o voință slabă, că au suferit probabil nenorociri în viețile lor pe când erau copii sau ca adulți (ne referim acum la celebra slăbiciune psihologică) și că dispun de o inteligență medie, ba chiar mediocră. Sigur că oricare dintre acestea s-ar putea dovedi adevărate, numai că putem fi complet sănătoși și echilibrați și bine înarmați cu neuroni în perfectă stare de funcționare, dar nimic nu protejează împotriva manipulării. Oricine poate fi victimă, indiferent de nivelul său socio-profesional sau intelectual.

Dificultatea în a înțelege dominația psihologică constă în faptul că aceasta duce la ceva cu totul ieșit din comun. „Dar cum am putut permite toate acestea?!", „De ce am acceptat să mă las umilit în halul ăsta?" După ieșirea dintr-o relație de manipulare, acești bărbați sunt uimiți și nu par să înțeleagă ce s-a întâmplat. Nu se recunosc în imaginea pe care o au în fața ochilor, aceea a unor oameni obedienți, care se supun în fața inacceptabilului. Și totuși, au trecut exact prin așa ceva. Dar nu s-a întâmplat în mod voit; liberul lor arbitru a fost luat ostatic. Nu a existat o acceptare conștientă, ci o repetare a constrângerilor perfide, viclene și vicioase. Dacă ei înșiși întâmpină dificultăți în a înțelege ce s-a întâmplat, atunci cum ar putea accepta anturajul și, chiar mai mult, oamenii, în general, care au fost motivele? Așa se explică și de ce organele abilitate cu menținerea ordinii (însemnând poliția și justiția) neglijează în totalitate problema, iar adesea chiar o agravează, crezând că fac ceea ce trebuie. În acest context apare și necesitatea de a ne opri puțin asupra problemei dominației.

Este important totuși să nu se uite faptul că dominația reprezintă un proces ce constă în însușirea calităților unei persoane. Lucrul acesta se obține prin deposedarea victimei de calitățile ei psihice, invadându-i-se apoi spațiul psihic și încălcându-i-se limitele. Seamănă cu o strategie de război: distrugerea liniilor de apărare, urmată de invazie și vandalizare în masă. Prin această tactică, atacatorul își pune amprenta asupra psihicului prăzii și apoi o domină; de cele mai multe ori, are loc chiar distrugerea ei. Iar atunci când judeci în mod simplist nu ai cum să înțelegi sau să cunoști lucrul acesta.

O ceață tot mai groasă

Dominația psihologică constă în manevrarea ce are ca scop vampirizarea și ulterioara anihilare a lumii mentale a victimei pentru atingerea propriilor obiective: o relație de dominație. Celălalt – văzut ca un obiect și nimic mai mult – este distrus, folosindu-se diverse strategii mai mult sau mai puțin subtile, dar care lasă victimei doar o vagă impresie cum că, treptat, este luată în posesie.

În foarte multe situații, bărbatul victimă îi rămâne necesar manipulatoarei, deoarece îi oferă unele avantaje. Poate fi vorba despre avantaje materiale, dar la fel de simplu, un bărbat victimă îi poate servi acesteia drept plasture pentru durerea ei.

Mai există și alte situații, mai dramatice, în care distrugerea este totală și se încheie cu crimă sau sinucidere.

Este o relație cu sens unic, ca un raport între stăpân și sclavul lui. Bărbatul pierde încet și sigur contactul cu propriile sale necesități, care-i sunt îngrădite și negate, spre marea satisfacție și profitul exclusiv al nevoilor manipulatoarei. Simplul fapt că nu mai ține cont de propriile nevoi accentuează această menținere în capcana dominației, fiindcă ajungem în punctul în care ceea ce este, de fapt, inacceptabil ni se pare „normal". Pentru a se proteja, bărbatul victimă minimalizează deseori ceea ce îndură, căutând justificări mai mult sau mai puțin solide. De exemplu, atunci când un bărbat manipulat spune celebra frază: „Dar are și părțile ei bune, totuși", aceasta se traduce de fapt prin „Am dreptul la un zâmbet în schimbul câtorva perechi de palme". Conștientizarea realității poate să dureze chiar și ani de zile.

Această relație de dependență este uluitoare. Dintr-un anumit punct de vedere, manipulatoarea este cea dependentă de bărbatul victimă. Acesta este motivul pentru care ea refuză să-l lase să scape și folosește diverse strategii atunci când simte că el poate evada – de exemplu, îl izolează astfel încât să fie numai și numai al ei. Dar mai dispune și de o serie întreagă de argumente care să-l facă să creadă că el este cel care are nevoie de ea, că depinde de ea și că oricum niciodată n-ar putea să se descurce de unul singur. Ba chiar îl poate face să admită că suferă de tulburări psihice mai mult sau mai puțin grave (dependență emoțională, teama de abandon, schizofrenie, paranoia etc.). Tot ea îl convinge astfel că este suprema lui salvatoare, deși se dovedește a fi, în același timp, și torționara lui. În fond, există victime care-și apără călăul[3], socotind că actele lor de violență sunt întrucâtva legitime.

Relația de dominație este una progresivă. Când începeți să simțiți că ceva nu este în regulă și vă puneți întrebări, manipulatoarea este ocupată să opereze răsturnări de valori, de responsabilitate și chiar de sens. Amintiți-vă: principala ei armă este vinovăția, pe care o folosește cu o dexteritate de expertă. Oricum

---

[3] Referitor la acest lucru, există și o ilustrare de excepție a sindromului Stockholm: în urma unei rețineri de ostatici în vara lui 1973, aceștia din urmă le-au luat apărarea agresorilor lor, interpunându-se între ei și forțele de ordine, apoi ținându-le partea și mai departe, în timpul procesului, când au refuzat să depună mărturie împotriva lor și chiar au ajuns să-i viziteze în închisoare.

ar sta lucrurile, ea a instaurat deja drept lege faptul că are întotdeauna dreptate, așadar vă treziți împărțit între bunul-simț ce vă caracterizează și discursul ei, copleșitor și neliniștitor. Trebuie să știți că v-a studiat și vă cunoaște bine punctul vulnerabil. Când simte că se apropie de acesta, se oprește brusc, doar cât să vă ofere o pauză și să respirați puțin. De ce? Ca să vă puteți schimba perspectiva asupra ei. Gata? Acum, trebuie să recunoașteți că vă simțiți bine când se oprește! Datorită acestui răgaz, identificați câteva calități la ea. Credeți că are niște „părți bune", nu-i așa? Super, tocmai a câștigat prima rundă! Așa că începe din nou, încet și cu sârguință, până ajunge la următoarea dumneavoastră vulnerabilitate și așa mai departe. Pe termen lung, se poate spune că ați pierdut și că, mai presus de orice, sunteți pierdut. Nimic nu mai are formă, nu mai faceți diferența între una și alta, nimic nu mai e sigur. Și este imposibil de știut unde veți ajunge. Când, în sfârșit, se atinge punctul de saturație, alunecați spre vechile obiceiuri și sfârșiți prin a „accepta" orice. Iar atunci, ea vă inundă spațiul personal cu totul.

Progres în mai multe etape

Dominația se produce, în general, pe parcursul a trei etape succesive: seducția, luna de miere și destabilizarea.

Seducția

Primul pas este atunci când intrăm într-o relație și este cunoscut ca „faza de seducție". Există în această etapă ceva foarte plăcut, aproape hipnotizant. Vă simțiți atras, întocmai ca insectele nocturne de o lumină oarecare. Manipulatoarea (deși încă nu știți că este așa) este foarte plăcută și fermecătoare la început.

Cum ar mai putea seduce pe cineva dacă și-ar arăta din primele momente adevăratul chip? Face în așa fel încât vocea, privirea, zâmbetul, limbajul corpului, comportamentul ei să vă capteze atenția și, mai presus de toate, să vă câștige încrederea. Iar practicarea falsei empatii funcționează perfect: și nu, nu-i pasă în mod deosebit prin ce treceți, numai că asta îi permite să facă un calcul rapid cu privire la punctele dumneavoastră de interes. Atunci, vă spune ce vreți (sau aveți nevoie) să auziți. Acest lucru permite crearea legăturii de încredere, însă fără prea multe bătăi de cap. În acest stadiu, este un fel de caracatiță foarte plăcută, iar dumneavoastră sunteți încântat că vă cuprinde cu tentaculele ei: iubește ceea ce iubiți, urăște ceea ce urâți și are aceleași gusturi cu ale dumneavoastră în materie de literatură, filme, preferințe culinare, activități de agrement etc. Fabulos, domnește o armonie totală în relația dumneavoastră, v-ați întâlnit alter ego-ul!

Până și felul în care vorbește are niște particularități ale sale. Folosește o mulțime de cuvinte pentru a vă satura cât mai sigur spațiul intelectual și senzorial: trebuie să lase impresia că are multă încredere în sine și o sumedenie de cunoștințe. Iluzii, desigur, dar care totuși îi pot face pe ceilalți să creadă în superioritatea ei. Dezechilibrul inerent care va urma trebuie să înceapă fără întârziere. Trebuie să fie inegal încă de la început, dar fără ca acest lucru să fie prea vizibil – mare artă!

Tot acum apar, cu toate că nu observăm asta în acest moment, o mulțime de fraze, ale căror sensuri pot fi interpretate în diverse moduri. Chiar mai bine: frânturi de propoziții, cu insinuări, tăceri, puncte de suspensie, schimbări de direcție, toate învăluite în ceva indescriptibil, din pricina caracterului misterios. Vă plasează deja în postura de a trebui să decodați diverse mesaje. Inițial, o face într-un mod simplu, în așa fel încât să riscați și să cereți o lămurire: „Dacă înțeleg corect, vrei să spui că... așa e?" Vă felicită pentru perspicacitate! Iată și noua rundă câștigată de ea, prin care marchează dintr-odată 4 puncte:

1. A trebuit să faceți un efort de decodare. Nu e nevoie decât de un imbold de început pentru a vă stârni curiozitatea, nu-i așa? Dar nu prea mult: suficient cât să o facă să pară unică în ochii dumneavoastră, altfel decât restul oamenilor și, prin urmare, să vă atragă.
2. Vă arată că este mai presus decât dumneavoastră din punct de vedere intelectual (iar eforturile în acest sens se fac dinspre dumneavoastră către ea, și niciodată invers, deși vă exprimați normal). Deja câștigă teren în felul acesta.
3. Pe măsură ce vă felicită, stabilește o relație „profesor/elev" (ce se va transforma rapid într-o relație de tipul „dominator/dominat"). Într-un fel, se poate spune că vă câștigă încrederea, arătându-vă că sunteți demn de ea. Cât de norocos sunteți că ați cunoscut-o și că este interesată de dumneavoastră!
4. Vă poate felicita glumind astfel: „Bravo, te prinzi repede!" Iată și faimosul său simț al umorului, care sună mai degrabă a batjocură. Dar și aici intervine latura enigmatică; prin urmare, considerați că e mai bine să nu vă arătați jignit. Nu vreți să o pierdeți pe cea care vă place atât de mult și nici să păreți susceptibil. Ca atare, alegeți să vă amuzați de „umorul" acesta al ei.

Mai târziu, decodarea va deveni tot mai dificilă și mai puțin plăcută, iar răspunsul va fi mai degrabă ceva de genul: „Of, nu înțelegi nimic niciodată! Ești p... sau ce? O faci intenționat?" ori chiar mai rău, ar putea exista o supralicitare a decodificării, cât să vă încurce și mai mult: „Gândește-te puțin, dacă ești în stare, și ai să înțelegi." Și cu asta, toate acele sentimente care v-au încercat la început se transformă în unele radical diferite; bucuria aceea luminoasă pe care ați simțit-o la început este umbrită de o îngrijorare întunecată. Uneori este suficient doar acel „Ghici..." spus cu intenție; un singur cuvânt, doar unul, pentru ca ușa tuturor presupunerilor posibile să se deschidă larg, fără ca dumneavoastră să ajungeți vreodată să știți care ar putea fi adevărată... și care nu. Dar nu suntem încă în punctul respectiv, deoarece seducția trebuie să ia amploare și să prindă rădăcini mai puternice.

Luna de miere

Apoi vine luna de miere. După ce ați început bine, lucrurile s-au derulat cu o repeziciune caracteristică, cât să nu existe ocazia de a vă răzgândi cumva. Va trebui să creeze o dependență emoțională, cu promisiuni drăguțe, nenumărate dovezi de afecțiune, zâmbete dezarmante și poate chiar și un cadou, de genul „numai pentru tine", insistând în orice caz pe aspectul acesta, că v-a făcut un cadou – pentru orice eventualitate: poate nu-i mulțumiți îndeajuns sau, și mai rău, poate nu vă simțiți încă îndeajuns de îndatorat ei. Iată un indiciu în acest sens: cadoul unei persoane manipulatoare este amintit în mod repetat, toată lumea trebuie să audă de el.

Poate practica învăluirea prin atingere. O mână pe braț, pe picior (dacă stați jos) sau pe umăr, o posibilă îmbrățișare, o apropiere fizică pentru a vă auzi mai bine etc. O persoană manipulatoare tinde adesea să atingă un pic prea mult, ca și cum ar vrea să dea de înțeles „Asta îmi aparține". Însă o face cu atâta naturalețe, că nici nu vă dați seama de adevărata intenție, cu excepția cazului în care sesizați repetitivitatea. Dar cel mai bine ar fi să recunoașteți totuși că nu vă dați seama de prea multe și vi se pare înduioșător comportamentul ei, chiar senzual, nu? Scopul ei este dublu: să se impună fizic în sfera dumneavoastră și să vă crească nivelul de încredere. O persoană care vă spune salut și vă întinde mâna dă de înțeles că există o limită între voi doi. În schimb, dacă te îmbrățișează cu afecțiune, îți arată prin intermediul acestui gest intim că între voi există încredere. Nu într-atât de mult încât să ajungeți să simțiți vreun disconfort, dar suficient pentru a vă da senzația de apropiere, ba chiar de complicitate. Însă și pentru ca, măcar în trecere, să vă tulbure puțin simțurile, doar se știe că bărbații își pot pierde mințile numaidecât, chiar și la cel mai subtil contact fizic!

Pentru a vă prinde și mai bine în vraja ei, se poate face nevăzută un timp, dându-și o pauză. Dar stați liniștit, nu durează decât foarte puțin! Veți observa lucrul acesta când, de exemplu, nu va răspunde la câteva apeluri telefonice, doar pentru ca apoi să reapară brusc. Această neprevăzută tăcere are și ea un scop dublu: să vă îngrijoreze și să vă determine să vreți mai mult. Începeți să vă doriți să vă fascineze tot mai mult, iar această „dispariție" nu este nici pe departe inocentă. E ca la pescuit, când prindeți un pește în cârlig: îl lăsați să alunece puțin, după care trageți puțin de undiță, într-un mod vioi, dar nu brutal. Totul este controlat cu pricepere, astfel încât să se nască acea dependență pe care și-o dorește. S-ar putea să vă spună: „Te sun pe la 8 seara." Așteptați cu nerăbdare, întrerupeți sau anulați orice alte apeluri pe care le-ați putea primi, iar ea catadicsește să vă sune abia pe la 10. Grozav! Numai la ea v-a stat gândul două ore la rând! Uneori, se întâmplă să întârzie chiar mai mult și într-un mod poate mai pervers, ceea ce constituie deja un bun început pentru intențiile ei. Deoarece v-a acaparat nu numai inima, ci și gândurile. Vă face să-i simțiți lipsa doar pentru ca apoi să vă doriți din ce în ce mai mult să fiți împreună.

Prin saturarea treptată a spațiului dumneavoastră emoțional și senzorial, femeia aceasta a ajuns să ocupe un loc din ce în ce mai important. Acum, se află în punctul în care vă ocupă mintea în mod constant, ajungând chiar să se impună în viața dumneavoastră în mod evident. Ajutându-se de încrederea pe care v-a insuflat-o, va trece la confidențe, spunându-vă despre dificultățile prin care este posibil să fi trecut. Mai vorbește, de asemenea, despre persoanele care au abuzat de ea în vreun fel sau altul, desigur, dar fără ca ea să aibă vreodată vreo vină în acest sens. Dar nimic nu e întâmplător: ideea este să vă emoționeze atât de mult ceea ce auziți, încât să empatizați cu durerea ei și... să începeți să vă ocupați de ea. De altfel, și dumneavoastră va trebui – iar acest lucru se întâmplă repede – să contribuiți la schimbul de confidențe bazat pe încredere și să-i spuneți prin ce ați trecut. Asta și așteaptă: are nevoie de astfel de informații pentru a vă identifica mai bine punctele slabe. Principiul este simplu: dau puțin de la mine, pentru ca tu să dai mult de la tine. Făcând acest lucru, îi hrăniți centrul de informații: acum, beneficiind și de pe urma răspunsurilor pe care le-a primit la întrebările ei subtile, manipulatoarea începe să vă cunoască deopotrivă punctele forte și punctele slabe. Ceea ce îi va fi de mare ajutor.

Și apoi, desigur, apropiindu-vă tot mai mult, vin și primul sărut, prima mângâiere și prima noapte de dragoste. O noapte magică, se înțelege. Complicitatea aceea, care inițial a fost intelectuală, emoțională și afectivă este de-acum și fizică. Toată această conectivitate frumoasă vă captivează. Uneori, expresia potrivită pentru toate acestea este ceea ce se numește o explozie emoțională bruscă. De fapt, ea a intrat în casa dumneavoastră.

Destabilizarea

Ați fost abordat, vi s-a acordat încredere, iar curba dorinței este ascendentă. Perfect! Apoi începe cea de-a treia fază: destabilizarea. Relația fiind stabilită, va apărea adevărata față a alesei inimii, deoarece va trebui să începeți antrenamentul, astfel încât să deveniți cât mai repede o persoană care ține seama de toate capriciile sale. Menirea lunii de miere era aceea de a vă acapara cu totul. De-acum înainte, veți fi condiționat să acceptați ceea ce o persoană sănătoasă nu ar face niciodată. Încet, cât să nu observați nimic, dar continuu, cu o perseverență diabolică.

Pentru ca această capcană să funcționeze perfect și să vă dezechilibreze, rețeta necesită patru ingrediente: îndoială, vinovăție, izolare și frică. Pot fi servite împreună sau una după alta, unele și de mai multe ori, în doze variate. Acest amestec naște un mediu în care vă veți îneca. Și, din nou, totul este presărat cu pauze – cu acele momente în care totul se schimbă, în care totul este în regulă, când puteți spune: „În adâncul sufletului, are și părți bune" – înainte să o ia de la capăt. Să subliniem totuși și importanța pauzelor:

- Destabilizarea continuă, neobosită, care vă determină să înaintați pe nisipuri mișcătoare: deveniți incapabil să preziceți ce se va întâmpla mâine sau chiar și în momentul de față.
- Amintirea ocazională a vremurilor bune (și doar a acestora, trecându-le sub tăcere pe toate celelalte), cât să vă facă

să vă simțiți vinovat în cazul în care vă plângeți sau o criticați.

- Accentuarea dezechilibrului prin amplificarea propriilor „părți bune" și diminuarea ori negarea totală a acestor părți la dumneavoastră, astfel încât să evidențieze că balanța atârnă mult în favoarea ei.

Cele patru ingrediente pentru crerea unei capcane

Ne confruntăm în mod constant cu aceste patru ingrediente – îndoiala, vinovăția, izolarea și frica, iar scopul este de a distruge, unul după altul, toate reperele pe care le aveți, astfel încât să deveniți victima perfectă, adică docilă. Să le analizăm mai îndeaproape.

Îndoiala

Îndoiala permite ca procesul de distrugere să se întâmple cu adevărat. Este esențială dacă scopul urmărit este acela de a-l face pe celălalt să-și piardă reperele și de a-i slăbi ori chiar distruge complet stima de sine și încrederea în propriile puteri. Există un anumit număr de comportamente sau „tehnici" ce creează în mod cât se poate de eficient acest sentiment:

Devalorizarea. Foarte rapid, foarte ușor și foarte eficient. În cazul manipulatoarei, devalorizarea celuilalt îi permite acesteia să-și aroge o poziție superioară, în detrimentul partenerului. Permanenta atitudine clevetitoare, înjosirea, denigrarea celuilalt, dar și sarcasmul sau batjocura sunt armele perfecte pentru a aduce tot felul de critici negative și a călca în picioare ceea ce iubiți, lucrurile în care credeți, ceea ce faceți și, în cele din urmă, ceea ce sunteți. S-au dus zilele în care împărțeați aceleași gusturi!

Minimalizarea și descalificarea reduc totul la o nimica toată. Ați câștigat vreo competiție, la un eveniment sportiv sau ați primit un răspuns pozitiv la un interviu de angajare? A fost ușor, nu a existat miză, nu se poate spune că ați avut prea multe merite. Vinul pe care îl iubiți este o poșircă, emisiunea TV care vă place este neinteresantă, stilul decorativ al apartamentului dumneavoastră este îngrozitor de banal și tot așa. Dacă purtați haine obișnuite, atunci sunteți un prăpădit, iar dacă vă îmbrăcați în ținute luxoase, atunci sunteți snob. Nu se oprește niciodată. Discreditarea progresivă este permanentă și acoperă absolut fiecare aspect. Treptat, ajungeți să vă simțiți o nulitate, un om lipsit de abilități, de competențe, de inteligență, de orice. Amintiți-vă, ea are întotdeauna dreptate. În același timp, este limpede că dumneavoastră întotdeauna vă înșelați.

Bineînțeles, emoțiile și sentimentele sunt, de asemenea, discreditate: ceea ce simți nu este doar greșit ori stupid, ci, mai rău, nici n-ar trebui să existe. Când o situație vă lasă perplex, simțiți că vă înecați într-un pahar cu apă, iar dacă vă enervați sunteți prea sensibil și așa mai departe. Niciodată nu vă mai găsiți liniștea, simțiți că totul vă scapă printre degete. Iar lucrul acesta chiar are șanse de a se întoarce împotriva dumneavoastră: „Nu mai spune că mă iubești! Dacă m-ai iubi cu adevărat, n-ai face asta. De fapt, tu doar pe tine te iubești." Să ridiculizezi sau să negi emoțiile și sentimentele cuiva este întotdeauna tulburător și revoltător, dar se poate dovedi mai ales umilitor și distructiv.

Critică și bătaie de joc. Orice ați face, niciodată nu faceți ceea ce trebuie ori cum trebuie; vă situați în continuare undeva sub minimul acceptabil. Poate să se refere la abilitățile dumneavoastră practice, la gândirea filosofică, la construcțiile intelectuale, la aspirațiile spirituale, la demersurile psihologice sau până și la modul în care șofați sau spălați vasele: totul trebuie revizuit, nimic nu este îndeajuns de bine făcut. Glumele neinspirate și alte batjocuri, după cum am subliniat deja, ocupă un loc de onoare printre practicile manipulatoarei. De exemplu, să zicem că tocmai v-ați cumpărat niște haine noi. Criticile nu întârzie să apară: pufnește mai întâi într-un râs răutăcios și răsunător, urmat de „Nu, nu este adevărat, chiar se vinde așa ceva? Pentru ce, mai exact? Ca să scoți gunoiul?" Astfel de scene le poate face chiar și în fața unor terțe persoane, fără să se adreseze dumneavoastră în mod direct, dar în așa fel încât să fiți singurul care înțelege aluzia perfidă. Acest lucru vă împinge și mai mult în jos, împiedicându-vă în același timp să vă apărați punctul de vedere. Gluma aceea cu caracter general, fără să se refere la cineva anume, este de fapt o răutate adresată cât se poate de personal.

Inversiuni. O jumătate de adevăr atașat unei invenții cât se poate de reale, o cronologie aranjată sau reinventată, o inversare a responsabilității – toate acestea constituie mijloace de a distruge orice logică. De exemplu, atunci când vă învinovățește pentru ceea ce manipulatoarea însăși nu a făcut sau pentru efectele negative ale unei alegeri proaste pe care a făcut-o. Dacă ați pierdut cumva trenul pentru că a durat o veșnicie ca ea să se pregătească, va fi exclusiv vina dumneavoastră: ați ales prost trenul, ați pierdut vremea în drumul spre gară sau orice altceva de genul acesta. Iar dacă o întrebați cu blândețe de ce a fost atât de tăcută în timpul petrecerii la care ați participat, atunci vă reproșează că n-ați băgat-o în seamă ori că s-a săturat să vă vedeți numai cu oameni neinteresanți. În orice caz, de absolut fiecare dată, numai dumneavoastră veți fi de vină pentru eventualele (și diversele) probleme care apar.

Minciuna și negarea. Minciuna este folosită până la uzură. În ultimă instanță, dacă o puneți pe manipulatoare față în față cu minciuna ei, va schimba perspectiva în favoarea sa: nu faceți decât să reinterpretați totul, ați înțeles greșit, scoateți lucrurile din context, niciodată n-o întrebați în legătură cu nimic, amestecați lucrurile etc. Poate merge chiar mai departe, acuzându-vă că fabulați și spuneți minciuni: ea nu a spus niciodată așa ceva, este clar că inventați! O asemenea rea-credință vă lasă fără cuvinte și vă face să vă îndoiți de adevăr. Ea poate adăuga încă un substrat: „Am o memorie foarte bună, știu exact ce am spus. Nu sunt ca tine!" După care așteaptă să vă cereți scuze. Capacitatea acestei femei de a se menține în negare este uluitoare și o face cu atâta aplomb și virulență, încât ajungeți să vă îndoiți de propriile amintiri și chiar de înțelegerea realității.

Negarea se poate răsfrânge asupra emoțiilor: „Nu mai plânge, e de râsul lumii ce se întâmplă, parcă ai 5 ani!", sau asupra conflictelor pe care ea însăși le-a creat: „Dar eu nu am făcut nimic, tu ești un suspicios patologic!" Totul este negat în mod constant, indiferent dacă este o realitate evidentă sau e vorba despre ceea ce simțiți.

Toate aceste „tehnici" se intersectează și au ca scop modificarea și distrugerea încrederii în dumneavoastră, a stimei de sine, a capacității de gândire, dar și a gândirii critice. În același timp, puținul pe care îl face pentru dumneavoastră (căci se mai întâmplă și asta uneori) este supraevaluat și amintit în mod constant.

Pe măsură ce încrederea dumneavoastră s-a destrămat, ați ajuns să credeți că nu însemnați nimic fără ea și că are totuși atâtea „părți bune". Ah, celebrele „părți bune" ale manipulatoarei! Revin cu atâta încăpățânare printre motivațiile victimelor de sex masculin, aproape ca o scuză! Zâmbetul acela, pe care îl dăruiește într-un sfârșit (după ce a fost practic implorat), ne face parcă să uităm toate jignirile care ni s-au adus și disputele pe care le-am avut. Acest lucru este de înțeles: nimănui nu-i este ușor să recunoască faptul că e tratat ca ultimul om. Prin urmare, simțim nevoia să salvăm aparențele, arătând că aspectele dificile ale personajului sunt compensate de părțile sale plăcute. Și totuși, o serie de umilințe sau o pereche de palme pot fi vreodată „compensate" printr-un zâmbet?

La toate acestea se adaugă alternanța imprevizibilă a comportamentelor contradictorii. Pauzele acelea pe care le-am amintit amplifică într-adevăr confuzia, iar etapa lunii de miere poate reveni brusc, mai ales după o ceartă sau o serie de critici ucigătoare. Cum să vă păstrați luciditatea? Pentru că există numeroase motive care vă pot aduce în pragul nebuniei. Acesta este punctul pe care îl ignoră mulți dintre cei care neagă efectele unei relații de dominație și afirmă sus și tare doar „Eu, să fiu în locul tău, aș fi plecat de mult!" Nu, în acest moment de destabilizare, ceața va fi devenit prea densă pentru a putea alege orice cale. Dar asta nu este tot: vine cel de-al doilea ingredient.

Culpabilizarea

Folosirea învinovățirii imaginare. Repetăm faptul că învinovățirea reprezintă o armă îngrozitoare. Există două tipuri de vinovăție.

- Cea reală (numită și „obiectivă"), care provine dintr-o încălcare evidentă a unei reguli dictate de mediul socio-cultural de care aparținem.
- Și mai există cea imaginară (numită și „subiectivă"), care constă în a fi convins că ai greșit chiar și atunci când nu a fost încălcată nicio regulă. Chiar și în plan inconștient, efectele sale sunt redutabile.

Între cele două, există regulile (uneori de geometrie variabilă) adoptate de manipulatoare într-un mod în întregime unilateral, așadar fără a ține seama de nevoile persoanei căreia i le impune și chiar fără ca ea însăși să le respecte prea mult. Atunci când aceste reguli sunt impuse unei singure persoane, sentimentul de vinovăție pentru încălcarea lor nu se poate numi decât vinovăție imaginară.

Manipulatoarea o activează cu deosebită pricepere pe aceasta din urmă, încercând să-și convingă victima că ar fi vorba despre prima, de fapt (vina reală, obiectivă). Prin urmare, ea va transfera responsabilitatea pentru orice faptă asupra dumneavoastră, astfel încât să simțiți vinovăția și, în consecință, să vă confruntați și cu o scădere a stimei de sine. Printr-un efect de ondulare, această scădere va face ca următoarea culpabilizare să fie cu atât mai ușor de implementat. Folosirea repetată, apoi sistematizată, are și ea efectele sale: sfârșiți prin a adopta un anumit număr de comportamente care o avantajează numai și numai pe ea. De exemplu, veți recunoaște în mod pasiv veridicitatea unor acuzații nedrepte, veți satisface anumite dorințe, chiar dacă nu sunteți de acord ori veți accepta tratamente greșite.

Perversitatea poate atinge cote nebănuite, într-atât încât vă veți simți vinovat pentru o problemă care nu există. După cum se va vedea și în exemplul de mai jos:

„Prietena meu lucra uneori într-un cinematograf, la casierie. Într-o seară, fără a ține cont de faptul că muncisem și eram obosit, mi-a spus să vin să o iau. Ca atare, pe la orele 23:30, iau mașina ca să merg la respectivul cinematograf, care era destul de departe, și eram cam stresat ca nu cumva să întârzii. Găsesc un loc de parcare și mă opresc acolo, să o aștept. O văd în cele din urmă ieșind, dar mă obligă să o aștept zece minute bune, doar ca să mai discute puțin cu colegii. În cele din urmă, catadicsește să apară, iar primele cuvinte pe care mi le adresează sunt o predică de toată isprava. Îmi spune că parcarea în care ne aflăm se închide la miezul nopții, că sunt inconștient că am parcat acolo și că s-ar putea să nu putem ieși. O liniștesc, mă urc la volan și ieșim fără probleme. Îi spun că nu aveam de unde să știu că respectiva parcare se închidea la orele 24:00, dar nimic nu se schimbă: ea urlă în continuare la mine și mă face iresponsabil, imbecil și incapabil să prevăd consecințele acțiunilor mele, așa că ea nu știe cât de departe ar putea merge lucrurile între noi în stilul acesta etc. Totul sub forma unei avalanșe de țipete și insulte, astfel că nu mai sunt în stare să comentez nimic, simțind că am comis cu siguranță niște greșeli uriașe."

Deci, putem fi vinovați de ceva ce nu s-a întâmplat, dar care s-ar fi putut întâmpla! Sună a nebunie, dar când un mecanism de control și dominație este bine înrădăcinat, atunci vă simțiți vinovat și acceptați să fiți insultat așa, ca și cum ați fi un nenorocit. În această mărturie, se regăsesc în doar câteva momente multe dintre ingrediente:

- nerespectarea nevoilor celuilalt și o cerere exprimată sub forma unei comenzi;
- obligarea celuilalt să aștepte, fără a invoca vreo scuză sau a mulțumi pentru drumul făcut: celălalt trebuie să fie la cheremul manipulatoarei și să se supună;
- reproșuri nejustificate și exprimate pe un ton ce dau de înțeles că celălalt chiar nu reprezintă nimic;
- afirmarea unor așa-zise „adevăruri" care nu suportă nici cea mai mică lămurire. Dacă este necesar, toate acestea se spun pe un ton mai ridicat, pentru a invada spațiul senzorial și a preveni orice răspuns;
- argumentarea făcută de așa natură încât celălalt să se simtă vinovat chiar și când nu a săvârșit nicio faptă negativă.

Nu e rău, nu? Ca dovadă de perversitate...

Sentimentul îndatorării. O altă modalitate de a culpabiliza presupune a-l face pe celălalt să se simtă îndatorat, în conformitate cu o schemă foarte simplă, dar foarte eficientă, urmată pe trei etape succesive:

1. Ea vă oferă un pic, astfel încât să vă simțiți îndatorat pentru dovada ei de „generozitate".
2. Ea vă cere ceva puțin mai târziu. Simțindu-vă dator, acceptați înainte de a descoperi... că ea de fapt vă cere infinit mai mult, adesea în proporții radical diferite.
3. Dacă refuzați sau aveți rețineri, vă aduce aminte de ceea ce v-a oferit, astfel încât să vă simțiți vinovat pentru refuz, aceasta poate dura... până când acceptați.

Feriți-vă de oamenii care vă fac mereu atenți la ceea ce v-au oferit, la cât de generoși au fost, mai ales cu voce tare. De obicei, fie vă vor cere mult mai mult decât v-au dat, fie vă vor umili, fie ambele. Aceasta nu înseamnă că nu trebuie să ajutăm niciodată o persoană aflată în dificultate sau să refuzăm oricui orice ajutor, ci pur și simplu că ar trebui să fim conștienți de perversitatea falsei generozități, al cărei unic scop este obținerea ulterioară a mult mai mult. În faza seducției, ceea ce se oferă se traduce prin intenția dobândirii unui profit ulterior.

Dubla constrângere și dubla penalizare. Într-un final, pentru ca învinovățirea și tulburarea punctelor de referință să funcționeze bine, ba chiar foarte bine, mai există o chestiune de-a dreptul copleșitoare: dubla constrângere.

Școala de la Palo Alto[4] a fost cea care a subliniat așa-numitele injoncțiuni „contradictorii" care, atunci când devin recurente, ajung să reprezintă o dublă constrângere. Există două niveluri contradictorii, care se anulează reciproc. Un exemplu frecvent citat: o mamă îi oferă fiului ei două cravate – una albastră și una roșie. A doua zi, el și-o pune pe cea albastră. Reacția mamei: „Știam eu că nu-ți place roșul." Dacă ar fi purtat-o pe cea roșie, i-ar fi reproșat că nu-i place albastrul. La fel se întâmplă și când i se spune cuiva „Fii spontan!"; „Dacă mă conformez, nu sunt spontan, iar dacă vreau să fiu astfel, oricum nu pot respecta cererea care mi se adresează, fiindcă aceasta face spontaneitatea imposibilă." În ambele cazuri, cererea atrage după sine o contradicție. Așadar victima nu are cum să știe la ce mesaj să răspun-

---

[4] Școala de la Palo Alto: curent filosofic și de cercetare ce și-a căpătat denumirea după numele orașului Palo Alto (din California) prin anii `50; cunoscută îndeosebi pentru contribuțiile aduse la științele comunicării, dar și pentru aportul în terapia de familie sau terapia de scurtă durată.

dă. Dubla constrângere (indiferent de contextul acesteia) este caracterizată de următoarele elemente:

1. Presupune prezența a două sau mai multe persoane aflate într-o relație strânsă: fie ea de natură afectivă, emoțională, ierarhică etc.
2. Victimei i se adresează verbal o injoncțiune (pentru că o persoană s-a transformat în victima unei comunicări realmente greu de neînțeles sau practic imposibile), iar aceasta se petrece în cadrul unei relații suficient de puternice și de strânse, încât să se considere esențială înțelegerea deplină a mesajului, adresat cu scopul de a fi întâmpinat în mod adecvat.
3. Victimei i se adresează o a doua injoncțiune, contrazicând-o pe prima, adesea exprimată într-un mod abstract și fix în același timp, dar la fel de autoritar. De asemenea, poate apărea ceva mai târziu (dar într-o perioadă foarte scurtă de timp) și poate fi formulată concret.

Reacționând în modul cel mai simplu și de înțeles, victima nu mai știe căruia dintre cele două mesaje să-i acorde prioritate, iar în situațiile mai complexe, devine practic incapabilă să le înțeleagă. Aceste elemente ar putea fi suficiente, dar dubla constrângere dezvoltă o putere patogenă imediat ce i se adaugă următoarele două elemente:

4. Mesajele contradictorii sunt trimise cu o asemenea frecvență, încât comunicarea devine lipsită de coerență. Teama de pedeapsă se va intensifica în timp. Victima caută să se protejeze prin toate mijloacele, chiar dacă aceasta presupune chiar „sabotarea" posibilităților de comunicare.

5. Victima este blocată; se află într-un cadru din care nu poate scăpa din cauza intensității relației. Ca atare, este obligată să se supună acestor injoncțiuni. Aproape că s-ar putea vorbi despre o „triplă constrângere".

Ne-am putea referi la aceasta ca la o armă copleșitor de puternică, deoarece există două constrângeri. Să aruncăm o privire mai în detaliu, pentru a înțelege mai bine:

- Prima constrângere este natura indescifrabilă a sensului mesajului: atunci când vi se ordonă să faceți două lucruri care se exclud reciproc, trebuie să nu ripostați pentru a vă putea supune! În consecință, nu puteți decide.
- A doua constrângere constă în „paradoxul" mesajului: pare lipsit de sens, deoarece fiecare propunere în parte o exclude pe o alta, dar nu aveți nici posibilitatea de a nu reacționa deloc, deoarece este totuși vorba de o injoncțiune. În același timp, nu puteți reacționa oricum în mod adecvat, deoarece ar fi paradoxal. Prin urmare, orice reacție la acest mesaj nu poate fi decât, la rândul ei, paradoxală.

Este evident că orice injoncțiune paradoxală emisă de un necunoscut de pe stradă va provoca uluire, poate chiar și o tulburare de moment, dar nu există riscul apariției unui simptom real. Pentru că nu există repetitivitate sau legături de putere ori dependență. Pe de altă parte, într-o relație de cuplu, dacă acesta reprezintă un mod obișnuit de comunicare, poți să și înnebunești, pentru că orice răspuns este imposibil: orice ați face (sau n-ați face), vă înșelați și, prin urmare, vă faceți neapărat vinovat că ați greșit. Pentru a încorpora cât mai adânc sentimentul de vinovăție, practica dublei constrângeri este absolut perfectă.

Desigur, dacă vedeți situația din exterior și „la rece", vă spuneți: „*Tot ce trebuie făcut în asemenea circumstanțe este să ceri ca totul să fie clar și coerent, deoarece nimeni nu poate alege între două mesaje contradictorii.*" Din nou, uităm de mecanismele și efectele dominației psihologice. Când aceasta este bine instalată, abilitățile de gândire și cele analitice sunt extrem de afectate. În plus, emoția dominantă este teama: cum să te opui unei persoane care stăpânește atât de bine critica, minciuna, devalorizarea și îi face pe alții să se teamă de ce e mai rău? Ne trezim paralizați, iar dubla constrângere devine atât cauza, cât și consecința acestei paralizii.

Mărturie

„Prietena mea a dat mereu vina pe mine, chiar și pentru cele mai banale chestii. Un singur exemplu: uneori, când ajungeam acasă de la serviciu înaintea ei, găseam o mulțime de vase în chiuvetă. Ce era sa fac? De îndată ce sosea, se repezea în bucătărie. Dacă nu spălam vasele, țipa la mine și mă bătea la cap toată seara, ba chiar nu mai gătea nimic, în ideea de a mă pedepsi pentru neglijența mea. Dacă, în schimb, spălam vasele, și atunci exista posibilitatea să înceapă să țipe, reproșându-mi că trebuia să aștept, că irosesc apă, că n-am spălat vasele cum trebuie și tot așa. Orice motiv era îndeajuns de bun pentru a țipa la mine și a mă pedepsi cumva. Și dacă vreodată invocam drept scuză faptul că nu am avut timp, mi se reproșa altceva, și anume că refuz să particip la treburile casnice. Oricum ar fi fost, întotdeauna greșeam cu ceva. Într-o dimineață, am întrebat-o ce ar trebui să fac când ajung seara acasă. Răspunsul ei m-a lovit ca un fulger: „Ești adult, nu-i așa? Doar n-o să-ți spun tot timpul ce să faci!" O iei razna și mai multe nu: mi-am dat seama că, indiferent despre ce ar fi fost vorba și orice aș fi făcut, în opinia ei ar fi trebuit să fac exact contrariul."

Izolarea

Când dominația începe să-și arate primele efecte, debutează și faza de izolare. Scopul este ca, încetul cu încetul, victima să se înstrăineze și ulterior să se rupă de toți cei dragi, de cercul său social, de prieteni și familie. Capcana se închide și se transformă într-o închisoare, ceea ce face ca fragilitatea victimei să mai crească puțin, aceasta devenind implicit și mai manipulabilă. Există două modalități principale de a crea această distanțare (pot să se și suprapună).

Prima constă în a fi într-atât de neplăcut și în a crea conflicte așa de dureroase, încât cei dragi să se îndepărteze ei înșiși. Ideea unei ieșiri la masă care se va lăsa încă o dată cu înțepături, răutăți și bătaie de joc ne determină să refuzăm orice invitație. Dacă, în plus, suntem obligați să asistăm la aceste certuri ori suntem criticați pentru că vrem să apărăm victima, este simplu: ne distanțăm din proprie inițiativă.

Cealaltă modalitate constă în a folosi pur și simplu aceleași metode de destabilizare (critici, denigrare etc.) a apropiaților victimei de sex masculin, vorbind despre asta direct cu victima. La început, se întâmplă sub forma „bruiajului":

— Jean-Philippe este cam ciudat, nu-i așa?

— Ce vrei să spui prin „ciudat"?

— Păi exact asta, că e ciudat! Deschide bine ochii, vei vedea că nu e chiar în regulă.

O exprimare suficient de abstractă pentru a da naștere la o primă îndoială. Cu a doua ocazie, va fi ceva mai explicită: „Uite, de fiecare dată când i se spune să..., el se face că... Când îți spun că nu e tocmai în regulă, mă refer la faptul că-i de-a dreptul nesănătos." Treptat, vă surprindeți cântărind atent fiecare cuvânt, acțiune și gest al lui Jean-Philippe prin prisma etichetei ce i s-a pus (și s-a tot repetat sub diferite forme, astfel încât să se instaleze bine în mintea dumneavoastră). Și-apoi vine a treia referire, când invectiva este directă și imposibil de ignorat: „Oh, nu, în niciun caz nu ne mai putem vedea cu prostul ăsta. În ce hal de pervers e!" Tonul e ridicat, afirmația este cât se poate de tranșantă, este interzisă posibilitatea exprimării unei opinii diferite, altminteri riscați să pornească un veritabil ciclon. Este cât se poate de clar, nu vă veți mai vedea cu acest Jean-Philippe.

Am văzut că unul dintre avantajele ambiguității este bruierea relațiilor, cu scopul de a izola. O simplă insinuare, fie ea și „vagă", este suficientă pentru a da naștere la îndoială. De exemplu, când spune pe un ton aproape detașat: „Știi, m-am intersectat cu sora ta azi-dimineață. Nu știu ce o fi având cu tine, dar iar mi-a zis că... (iar aici urmează ceva negativ la adresa dumneavoastră)". Inutil să vreți să aflați mai multe, nu veți primi alte explicații. Iar pentru a face să pătrundă și mai adânc cuiul în inimă, continuă spunând: „Problema este că nu e prima oară. Ar trebui să ai grijă la chestia asta..." Iar dacă mecanismul de dominație a fost manevrat corespunzător, s-ar putea să răspundeți: „Chiar nu știam că sora mea gândește în felul ăsta. Mulțumesc că mi-ai spus." Exact aceasta este modalitatea în care un călău își poate determina victima să-i mulțumească. Pare halucinant, dar este consecința pagubelor pe care le provoacă fenomenul de dominație.

Cu toate acestea, uneori altercația se leagă direct de o persoană dragă și într-un mod într-atât de dur, încât rezultatul este ruperea legăturii. Deja nu mai este bruiaj, ci artilerie grea. Următoarea mărturie vorbește despre cum se ajunge aici:

> „Relația mea cu propriii părinți s-a încheiat la scurt timp după ce ne-am căsătorit. Dintr-un motiv complet neadevărat, soția mea s-a enervat pe mama. Discuțiile dintre ele au fost violente și au degenerat. Mi s-a spus să fac o alegere: soția sau mama! Am încetat să-mi mai văd părinții. Tatăl meu a fost cel care a luat din nou legătura cu mine, spunându-mi clar că este inadmisibil să arăt atât de puțin respect față de mama mea, dar și că sunt oricând bine venit la ei acasă, după ce voi fi divorțat de această zgripțuroaică nebună. Am înțeles, peste ani, cât de răniți s-au simțit părinții mei, cât de speriați erau pentru mine și, mai presus de toate, cât de mult au suferit de pe urma acestei situații. Tăcerea dintre mine și ei a durat mai bine de zece ani."

În cele din urmă, bărbatul victimă ajunge să-și orchestreze singur izolarea. Pentru a-i face pe plac partenerei, căreia nu îi plac prietenii, familia, colegii dumneavoastră, veți rări întâlnirile până în punctul în care acestea vor dispărea definitiv. Doar pentru a-i face plăcerea ei, dar (și mai presus de toate) și de teama reacțiilor sale violente. De asemenea, este posibil să ajungeți să puneți capăt acestor relații, pentru că ați ajuns să credeți în spusele ei. În cele din urmă, ba chiar adesea, varianta izolării sună mai bine dacă ea garantează un dram de liniște sufletească, în locul obligației de a înfrunta din nou furia, insultele sau amenințările. Alegerea răului mai mic este un lucru înspăimântător, la urma urmei. Aceasta constă, în cazul de față, în a nu vă mai vedea cu cei dragi (aspect ce vă provoacă tristețe) în speranța că, în felul acesta, nu veți mai fi nevoit să-i faceți față celei care vă terorizează (provocându-vă teamă). Simțiți apoi o altă vină: că i-ați abandonat pe cei iubiți. Încercați să vă eliberați de vină, spunându-vă că nu ați avut de ales. De fapt, chiar dacă refuzați să recunoașteți lucrul aceasta – ceea ce este de înțeles, de altfel – ați devenit un sclav ținut în lanțuri.

Frica

Frica este o emoție care însoțește conștientizarea unui pericol imediat sau a unei amenințări viitoare. Din punct de vedere biologic, este un instinct de supraviețuire și își are utilitatea ei, deoarece ne îndeamnă să ne căutăm sursa de siguranță, fugind sau luptând împotriva acestui pericol. Prin urmare, este o consecință a analizei acestuia din urmă. Dacă nu ne-ar fi teamă niciodată, am adopta comportamente care ne pun cu adevărat în pericol, deoarece nu am analiza corect riscurile pe care ni le asumăm. Să nu uităm că îi numim „inconștienți" pe cei care își asumă riscuri pe care noi le considerăm ca fiind nesăbuite.

Îngrijorarea vine din faptul că frica se îmbină perfect cu imaginația și, de foarte multe ori, ne temem de ceva ce s-ar putea întâmpla fără să știm unde, când sau cum s-ar întâmpla și nici dacă se va întâmpla cu adevărat. În acele momente, nu se mai poate spune că ne aflăm în mijlocul analizei a ceea ce se va întâmpla neplăcut, pentru că nu facem nimic, ci suntem tot mai înspăimântați așteptând ceea ce s-ar putea întâmpla. Cu toții deținem această capacitate puternică de a crea scenarii dezastruoase pentru noi. Maeștrii suspansului se folosesc de acest resort intens. De altfel, aproape 90% dintre temerile noastre sunt ireale și nefondate. Numai că imaginația noastră își spune cuvântul, hrănindu-le și dându-le substanță. Orice manipulatoare folosește foarte mult frica, ca pe o pârghie deosebit de utilă. O poate face în mod direct: conduce neglijent, consumă substanțe periculoase într-o manieră imprudentă etc. Lucrurile de genul acesta pot reprezenta un pericol real pentru integritatea noastră fizică. Dar, deseori, frica imaginară este suficientă pentru a produce efectele scontate și, mai înainte de toate, amenințarea cu represalii ce pot căpăta forme concrete: „Îți voi distruge cariera", „Am să te ruinez", „Te voi părăsi" sau direct „Am să te distrug". Uneori, consecințele se pot manifesta cu amenințări mai abstracte: „Voi vorbi cu cine trebuie", „N-ai nimic de pierdut dacă aștepți", „O faci pe pielea ta". Abstracte, dar la fel de înspăimântătoare, având în vedere contextul în care sunt proferate respectivele amenințări. Aici intră în joc aria nonverbală, deoarece nu doar cuvintele în sine sunt înfricoșătoare, ci tot ceea ce implică modul în care ele sunt rostite. Orice atitudine poate transmite violență, dispreț, ură, putând să vă facă să vă gândiți la ce-i mai rău; imaginația noastră amplifică riscul. În esență, nu putem să nu sesizăm tonul tăios și răuvoitor al vocii ori privirea glacială, veninoasă. Principalul obiectiv este acela de a produce senzația unui pericol grav. Este necesar să creăm impresia unui astfel de pericol. Când cineva își închipuie cel mai mare rău dintre cele posibile, se poate merge până la îndepărtarea definitivă a unei persoane.

Mărturie

„Soția mea a studiat farmacologia. Sunt unele zile, și mi se întâmplă din ce în ce mai des lucrul acesta, în care mă tem ca nu cumva să fi pus în mâncare vreo substanță anume. Pentru că o cred capabilă să mă otrăvească. Fiecare masă se transformă într-o sursă de stres puternic pentru mine și simt că nu se mai poate trăi așa."

Teama de otrăvire apare în mod repetat în mărturiile bărbaților manipulați. Ea facilitează crearea a ceea ce spuneam mai devreme: un climat de frică permanentă. Dar la baza fricii se poate afla groaza de o nouă criză, care provoacă cu atât mai multă anxietate, cu cât este mai imprevizibilă. Manipulatoarea urăște să fie deranjată; nu e nevoie decât de un cuvânt sau un gest greșit (sau pe care ea să-l interpreteze ca atare) și începe numaidecât să clocotească de furie, după care explodează fără avertisment.

Ceea ce este întotdeauna surprinzător și stresant la o persoană manipulatoare este exact acest nivel foarte scăzut de toleranță în fața frustrării. De îndată ce este atins, furia țâșnește din ea aidoma unei ghiulele dintr-un tun. Cum se întâmplă cu un copil capricios. Se întâmplă foarte repede, atât de repede, încât este de-a dreptul copleșitor. Iar dacă nu înțelegem o astfel de reacție disproporționată, atunci ne apucăm să punem întrebări, să căutăm să aflăm adevărul, eventual să justificăm ieșirea ei, efectul poate fi chiar o creștere a furiei. Uneori, chiar nu avem cum să știm de unde a apărut o astfel de furtună – „Dar ce aș fi putut spune și în niciun caz n-ar fi trebuit să spun?" Iată ce naște stresul și-l face să se amplifice, pentru că ne trezim brusc examinând fiecare vorbuliță care ne iese pe gură, propriile noastre gânduri, în încercarea de a dezamorsa întotdeauna și în avans ceea ce se spune și s-ar putea interpreta altfel; căutăm să ne aliniem direcției indicate de torționara cuvântului, pentru a evita orice scandal suplimentar. În cele din urmă, alegem să tăcem. Deoarece simpla exprimare a unei opinii a devenit prea periculoasă. Iar ulterior, ni se va reproșa până și asta, bineînțeles: „Dar tu nu ai niciodată vreo idee care să fie numai a ta?" Dubla constrângere, a cărei natură devastatoare a fost deja evidențiată, vine să paralizeze totul. Acest stres recurent afectează în mod inevitabil organismul. Criza de furie poate fi urmată (sau, uneori, înlocuită) de un fel de bosumflare – însemnând acea liniște infantilă, la fel de împovărătoare.

Mărturie

„Se întâmplă adesea ca partenerei mele să-i sară muștarul chiar când trebuie să ne culcăm. Strigă, trântește ușile, ceva îngrozitor. În cele mai grele zile, ajunge chiar să spargă vase sau să-mi arunce hainele pe palier. Rezultatul: mă culc în sufragerie. Iar ca să fiu sincer, nici nu dorm. Nu din cauza disconfortului, ci din cauza acelei scene nedrepte, de care am parte chiar înainte de a merge la culcare. Toată situația se rotește cu viteză în capul meu, în toate direcțiile, și asta mă ține treaz. Uneori, o aud pășind pe hol. Iar atunci îmi țin respirația. Mă tem că va intra brusc și mă va lovi cu ceva. Și dacă nu mai aud nimic, nu știu dacă doarme sau nu cumva mă urmărește din spatele ușii, gata să dea cu ceva în mine. Uneori mi-e și frică să adorm, alteori... De două sau trei ori a fost atât de insuportabil, că a trebuit să mă duc la un hotel din apropiere. De cele mai multe ori, a doua zi n-am mai auzit niciun cuvânt din partea ei, de parcă nu s-ar fi întâmplat nimic. Dacă vreau să vorbesc despre asta, se eschivează imediat. Însă nici lucrul acesta nu mă liniștește, pentru că știu că oricând poate reîncepe toată nebunia, din orice fleac, sub orice pretext."

Am văzut că frica face posibilă căutarea siguranței personale fugind sau luptând împotriva pericolului. Vorbim despre o chestiune perversă abia atunci când a fugi sau a lupta împotriva acestui pericol presupune părăsirea sau înfruntarea persoanei responsabile de provocare. Cu toate acestea, dacă relația de dominație este deja stabilită, cele două atitudini devin dificil de conceput și practic imposibil de implementat. În mărturia de mai sus, a merge la culcare în sufragerie constituie o formă de evadare, dar nevoia de siguranță nu este neapărat satisfăcută. Este și mai neplăcut atunci când incertitudinea devine stăpână absolută, deoarece se creează un climat dominat de frică: ce se va întâmpla? Dar nu există niciun răspuns, iar adoptarea comportamentului corect este implicit cu atât mai dificilă. Rămâne așadar o ultimă opțiune: supunerea, în speranța că aceasta îl va convinge sau măcar calma pe torționar. Pentru că a obliga o persoană să trăiască în acest fel, într-o permanentă îngrijorare, nu poate fi decât o adevărată tortură. În cele din urmă, tehnica evitării pare a fi cel mai bun răspuns. Aceasta explică de ce acceptarea inacceptabilului pare de preferat confruntării, deoarece imaginația o percepe pe aceasta din urmă ca fiind mai periculoasă.

Într-o relație de dominație, dacă luăm în considerare această frică omniprezentă, avem ocazia să înțelegem mecanismele ei. Văzută din exterior – deci în afara contextului, gândurilor și emoțiilor – manipulatoarea nu este decât o persoană penibilă, care geme, urlă și iscă adevărate furtuni. Văzută din interior, dacă suntem tulburați ori neliniștiți – și suntem – ne dăm seama că aduce puțin cu o revenire a spaimelor care ne dădeau târcoale în copilărie. Reacția noastră poate părea exagerată în raport cu realitatea pericolului, dar asta este ceea ce simțim; și se întâmplă fără știrea noastră. Într-adevăr, niciunul dintre noi nu a cerut vreodată să-i fie frică. Dar această emoție este acolo, prezentă în interiorul nostru, și paralizantă într-un mod diabolic.

Scopul acestei descrieri rapide a manipulării a avut drept scop ilustrarea modului în care se instalează un sistem de dominație pervers și cum, încetul cu încetul, anulează orice posibilitate de a mai exista. Vorbim despre o manipulare care distruge stima de sine, încrederea în propriile puteri, capacitatea de a acționa cu curaj și, în cele din urmă, se reduce la sclavie, deoarece orice posibilitate de a dori, a gândi sau de a face ceva este împiedicată sau chiar interzisă.

Întreaga strategie nu are gen; acest sistem de distrugere masivă se referă atât la bărbați, cât și la femei. Indiferent că este vorba de destabilizare, izolare, frică și tot ce s-a vorbit până acum, se folosesc aceleași tehnici diabolice. Mărturiile citate le aparțin unor bărbați și este clar că partenerele lor nu sunt câtuși de puțin străine de ce presupune instaurarea acestui gen de dependență. Manipulatoarele de sex feminin dețin anumite particularități de care ne vom ocupa în continuare.

2

DE LA ZÂMBET LA RICTUS

BĂRBAȚII DEVIN ȚINTE?

O țintă facilă

Puncte comune

Nu există un așa-zis „portret-robot" al bărbatului care cade victimă unei manipulatoare. Cu toate acestea, există o „categorie" cu spectru foarte larg, care are șanse mult mai ridicate să încapă pe mâinile unei manipulatoare: bărbații cu adevărat amabili, săritori și preocupați de fericirea celuilalt.

Sunt bărbați curajoși, întruchipând sensul noțiunilor de „binevoitor" și „de ajutor". Sunt generoși: își oferă timpul, atenția, inima, energia și... banii. Simțul altruismului este cât se poate de real la ei și posedă o mare capacitate de a uita de ei înșiși, depunând eforturi pentru a se arăta amabili și a le face altora viața mai plăcută. Empatici, țin cont de nevoile celuilalt și nu acționează în acest sens așteptând să fie compensați în vreun fel (invers față de o persoană manipulatoare). Pentru ei, această generozitate este o manifestare a iubirii.

Această virtute este pusă în valoare prin intermediul unor calități de excepție când apare într-un cuplu echilibrat, adică atunci când fiecare este preocupat de binele celuilalt. Dar devine periculoasă în fața unei manipulatoare, deoarece aceasta se va folosi de ea pentru a-și satisface capriciile. Ceea ce le lipsește acestor bărbați este un sentiment de prudență: așază pe primul loc nevoile partenerei – ceea ce este foarte onorabil – dar o fac în mod sistematic, iar aceasta devine o problemă. Pentru ei, aceasta înseamnă să acționeze din dragoste, ceea ce este perfect adevărat..., dar cu condiția să existe reciprocitate.

Într-adevăr, această latură ce se manifestă sistematic va deveni obișnuită, apoi le va fi impus să se comporte într-un anumit fel. Natura inegală a relației îi va face să nu-și mai poată satisface propriile nevoi. Să te faci util merită din plin, da, însă atunci când nu primești nimic în schimb, niciodată, se creează un dezechilibru care în cele din urmă duce la frustrări și suferințe infinite. Pentru o manipulatoare, este mult mai ușor să curteze genul acesta de bărbat decât unul care este nu neapărat zgârcit, ci mai degrabă lucid în legătură cu echilibrul unei relații și categoric mai asertiv în ceea ce privește exprimarea propriilor dorințe și nevoi. Pentru că, în definitiv, opțiunea aceasta se dovedește întotdeauna mai „profitabilă" pentru genul acesta de femeie. Unele flirtează puțintel pentru a obține ceea ce doresc, știind că un bărbat îndrăgostit cedează rapid în fața avansurilor lor. Uneori, adaugă la purtarea aceasta o mulțumire subtilă, doar pentru a oferi un vag sentiment de gratitudine. Apoi, din nou, își reiau tactica: recunoștința apare din ce în ce mai rar, până dispare cu totul; cererile devin tot mai imperative, până se transformă în ordine în toată regula.

Cererile se referă adesea la bunuri materiale, dar nu numai; pot fi de orice fel, întrucât acest lucru sporește confortul și plăcerea celui care emite exigențele, fără să se îngrijoreze de binele celui care îți dă silința să le satisfacă. Unele manipulatoare operează o inversare a perspectivei, asemănătoare șantajului: „Dacă mă iubești așa mult cum susții, este normal să faci asta", „Îmi spui că mă iubești, iată că acum ai ocazia să o dovedești". Discursul devine plin de generalizări și de clișee, ca un fel de declarație privind bunele maniere: „Într-un cuplu, este normal să..." Întrucât toate aceste cereri ajung să fie considerate ca fiind „normale", să nu răspundeți la ele ar fi un semn de egoism, creând imediat sentimentul de vinovăție. Dacă se face vreo obiecție, o manipulatoare pricepută își va aminti „spontan" câte a făcut ea. De fiecare dată, se repetă același gen de scenariu: oferă puțin și apoi se folosește de lucrul acesta ca de o pârghie pentru a cere mult, dar fără a uita să apeleze și la cea de-a doua pârghie, care este la fel de eficientă: culpabilizarea.

Mărturie

„Cu soția mea, este iadul pe pământ. Critică tot și o face tot timpul. Nimic cu este niciodată suficient de frumos sau de bine făcut. Este veșnic nemulțumită și arțăgoasă. De exemplu, își dorea bunuri de lux. I-am dăruit o frumoasă geantă de mână, creată de un renumit designer. I s-a părut că nu e îndeajuns de mare. I-am oferit un weekend la un hotel de 5 stele: mi-a reproșat că nu era bine amplasat, că restaurantul nu era unul bun, că serviciile nu se ridicau la înălțimea renumelui și tot așa. Am făcut rezervări pentru o vacanță într-o insulă de vis. În ultimul moment, a refuzat să mai meargă: nu i-au convenit destinația și nici perioada aleasă. Niciodată nu e mulțumită. Niciodată nu iese cum trebuie."

„Ca orice altceva, nici mijloacele mele financiare nu sunt infinite. Ca atare, nu pot satisface absolut toate capriciile partenerei mele. De altfel, chiar și de față cu alții, mă tratează de parcă aș fi «încă unul care și-a ratat cariera». În plus, mă critică în permanență. Dacă ies la alergat dimineață, se leagă de ora la care ies și îmi spune că e un sport idiot. Dat fiind că nu se ocupă de casă, îmi petrec weekendurile făcând curățenie, cu toate că ei tot i se pare că e mizerie. Eu sunt cel care le pregătește masa copiilor; ea nu vine decât la sfârșitul mesei, când îmi reproșează că tot ce gătesc este dezgustător. O dată pe lună, merg seara la parohia de care aparțin, unde fac o animație. Atunci, îmi reproșează că nu mă ocup de copii. Caută să mă învinovățească tot timpul, în legătură cu orice, nu scapă nicio ocazie. Stau cu ea numai pentru copii, pe care îi iubesc foarte mult și de care nu vreau să mă despart."

Prin intermediul acestor două mărturii (dar și al altora, care ilustrează același lucru), vedem că punctele comune sunt:

- dezechilibrul referitor la ceea ce se cere (fie disproporționat, fie nerecompensat, fie ambele);
- ignorarea totală a nevoilor celui care oferă;
- orice fel de cerere făcută sub forma unui șantaj ori exprimată sub forma unui ordin;
- denigrarea sau culpabilizarea constante.

Blândețea este atrăgătoare. O manipulatoare se va simți atrasă de un bărbat bun, de parcă ar exista în ea un semnal care-i atrage atenția: „blândețe = slăbiciune, hai să profităm de ea!" Ca și cum ai spune „prost de bun", doar că mai voalat. În paralel, este posibil ca acești bărbați să sufere de o carență afectivă dublată de o viziune armonioasă și liniștită asupra relației de cuplu. Este chiar mai mult decât o viziune, este o convingere puternică, și de aceea nici nu sunt capabili să-și închipuie – și nici nu vor – că un cuplu ar putea funcționa într-o stare conflictuală. Evitarea conflictului constituie chiar o regulă absolută. În consecință, caută să dăruiască tandrețe și dragoste din plin. La acestea, manipulatoare răspunde inițial cât să genereze atracție și să stabilească legătura aceea de încredere atât de necesară. Abia după aceea sunt modificați toți parametrii, iar conflictul de care victima nici nu voia să audă altădată devine o normă, nerămânându-i decât să cedeze pentru a-l evita. De altfel, cunoscând această realitate, manipulatoare nu lasă altă cale de ieșire decât capitularea.

Când un bărbat bun trăiește alături de o manipulatoare, se creează genul acela de simbioză între o persoană care urăște conflictul și fuge de el și una care adoră să declanșeze fel de fel de conflicte, în permanență, cu scopul de a se impune. Singurul mijloc de a regăsi echilibrul presupune ca unul să renunțe și să se lase strivit puțin câte puțin.

Bărbatul victimă se surprinde atunci în căutarea iubirii și a prețuirii. Ajunge să tânjească după o aprobare oarecare, ce îi este oferită uneori cât să se mențină „legătura" și să asigure strictul necesar pentru ca lucrurile să meargă mai departe, înainte să intervină o nouă solicitare. De aceea, pentru a experimenta o pseudoiubire, pentru o clipă efemeră, bărbatul respectiv acceptă să se afle în permanență sub control, de parcă acesta ar fi prețul care trebuie plătit. Dominația psihologică chiar asta înseamnă – e ceva greu de înțeles pentru alții, însă cât se poate de util pentru o manipulatoare și devastator pentru victimă. În anii copilăriei, o mulțime de fete au tot auzit vorbe de genul acesta de la mamele lor: „Baba suferă la frumusețe!" S-ar putea spune și despre unii bărbați că au auzit spunându-se că „Toată lumea suferă din dragoste", ba chiar le-au și rămas întipărite în minte unele versuri de-ale lui Aragon, de exemplu „Nu există dragoste fericită."

Când a-i face cuiva pe plac echivalează cu durerea

Există un concept recomandat de Analiza tranzacțională[1] ce poartă denumirea de „driver", creat în anii '70 de un psiholog american, Taibi Kahler. Aceste drivere se folosesc pentru a înțelege cum funcționează modurile de comunicare. Sunt ca un fel de slogan intern, adesea inconștient, care ne determină să (re)acționăm într-un mod caracteristic, aproape stereotipic (de unde și denumirea de „driver", adică literalmente „șofer"), dictând un anumit stil de comportament față de noi și față de ceilalți. Au o mulțime de caracteristici pozitive, dar aceleași drivere ne pot conduce spre o fundătură, în momentul în care suntem tensionați sau când stresul își spune cuvântul.

În acest sens, există cinci drivere care au și lozinci aferente:

- „Fii perfect": totul trebuie să fie impecabil neapărat.
- „Fă un efort": trebuie să existe provocări.
- „Fii puternic": autonomia trebuie să fie permanentă.
- „Grăbește-te": totul trebuie să se facă rapid.
- „Fă(-i) pe plac": fă să se instaleze armonia.

Cei mai mulți dintre oamenii care cad victime unui manipulator au ca driver dominant acel „Fă(-i) pe plac". Nu toți, dar în

[1] Analiza tranzacțională: teorie explicativă a personalității și comunicării.

cazul celor mai mulți dintre ei, acest driver este bine poziționat și, ca atare, face din acei oameni prada perfectă pentru manipulatorii deciși să instaureze un mecanism de dominație psihologică.

Obiectivele driverului „Fă(-i) pe plac" sunt simple: să trăiești în armonie, având cât mai multă grijă de cei din jur și acordând prioritate relațiilor sociale. Mai mult, este ceva ce reiese din tot ceea ce am constatat până acum. Nevoia asociată este aceea de a fi recunoscut pentru capacitatea de a-i mulțumi pe alții, de a căror aprobare ai nevoie. Inevitabil, apar probleme atunci când limitele acestei aprobări nu sunt clar definite și delimitate.

Avantajele și caracteristicile acestui driver se leagă de obiectivele sale: empatie, altruism, amabilitate, anticipare, generozitate. Când sunteți atent la calitatea relației și la ce le place celorlalți, acel „Fă(-i) pe plac" generează ușor semne pozitive de recunoaștere, întrucât nu sunteți zgârcit cu complimentele și vă arătați disponibil, flexibil, tolerant, atent, întotdeauna dispus să faceți un serviciu cuiva.

Într-o relație toxică, spiritul conciliant îl va face pe un bărbat să accepte treptat un proces de dominație în cadrul căruia se va afla mereu într-o poziție dezavantajată, din cauza dorinței sale de a trăi în armonie și de a favoriza relațiile sociale. Într-adevăr, flexibilitatea-i caracteristică se poate întoarce împotriva lui, supraadaptându-se la tot ceea ce îi cere și impune partenera sa, supraadaptare care, așa cum am văzut, îl determină să-și lase deoparte propriile nevoi, ba chiar să le nege în totalitate. Căci dacă există un lucru pe care un bărbat bun îl urăște profund, acesta este conflictul. Dintr-odată, cel mai greu cuvânt de pronunțat pentru bărbatul condus de driverul „Fă(-i) pe plac" este exact „Nu". În ochii lui, a fi asertiv și a-și exprima o opțiune personală spunând „nu" înseamnă a nu ține cont de dorințele altora. Așadar, tendința este de a spune „da", cu toate că, în mintea lui, vrea să spună, de fapt, „nu".

Dacă acest lucru se întâmplă doar câteodată, atunci nu este nimic grav, ni se întâmplă tuturor. Dacă acest lucru nu afectează ceea ce este esențial pentru orice om și permite un anumit aranjament menit să asigure un trai liniștit, e normal, face parte din compromisurile necesare unei relații de cuplu. În plus, adesea ni se mulțumește pentru micile concesii și cedări. Dar, atunci când acest driver se transformă într-o mod de funcționare, iar noi ajungem să spunem tot timpul „da", deși nu vrem s-o facem, ne plasăm singuri într-o poziție de inferioritate. Acest lucru este cu atât mai grav cu cât ne neglijăm propria integritate și acționăm împotriva propriilor valori. În fond, a trăi în contradicție cu propriile valori echivalează cu negarea de sine, fapt ce duce la multiple frustrări și provoacă tulburări serioase, care duc la apariția depresiei.

Această teamă că i-am putea nemulțumi pe alții este foarte puternică. Generează o căutare constantă a consensului, până în punctul în care riscăm să uităm de noi și să ne lăsăm invadați de ceilalți. O manipulatoare știe foarte bine lucrul acesta și nu are scrupule atunci când se pune problema să ridice vocea, să țipe, să facă tot felul de crize sau să arunce cu vorbe grele. Dat fiind că acel „Fă(-i) pe plac" nu se combină deloc cu certuri, neînțelegeri și ostilitate, încercăm în mod automat să le evităm. Dacă avem cum să fugim de toate acestea, o facem. Însă altfel stau lucrurile când deja s-a instaurat relația de dominație, deoarece evadarea nu mai este posibilă. Așa că încercăm să fugim în alt mod: favorizăm consensul, apoi abdicăm și, în cele din urmă, acceptăm totul, chiar și să ne târâm.

Modul acesta de a fi este condiționat de următoarele convingeri: „Dacă mă gândesc mai întâi la prioritățile și nevoile mele, pierd stima celorlalți", „Pentru a fi iubit și acceptat, trebuie să te arăți disponibil", „A se îngriji de sine înseamnă a fi egoist". Victima care are astfel de convingeri pândește anxios o aprobare cât de cât, iar altele vin să preia ștafeta. În consecință, în cazul în care primește mulțumiri, ea își va spune: *„Am avut dreptate să fac asta. Trebuie să continui, ba chiar să fac și în plus."* Iar după exprimarea vreunui reproș sau a unei insulte, victima va gândi astfel: *„Este vina mea, n-am făcut îndeajuns. Ca atare, am să fac mai mult."*

Toate acestea se văd cu ochiul liber, se perpetuează la nesfârșit! Așa se și explică, într-una dintre mărturiile precedente, de ce bărbatul în cauză își dedică sfârșiturile de săptămână treburilor domestice, iar serile – pregătirii cinei pentru cei mici; face toate acestea singur și mai este și supus unui val de critici. O mulțime de femei ar spune: „Dar eu fac asta tot timpul!" În plus, nu constituie un argument valabil pentru care cineva ar accepta să se ocupe de tot. De altfel, în exemplul de față, sarcinile bărbatului respectiv se combinau cu o sumedenie de alte sarcini, veșnic criticate și mereu îndeplinite, unele nepuse la socoteală, ci pur și simplu executate fără răgaz. În unele situații, dezechilibrul merge chiar mai departe, căpătând aspectul unui sclavagism, pe de-o parte susținut de tulburarea provocată, iar pe de alta – sprijinit de terenul fertil pe care-l reprezintă convingerile driverului în discuție. Un cocktail amar, care obligă victima să accepte inacceptabilul.

Oroarea de confruntări îi provoacă acestui bărbat un stres care îl macină, deoarece în capul său se desfășoară un conflict: o parte din el urăște să se implice în orice fel de ceartă, dar, în același timp, o altă parte critică faptul că cedează de fiecare dată. Cu toate acestea, atunci când stresul devine prea intens, acest driver își pierde toate mijloacele. Emoția este într-atât de puternică, încât însăși capacitatea de a gândi și de a reacționa este diminuată, ba chiar anihilată: nu mai știe nimic, nu-și mai amintește și nici nu mai înțelege mare lucru. Devine un fel de prost, ceea ce duce la îndesirea reproșurilor și insultelor, fapt care, pe cale de consecință, îi amplifică uimirea.

Poate să apară, într-adevăr, și ceea ce se numește „încremenire psihică", adică o stare de stupoare emoțională, care împiedică cu desăvârșire victima să reacționeze, imobilizând-o. Acest lucru se întâmplă atunci când vă confruntați cu o situație terifiantă, una de neconceput și de neînțeles pe de-a întregul. În unele cazuri, violența induce la nivelul creierului un reflex protector care „scoate" victima din corp, de parcă ar asista din afară la scena care se derulează. Este o adevărată traumă psihică, ce alimentează cercul vicios.

În cele din urmă, victima acceptă totul, atâta vreme cât această acceptare ajută la relativa restabilire a armoniei și la redobândirea unei vagi senzații de calm. Aceasta este modalitatea de care victima dispune pentru a găsi acea liniște aparentă și a-și reduce tensiunea internă. Văzută din afară, această metodă este neadecvată, deoarece este dăunătoare. Sau este înțeleasă greșit: *„Când accepți, nu se poate spune că ești victimă."* Constituie o problemă recurentă atunci când vine vorba de viol. Cu toate acestea, din perspectiva victimei, este o cale de ieșire pentru a evita ce-i mai rău: totul se oprește, pentru a preveni în felul acesta declanșarea iadului pe pământ sau scurtcircuitul care provoacă un adevărat incendiu.

În plus, victima „se simte prost" (expresie-fetiș în cadrul convingerii „Fă(-i) pe plac"), chiar dacă nu are absolut nicio vină pentru apariția vreunei probleme. Totuși, se simte în egală măsură victimă, vinovată, responsabilă și... proastă. Pe lângă toate acestea, suferă profund și nu știe cum să pună capăt suferinței sale. Așa se explică și de ce un bărbat poate ajunge să se simtă prins din toate părțile: dacă refuză sau îndrăznește să conteste ce i se cere, se declanșează o sumedenie de ostilități; și nu vrea să ia în calcul această posibilitate. Dacă acceptă și se lasă umilit, atunci ajunge cu stima de sine la cote minime și se simte cuprins de o suferință imposibil de alinat. Cireașa de pe tort este că nu vede nicio cale de ieșire din această dilemă. „Poate fugi", ar spune unii. Însă până și această alternativă i se pare de neconceput. Ca atare, pierde pe toate planurile.

Într-un cuplu construit pe aceste baze, există două firi diametral opuse: femeia rămasă în stadiul de fetiță răsfățată și despotică, manifestând o uriașă lipsă de sensibilitate, și bărbatul blocat în tabloul iubirii ideale sau cel puțin armonioase în profunzimile ei, dar care manifestă totodată tendința de a se culpabiliza și de a prelua orice vină asupra sa. În realitate, el reprezintă prada perfectă când se dorește stabilirea unei maniere singulare de a face lucrurile.

Bărbați puternici și influența mediului asupra lor

Reversul puterii

Printre bărbații care cad victime ale propriei lor bunătăți, există unii care dispun de o anumită putere sau de o oarecare notorietate; de altfel, aceștia sunt tocmai cei care reprezintă prăzi frumoase pentru femeile manipulatoare. Unele femei se simt atrase și seduse în mod irezistibil de acei bărbați care dețin o situație profesională bună sau chiar foarte bună, iar dacă dispun și de o anumită reputație, atunci cu atât mai bine. Pentru că imaginea lor se asociază cu puterea, ceea ce le conferă o capacitate de seducție cu atât mai complexă. Unele au sentimente cât se poate de sincere față de acești bărbați, chiar dacă strania fascinație față de prestigiul bărbatului cu care și-au intersectat drumurile joacă un rol important în interesul lor; dar mai sunt și celelalte, care văd în bărbații respectivi, încă de la început, o pradă interesantă prin prisma tuturor avantajelor materiale pe care vor să le obțină.

Este cât se poate de atrăgător acest aspect, trebuie să recunoaștem. O poziție de putere, adesea combinată cu mijloace financiare însemnate, se va remarca și în exterior, prin bunurile materiale și printr-un stil de viață situat undeva deasupra nivelului de trai mediu. Toate acestea vin la pachet cu niște beneficii colaterale. Poate fi vorba despre acea „putere din umbră": se lasă impresia stabilității, a siguranței, uneori a virilității, construind imagini pe care media le vehiculează și totodată le exploatează din plin. Cel puțin la fel de atrăgător poate fi și faptul că, asociindu-se cu un astfel de bărbat, orice femeie are senzația că devine o persoană valoroasă, întrucât își însușește din calitățile lui. Vorbim despre o modalitate de a se pune pe sine în valoare atingând un nivel mai înalt în ierarhia socială, de parcă ea ar fi contribuit cumva la consolidarea acelei puteri și/sau averi. Ba chiar se poate ca ea să capete o mândrie nejustificată, ajungând efectiv să-i disprețuiască pe cei care nu sunt la același nivel cu ea. Nu numai că-și însușește meritele celuilalt, ci se și laudă cu ele. În fond și la urma urmei, aceasta îi permite să le demonstreze rivalelor sale că ea a reușit, ea „le-a învins". Bărbații în cauză, mai ales dacă sunt și cât de cât atrăgători din punct de vedere fizic, cumsecade prin natura lor și eventual inteligenți, sunt foarte curtați. Trezirea invidiei în rândul celorlalte pretendente îi prilejuiește femeii-vânător o plăcere nespusă, ce adesea merge mână-n mână cu gelozia: bărbatul cucerit vine la pachet cu o posesiune pe care ea a dobândit-o, de parcă ar fi constituit de la bun început o provocare ce se cerea asumată și dovedită, așadar acum nici nu se mai pune vreodată problema să o lase să-i scape, mai ales în avantajul vreunei rivale. Bărbatul este văzut ca o investiție în sine; pentru că e indicat să ne ferim de lăcomie. Majoritatea acestor femei sunt frumoase și, deși au știut cum să procedeze astfel încât să fie cadorisite iute cu bijuterii și îmbrăcăminte de lux, de-acum, frumusețea lor va fi și mai mare datorită noului statut obținut. Mulți bărbați victime afirmă: „Soția mea este foarte frumoasă." Această formulare „foarte frumoasă" se referă la faptul că și alți bărbați recunosc frumusețea fizică a partenerei respective sau că aceasta din urmă a reușit să creeze un fel de dominație sexuală (despre care vom vorbi mai târziu). Cunoscând acest lucru, manipulatoarele frumoase se vor folosi de atuul lor într-o varietate de moduri – inclusiv stârnind teama că ar putea fi curtate de un alt bărbat și implicit stârnind ceea ce s-ar putea numi o gelozie anxioasă.

Există, prin urmare, două forme de gelozie: cea adresată „rivalelor", care se manifestă pe baza formulei „este al meu, nu vă atingeți de el, că altminteri veți suporta consecințele" și care, în cuplu, se reflectă prin supravegherea constantă și stabilirea unui fel de cușcă, menită să faciliteze exercitarea controlului absolut. Și gelozia adresată direct soțului, la modul „dacă nu faci ce vreau eu, s-ar putea să alerg în brațele altuia". Totul este orchestrat în așa fel încât acest om să simtă o iubire autentică; potențialul risc funcționează ca o sabie a lui Damocles, astfel că el ajunge să accepte orice i se cere, doar ca să nu o piardă pe cea pe care o iubește. Astfel de oameni pot suferi de teama de abandon, iar o manipulatoare știe acest lucru și profită de el, răsucind din când în când cuțitul exact acolo unde doare mai tare.

Mărturie

„Am petrecut douăzeci de ani cu soția mea. A fost o perioadă dureroasă și plină de încercări. Prima ei «criză» a avut loc chiar în ziua nunții noastre. Am rămas cu ea tot acest timp din trei motive, pe care le cunoștea foarte bine și de care se folosea cât putea de mult. În primul rând, educația mea conservatoare, catolică, extrem de importantă pentru mine. Nici măcar nu eram dispus să iau în considerare divorțul. Am ajuns să divorțez pentru a trăi sau, mai bine zis, pentru a supraviețui.

În al doilea rând, a fost vorba și despre unul dintre copiii mei, care avea dizabilități și pe care am vrut să-l protejez, să-l cresc cât mai bine; mi s-a părut firesc să rămân alături de el și să plătesc cei mai buni specialiști și cei mai buni chirurgi pentru sănătatea lui.

Nu în ultimul rând, mai este vorba și despre trecutul meu, familial, social și profesional. Locuiesc într-un oraș relativ mic, într-o regiune marcată de o cultură tradițională încărcată de virtuți și unde am responsabilități financiare mari. Este o lume mică, foarte poleită, dominată de codurile și convingerile ei, și în care trebuie să fii ireproșabil. Aparențele sunt esențiale; este neapărat necesar să arăți bine, la fel cum e obligatoriu să ai un comportament decent. Am afișat mereu imaginea unui cuplu fericit, îndrăgostit, neumbrit de vreun nor. Nimeni nu putea și, mai ales, nu trebuia să suspecteze infernul prin care eu treceam în fiecare zi. La scenă deschisă, părea o piesă frumoasă, dar culisele au fost îngrozitoare."

„Lucrez într-un mediu cu expunere ridicată. Sunt ceea ce se numește «persoană publică». Tot ceea ce spun și fac, chiar și ceea ce pare privat, este scrutat și supus analizei. Separarea de soția mea a fost periculoasă pentru carieră, deoarece știam că urma să stârnească apariția imediată a diferite zvonuri răutăcioase la adresa mea. Îmi sunt cunoscute acele zvonuri care distrug, știu chiar și cum ar fi făcut-o. Îmi cunoaște bine defectele; la fel cum și eu cunosc ferocitatea de care ea poate da dovadă în privința bârfei de cea mai joasă speță. Ar fi însemnat o piedică pentru mine, sfârșitul ambițiilor mele politice și sociale. Pe scurt, m-am simțit prins între ciocan și nicovală. Așa că a trebuit să-mi negociez plecarea, ceea ce trebuie să recunosc că a costat o avere. Mi-am cumpărat libertatea cu un preț enorm."

Când te joci cu imaginarul

În anumite grupuri sociale, influența mediului reprezintă un element important. Ce vor crede ceilalți? Ce vor spune? Cum aș părea dacă...? Bineînțeles, știm cu toții că nu trebuie să ne trăim viețile ținând cont de felul în care ne privesc alții și nici să căutăm în permanență să le creăm o anumită imagine (falsă) despre noi, doar pentru a obține astfel aprobarea lor; dacă facem lucrul acesta, viața ni se va părea constrângătoare, deoarece se va concentra în jurul încercărilor de a ne conforma la ceea ce presupunem că alții așteaptă de la noi. Dorindu-ne să fim pe placul tuturor – căci într-atât de mare poate fi teama de a dezamăgi – riscăm să ajungem în punctul în care ne negăm pe noi înșine fără a fi, până la urmă, pe placul nimănui.

Numai că, în cazul în care suntem implicați într-o relație perversă, configurația arată altfel. Pentru că pur și simplu se știe faptul că, apelând la mici trucuri, manipulatoarea poate să se lege de terți, introducând în orice discurs insinuări cu dublu sens, interpretabile în mod negativ, dar făcând-o pe un ton plin de încredere. Poate arunca cu vorbe pline de subînțelesuri chiar dacă nu pare să le acorde importanță; totuși, în realitate, ea știe bine ce pot provoca afirmațiile sale. Această putere de a răni constituie un formidabil mijloc de exercitare a presiunii. Există anumite tipuri de media care, în zilele noastre, își construiesc renumele și întreaga audiență strict pe baza a tot felul de zvonuri și a acelor „mici fraze-cheie", titluri de tip *clickbait* care, scoase din context ori prezentate într-o anumită manieră, reușesc imediat să strice sau efectiv să distrugă o imagine. Dacă deținem o poziție socială ce presupune și o reprezentare publică, o imagine deformată cu ingeniozitate ne poate afecta întreaga carieră. Directorul unei companii, un chirurg sau un notar, de exemplu, trebuie să demonstreze integritate într-o bună măsură.

Când soția oricărui bărbat de genul acesta le dă celorlalți de înțeles (dinadins) că soțul ei nu e străin de practicarea unor „aranjamente" mai mult sau mai puțin îndoielnice din perspectiva legii sau a eticii, efectele dăunătoare sunt cumplite. Deoarece se pierde rapid orice credibilitate. Și este cu atât mai greu de suportat cu cât este complet fals. Însă ce se poate face pentru a ne apăra, când un lucru cu desăvârșire fals este prezentat ca reprezentând un adevăr? Până la urmă, sunt atâția oameni care emit judecăți categorice și definitive, fără a cunoaște mai nimic despre realitatea din spatele unui zvon și bazându-se pe ceea ce spune periculosul proverb: „Nu iese fum fără foc." Cine ar putea ști mai bine ce zace în spatele ușilor închise și a imaginii construite cu atâta sârguință, dacă nu chiar soția individului în cauză? Ce dorește ea să lase să se înțeleagă este luat ca atare și poate distruge repede tot ceea ce partenerul ei a construit de-a lungul multor ani. În plus, fiecare justificare oferită suplimentar de partener pare să întărească într-un fel, absolut paradoxal, acuzația îndreptată în direcția individului vizat.

O manipulatoare nu se va folosi de puterea aceasta la întâmplare. Tactica ei constă într-un demers mult mai subtil, dar cât se poate de perfid și de terorizant, prin care dă de înțeles că ar putea să o facă. Aidoma bărbatului sau animalului care se încordează și-și etalează mușchii pentru a-i arăta adversarului o forță greu de contracarat, și ea se mulțumește să-i sugereze partenerului că doar un cuvințel din partea ei ar putea să-l ruineze, fapt îndeajuns de însemnat cât să nască îndoială și angoasă. Încă o dată, se dovedește că nu e nevoie de mult pentru a pune în mișcare mașinăria suspiciunilor. Imaginația se ocupă de restul.

Mărturie

„Conduceam un IMM mare, unul dintre cele mai importante din regiune. A funcționat bine, dar a trebuit să fiu atent la directorul meu general, căruia i-ar fi plăcut să-mi ia locul și cu care soția mea avea o relație cordială. În același timp, candidam la funcția de primar al orășelului în care se afla firma mea. Pentru a-i satisface fiecare capriciu, mi-am lăsat soția să petreacă timp alături de directorul meu general. Ea m-a avertizat că poate să-mi strice relațiile cu toți partenerii mei și, totodată, să-mi pună piedici în cursa pentru poziția de primar. În toiul uneia dintre certurile noastre, mi-a spus pe un ton glacial: «Pot să inventez orice minciună, oamenii mă vor crede. Până la aflarea adevărului, vei fi fost distrus. Vrei să încerc?» Știam că e capabilă de așa ceva. Privirea ei plină de ură nu lăsa loc de interpretări. A trebuit ca, din nou, să-mi scot carnetul de cecuri pentru a-i cumpăra tăcerea."

Am văzut deja că o bună parte din temerile unei ființe umane sunt închipuite sau rezultă din proiecțiile asupra unui viitor creionat în mod negativ. Importanța lor se amplifică atunci când sunt alimentate de o persoană apropiată. Dacă din tot ceea ce se spune, măcar 5% reprezintă adevărul, atunci este suficient pentru ca și restul, de 95%, deși este constituit din minciuni, să devină credibil. Pornind de la o serie de câteva fapte reale, facem în așa fel încât să apară o întreagă suită de consecințe dramatice. Prin urmare, nu voința proprie este cea care ne face să acționăm, ci imaginația noastră. Acest șantaj, care se repetă în mod regulat, creează o teamă care manipulatoarei îi este foarte „la îndemână": nu se pune problema distrugerii „jucăriei" ei, deoarece ar pierde totodată o serie de avantaje care vin la pachet cu aceasta. Pentru ea, este mult mai bine să-l facă pe celălalt să creadă că anumite lucruri ar fi posibile; tot realimentând rezervorul de temeri ale victimei, manipulatoarea o ține pe aceasta la mila ei.

Șantajul emoțional se referă la situația când cineva se joacă cu sentimentele altcuiva și funcționează pe baza unor fraze tipice: „Dacă (nu știu ce)...": De exemplu, „Dacă mergi diseară la acea petrecere, atunci ia-ți adio de la mine". Este o atitudine ce poate duce la așa-numitul „terorism emoțional" – folosirea unor amenințări serioase pentru a genera teama de consecințe grave: „Dacă faci sau nu faci cutare lucru, atunci poți fi sigur că am să ți-o plătesc sau mă răzbun eu cumva." Această amenințare îl menține pe celălalt într-o stare de dependență, eliminând complet șansa separării: „Dacă mă părăsești, ai să regreți amarnic", sau chiar „Dacă mă părăsești, am să-ți fac zilele amare, până la sfârșitul vieții tale".

Atunci este adevărat, cea mai mare parte a temerilor noastre țin de propria închipuire, dar, în calitate de victime ale unei manipulatoare și cunoscând de ce este capabilă aceasta, iată-ne ferm convinși de faptul că ne paște un pericol cât se poate de real. Cu atât mai mult cu cât se dovedește că temerile noastre sunt îndreptățite și nu sunt exclusiv rezultatul propriei imaginații. Este și cazul acelui bărbat care s-a hotărât, în sfârșit, să divorțeze. Și pentru care, nouă ani mai târziu, divorțul *tot* nu s-a pronunțat. Nouă ani! În tot acest timp, i-au fost adresate în mod regulat diverse cerințe de ordin financiar, care mai de care mai halucinantă. Cât despre copii, pe aceștia nici nu-i mai vede, iar soția a făcut în așa fel încât ei să ajungă să-l considere pe tatăl lor un monstru periculos. A reușit să-i facă pe toți din jur să fie de partea ei. Ba chiar îi promisese lucrul acesta sub forma unei amenințări încărcate de venin: „Am să ți-o plătesc cu vârf și îndesat, de mine nu scapi, și nici n-ai să-ți mai revii vreodată!" Și, din păcate, iată că s-a ținut de promisiune.

Teama de ce vor spune ceilalți

Apare teama de un viitor dominat de dramă, dar și teama de ce vor spune ceilalți, însoțită de un sentiment de rușine. Trăim în societăți patriarhale, având un sistem de organizare socială în care deținerea autorității este în general asigurată de bărbați, considerați ca fiind sexul mai puternic, în special datorită unei superiorități în ceea ce privește forța fizică. Ei au fost dintotdeauna cei care au mers la război, au vânat și au îndeplinit sarcini ce necesitau forță fizică. Această expresie a sexului tare, puternic ancorată în reprezentări colective, își are originea în capitolul Genezei unde, în Grădina Edenului, Eva – și nu Adam – a cedat ispitei și a comis păcatul originar. Femeia a ajuns prin prisma acestei pilde să fie considerată sexul slab. Astăzi, această distincție destul de vagă este combătută, iar noțiunile de „superioritate"/„inferioritate" sunt și ele, din fericire, puse sub semnul întrebării. Rămâne totuși valabil faptul că ele interferează puternic cu propria noastră viziune asupra lumii. De exemplu, atunci când vorbim despre „manipulare" într-o relație sau despre „perversiunea narcisică", multă lume se gândește automat la femeile abuzate de bărbați. Statisticile le dau dreptate, dar există totuși și bărbați abuzați de femei manipulatoare. Cu toate acestea, cifrele sunt distorsionate, pentru că atunci când aparții așa-numitului sex „puternic", ce șanse sunt să admiți că ești maltratat de așa-numitul sex „slab"? Cum să mărturisești una ca asta fără a risca să primești în schimb sfaturi gratuite, la care nici nu te gândești („Nu trebuie decât să o lași"), negări ale situației reale („Vezi că ți se pare ție!") sau chiar să te alegi cu tot felul de glume batjocoritoare („Cum vine asta? Te-ai lăsat călcat în picioare de o asemenea cățea?").

Multe manipulatoare sunt perfect conștiente de această imposibilitate sau reținere de a vorbi despre așa ceva și știu cum să întoarcă numaidecât situația în favoarea lor. Întrucât femeile sunt cele în general abuzate, ceea ce afirmă ele este infinit mai credibil. La urma urmei, pentru că majoritatea manipulatoarelor folosesc violența psihică, care nu lasă urme precum violența fizică, credibilitatea bărbatului este diminuată încă și mai mult. Ce dovezi tangibile poate furniza bărbatul care aduce astfel de acuzații? Așadar, putem trage concluzia că există ceea ce s-ar numi o „influență socială", care îi împiedică pe bărbați să-și mărturisească suferințele la care sunt supuși, iar soțiile lor manipulatoare știu cum să profite de ea.

De-a v-ați ascunselea cu diavolul

Cuvântul francez „diable"[2] vine din latinescul *diabolus*, el însuși împrumutat creștinilor greci, care foloseau cuvântul *diabolos*. Acesta din urmă înseamnă „cel care se poziționează de-a curmezișul, care separă" (*dia-bolos*). Particularitate ce o caracterizează perfect pe femeia manipulatoare, iar aici discutăm despre abilitatea ei de a fragmenta echilibrul familial, social, financiar, profesional, afectiv și intim.

Dezbină pentru a stăpâni mai bine, iar ulterior pentru a distruge mai bine.

Dar după ce recunoaștem o femeie manipulatoare? Nici aici nu se poate vorbi despre un profil tipic. Pentru că nu îi e scris pe frunte. Numai că, oricât de diferite ar putea fi între ele, aceste femei au unele trăsături comportamentale comune, la fel și o manieră de a fi și de a gândi.

---

[2] Titlul capitolului are în componență cuvântul *diable*, redat în limba română prin *diavol*, care vine prin influență slavă. (n.tr.)

Cu cine avem de-a face?

Femeia manipulatoare se prezintă sub diverse chipuri. Nu le putem trece în revistă pe toate, dar vom prezenta în cele ce urmează trei care revin destul de frecvent.

Fragilă și înduioșătoare

La început, vi se prezintă în fața ochilor o persoană nespus de fragilă și de înduioșătoare, plină de candoare. A trecut prin tot felul de decepții, nu s-a simțit înțeleasă, uneori i-a fost tare greu. Prezentându-se în felul acesta, de parcă ar fi o biată victimă inocentă, stârnește în mod inevitabil acel „Fă(-i) pe plac" tipic, gata să salveze văduva sau orfelina și, în acest caz, să ofere dragoste, blândețe și protecție unui suflet frumos, copleșit de durere. Seducția funcționează bine, femeia ar înmuia pe oricine cu zâmbetul ei trist și vulnerabilitatea pe care o arată în această lume a brutelor. Momeala este gata: sunt atât de multe lucruri pe care ea și acest bărbat bun și generos, care vrea să o protejeze, le au în comun.

Candoarea prezintă un avantaj: subtila instalare a câtorva reflexe condiționate, care trec neobservate sau care nu sunt interpretate ca reprezentând indicii îngrijorătoare. De exemplu, se poate observa modul de a-și impune cu blândețe propriile dorințe, fără a le asculta defel pe ale dumneavoastră, poate doar reinterpretându-le într-un sens care i se potrivește. Este delicată și vulnerabilă; cine să bănuiască faptul că, în realitate, ea e condusă de intenții nesănătoase? În același timp, există unele mici indicii care vă pun pe gânduri. De aici și tulburarea care vă cuprinde. Ea profită de lucrul acesta: ori de câte ori aveți curajul să puneți ceva la îndoială, reacționează de parcă i-ați spune că Pământul se învârte de-acum în sens opus. Este uluită, nu-i vine să creadă, nici nu-și închipuie cum ați putut gândi, chiar și pentru o fracțiune de secundă, ceva negativ despre ea. Iar cum vă îmbrobodește, cu o inocență dezarmantă, afirmând că este pură precum apa de izvor, o credeți pe cuvânt.

Încă auziți în interior o voce slabă, care vă atenționează să-i acordați mai puțină încredere sau, cel puțin, să fiți prudent. Se naște o dilemă între ceea ce gândiți – sau vreți să gândiți – și ceea ce simțiți sau percepeți. Care este, atunci, adevărata natură a acestei femei? Zâmbetul ei fermecător vă face să opriți vocea aceea precaută. Îi acordați prezumția de nevinovăție și, chiar mai rău (cu toate că ea asta urmărea), vă îndoiți de propria judecată și de capacitatea de a îi analiza intențiile negative. De îndată ce apare prima urmă de îndoială, ea face în așa fel încât să reiasă că are dreptate și cu asta basta!

A seduce înseamnă a convinge o persoană de interesul reciproc, inclusiv afectând-o emoțional pe aceasta, pentru a o determina să se îndrăgostească și să acorde diverse favoruri. Dar trebuie să continuăm să dăm dovadă de răbdare în continuare: se va face dorită, jucându-se cu farmecul ei irezistibil și totuși lăsând să se înțeleagă că nu se dăruiește în întregime atât de repede. Acest lucru este ușor de înțeles în orice așa-numită relație „serioasă", numai că această femeie joacă tactica respectivă cu deosebită finețe, pentru că asta și este: o strategie. Printre cele mai cunoscute de acest gen se numără „jocul indirect": a spune fără a rosti cu adevărat, a sugera un sentiment de atracție fără a-l arăta direct, a manifesta un interes discret, suficient de explicit, dar fără a exagera în vreun fel (o adevărată artă!), pentru a stârni, în celălalt, emoție și dorință. Un fel de „Fugi după mine ca să te prind". Crescând „tensiunea" în acest fel, exact atât cât trebuie, într-un final celălalt va fi cel care face primul pas.

Mărturie

„Când am întâlnit-o prima dată pe cea care m-a rănit atât de mult, era foarte blândă, puțin timidă, mai mereu rezervată. De-a lungul mai multor săptămâni, am ajuns să ne cunoaștem. M-au cucerit frumusețea și fragilitatea ei. Lăsând să plutească misterul în aer, mi-a dat de înțeles că nu-i fusese deloc ușor. M-am lăsat vrăjit de acest mister. Ca ultimul prost. Pentru că exact acest mister permanent și fals, de altfel, avea să mă dea cu totul peste cap mai târziu. Într-o seară, după o cină bună, ghemuiți pe canapea, am început să ne sărutăm din ce în ce mai înflăcărat. Eram din ce în ce mai incitat, iar mâna a început să-mi alunece încet de pe umărul ei în jos, iar atunci am primit primul duș rece: „Respectă-mă", mi-a spus ea, dur. M-am dat deoparte. Nu înțelegeam ce se petrece. Mă privea fix. O privire aspră, răutăcioasă. Comisesem oare o crimă, un sacrilegiu? Mai târziu am înțeles jocul: nu ne iubeam până nu decidea ea, ea și numai ea, când avea chef. Numai dorința ei conta, niciodată a mea. Atunci, în acea seară, a fost prima dată când a impus ceea ce își dorea. Tandrețea, timiditatea și fragilitatea pe care le arăta altădată s-au transformat rapid în simple amintiri..."

Dulceața începuturilor este o momeală numai bună pentru a-l „prinde" pe celălalt. Acest lucru poate fi amplificat printr-o strategie suplimentară: dând de înțeles că norocosul ales este și primul. Nu neapărat primul iubit, ci primul după mult, nespus de mult timp. Ca să vezi, iată, ce noroc pe el! Iar pentru consolidarea încrederii, genul acesta de „amănunt" merge la fix. În plus, este foarte măgulitor când ni se aduc fel de fel de complimente, menite să ne facă să credem că suntem diferiți și mai buni decât foștii, că datorită calităților personale, cum ar fi sinceritatea, atenția, curajul... iată! am fost aleși. Mizând pe latura narcisică a prăzii sale, manipulatoarea știe cum să-și joace rolul: cel al femeii ingenue, pline de candoare, în care se poate avea încredere. Noi suntem flatați și fericiți că, în sfârșit, am nimerit o astfel de persoană. Aici, ar trebui să ne amintim avertismentul lui Nietzsche: „Și ferește-te de izbucnirile iubirii tale! Căci cel singur întinde mult prea repede mâna către cel pe care îl întâlnește.[3]"

Nimeni nu se simte atras de o expresie acră și închisă, ci mai degrabă de un chip zâmbitor. Prin urmare, orice început este încununat de tandrețuri și zâmbete. Odată prinsă prada, închiderea se produce treptat, alternând aroganța cu atenția, dulceața cu furia, îmbrățișările tandre cu îndepărtarea glacială. Pentru că apelează la tot mai multe comportamente contradictorii, manipulatoarea seamănă îndoiala, care ulterior este amplificată și multiplicată. Confuzia crește în mintea victimei. Și, întrucât suntem îndrăgostiți, nu ezităm să ne punem întrebări, pe fondul apariției unui sentiment de autoînvinovățire: Oare nu sunt suficient de blând și de tandru? Oare o ascult cât trebuie? Fac tot ceea ce trebuie? Nu ar trebui să fiu „mai iubitor"?

Vulnerabilitatea este un bun atu: uneori, ea permite obținerea a ceea ce se dorește (bărbatul este fericit când se simte ca un

---

[3] Friedrich Nietzsche, *Așa grăit-a Zarathustra*, Editura Humanitas, București, 2012.

Zorro protector), iar alteori justifică furia (bărbatul nu protejează suficient, ceea ce înseamnă că nu îndeplinește cerințele în mod corespunzător). Acest tip de manipulatoare pare fragilă, pentru că îi este într-adevăr frică. De ce anume? De alți oameni răi, de cei care trădează, de lipsa bunurilor materiale, de a trăi sau de a muri etc. Nu știm cu adevărat, pentru că îi este frică de orice, numai că acest „orice" se referă la atât de multe, încât rămâne vag. Este și motivul pentru care se arată atât de exigentă sau se enervează. Deci trebuie să o înțelegem și să o scuzăm, sărmana.

Șarmantă și seducătoare

„Fermecătoarea grijulie" este ca o molimă despre care bănuim că are capacitatea de a seduce orice bărbat, dar care, ca prin miracol, își revarsă toată atenția asupra noastră. Ceea ce face seducția cu atât mai savuroasă. Bărbatul pe care ea l-a ales nu este acel gen de macho care-și etalează mândria de a fi fost ales. Este mai degrabă genul de om puțin mai rezervat și ceva mai visător, care crede că „alegerea" ei are la bază descoperirea unor adevărate calități umane și a atracției dintre două inimi. Este cu atât mai bine când acesta își închipuie că frumusețea fizică a muzei sale merge mână-n mână cu delicatețea sufletului ei. Când ai de-a face cu un visător însuflețit de onestitate și de sentimente frumoase, este suficient să fie lăsat în voia imaginației lui, să creadă tot ce are chef să creadă și să fie de acord cu alegerea făcută. Viitorul deja începe să prindă contur, vesel și minunat, dulce și constructiv. Femeia se mai folosește și de intensitatea privirii ei, dar mai ales de o particularitate a acesteia: abilitatea de a susține privirea celuilalt. Când contactul vizual se prelungește, crescând în intensitate, poate fi destul de tulburător, întrucât codurile sociale după care ne ghidăm ne invită să întoarcem politicos privirea în altă direcție după un timp. Modalitatea aceasta de a privi susținut este adesea percepută ca denotând entuziasm sau agresivitate, dar, dacă din ea străbate un aer de seducție, oricât de firav, lucrul acesta poate deveni extrem de excitant. Iar o simplă bătaie din gene va îngenunchea orice bărbat!

În plus, laudă și exagerează calitățile (reale sau presupuse ale) prăzii; latura narcisică a egoului se cere mângâiată cu gentilețe, mai ales că orice lingușitor trăiește pe socoteala celui care îl ascultă. Numai că e al naibii de bine să te simți prețuit în felul acesta; orice om savurează complimentele ca pe niște mici delicatese, iar mai rău este că nici nu-și dă seama că este vorba despre lingușiri: este ferm convins de totala sinceritate a complimentelor!

Apoi, puțin câte puțin și cum se întâmplă de fiecare dată, atmosfera se schimbă; seducătoarea lasă să se înțeleagă că aveți noroc să beneficiați de atenția ei, ba chiar ajunge s-o repete cu insistență. Este o chestiune șireată, dar funcționează perfect și, în plus, instaurează fără prea mari întârzieri o poziție inechitabilă, care în timp oricum se va consolida: pe de-o parte, avem acea persoană minunată; iar pe de alta, sărmana creatură care trebuie să se bucure că a fost aleasă și care, în plus, trebuie să fie recunoscătoare pentru asta. Tot așa, din momentul în care capcana se strânge în jurul victimei și se face prea târziu pentru a mai da înapoi, se schimbă și decorul! Critici, deprecieri, destabilizare etc. Mai exact, ingredientele dominației.

O altă trăsătură care o poate caracteriza: senzualitatea debordantă și abilitatea sexuală, atât în ceea ce privește tenacitatea, cât și inventivitatea, uneori reflectându-se și într-o amețitoare transgresiune a tabuurilor. Are acel *nu știu ce*, care face ca orice contact cu ea să se încheie întotdeauna cu un orgasm fabulos. Este minunat, dar creează o dominație de natură sexuală asemănătoare unei dependențe reale, în care te trezești captiv, indiferent de prețul plătit.

La aceasta se poate adăuga și un joc pervers: manipulatoarea atentează la teama de abandon a victimei, insinuând că ar putea să schimbe partenerul dacă... Dragostea visătorului crește în același timp cu teama de a fi abandonat; dependența crește și ea, implicit. Acest lucru permite diverse șantaje, inclusiv de ordin financiar. Totul este organizat astfel încât carnetul de cecuri să fie utilizat pe scară largă. Uneori, șantajul respectiv poate părea subtil, dar de fapt ajunge să semene cu o luare de ostatici. Faptul că sugerează abandonul, că spune ceva fără să spună și că lasă să se întrezărească o consecință dramatică se dovedește, în timp, foarte eficient. Alimentată de frică, imaginația victimei face singură toată treaba! Toate tehnicile sunt bune pentru declanșarea unui tsunami emoțional, iar atunci îi este ușor manipulatoarei să ceară tot ceea ce dorește, fiindcă celălalt îi este cu atât mai supus.

Mărturie

„Iubitei mele îi plăcea la nebunie piesa celor de la Indochine – *J'ai demandé à la lune*. Am făcut greșeala de a-i face cadou albumul, iar ulterior a început să fredoneze unele dintre versurile lor, cu dublu sens. Cel mai mult îi plăcea să cânte, cu detașarea-i caracteristică, următoarele versuri: „Și tu și eu eram așa de siguri/Și ne spuneam uneori/Că nu e decât o aventură/Și că oricum nu va dura."

Se bucura să vadă că mă afecta treaba asta. Dacă o întrebam de ce cântă fix pasajul respectiv, îmi răspundea vag: «Ei, așa...» și schimba subiectul. Această bucată muzicală, combinată cu toate celelalte lucruri, au făcut din mine un bărbat cât se poate de bun și de supus, mai ales că ea avea cei mai frumoși sâni pe care i-am văzut vreodată și care pur și simplu mă înnebuneau."

Intelectuală și altruistă

Cel de-al treilea profil este cel al intelectualei altruiste. Poate opera într-unul sau mai multe domenii (literar, artistic, politic, științific etc.), iar dacă are un stil categoric de a se adresa, atunci trebuie să-i recunoaștem și talentul oratoric: expunere, argumente, consecințe, totul este clar și bine punctat, are fără doar și poate dreptate. Pentru oricine ar fi dificil să-și găsească poziția de contracarare, deoarece dispune de multă elocvență și, în caz că întâmpină dificultăți, apelează la afirmații făcute pe un ton hotărâtor, împiedicând orice progres ulterior al discuției. În ultimă instanță: ea are diplomă (sau cel puțin susține că o are), fapt care conferă cuvintelor sale o autoritate incontestabilă. De asemenea, a trecut prin anumite experiențe uluitoare, cu care niciunul dintre noi nu s-a confruntat vreodată, dar care bineînțeles că îi confirmă spusele. Argumentul autorității ocupă primul loc în pledoaria ei.

Această inteligență este seducătoare, iar unii bărbați văd în ea posibilitatea unei complicități subtile și profunde, în orice caz mai interesantă și mai atrăgătoare decât o simplă frumusețe exterioară, lipsită probabil de esență. Pe de altă parte, când vine vorba despre foștii ei iubiți, trebuie spus că nu portretizează niște imagini prea măgulitoare la adresa lor: unii erau prea macho, alții chiar manipulatori (ce cumplit!), iar foarte mulți dintre ei plictisitori, deloc culți. Manifestă o formă de dispreț față de bărbați, în timp ce se implică în activități caritabile de cealaltă parte a planetei, pentru că îi place la nebunie să se prezinte ca fiind o mare altruistă. Îi pasă de sărmani ori de animalele pe cale de dispariție și militează pentru drepturile lor. Aceasta reprezintă, de altfel, garanția sa morală. Evident, nu avem nimic de comentat, e foarte în regulă că este așa. Cu excepția faptului că se folosește de lucruri de genul acesta ca să se laude, asigurându-și o poziție superioară din perspectivă morală și intelectuală („Eu, una, știu că..."), dar și un mijloc de a-l umili pe celălalt, sub aparența dezinvolturii, dar mânată în secret de o anumită perfidie. „Dar tu? Ce cauze aperi?" Ei bine,... ăăă, ce să zic... Parcă ați participat la o manifestație și ați semnat câteva petiții, vreo trei să fie? Nimic mai mult? Mda, nu chiar... Oare vă ridicați la înălțimea acestei militante pentru binele întregii omeniri?

Cu toate acestea, convingerile și acțiunile ei altruiste lasă să se creadă că este o persoană frumoasă, căreia îi pasă de celălalt, de oameni, de animale, de mediul înconjurător și de... prada sa, care încă nu știe că este așa ceva.

Mărturie

„Am întâlnit o femeie, fiică de medici, care locuia într-un frumos cartier parizian și căreia îi plăcea să facă pe misterioasa, sugerând o senzualitate foarte puternică. În același timp, era foarte implicată în apărarea cauzei animalelor: participa la demonstrații, diverse acțiuni, greve pentru blocarea unor construcții etc. La început, am găsit toate acestea foarte binevenite, dar conversația revenea întotdeauna la aceeași temă. Două lucruri au început să mă deranjeze rapid. Era foarte centrată pe „o singură idee și numai pe una". Nici nu cred că m-a întrebat vreodată ceva despre meseria mea. Fără îndoială că nu o interesa câtuși de puțin. Apoi, era din cale-afară de intransigentă. De exemplu, pe atunci chiar nu știam ce înseamnă a fi vegan, iar certurile noastre la restaurant începuseră deja să mă agaseze. Deoarece sunt o persoană directă, i-am spus că totul se va încheia între noi. Dar a reușit să mă țină lângă ea cu sexul. Era un lucru la care se pricepea de minune, iar eu am cedat. A urmat o relație haotică, care m-a afectat mult și pe toate planurile."

În sfârșit, aveți, din nou, marea șansă ca ea să catadicsească să se intereseze de dumneavoastră: din punct de vedere intelectual, chiar dacă aveți o cultură extraordinară, trebuie să o urmați, deoarece ea preferă în mod subtil ariile pe care le stăpânește. Pregătirea pe care o aveți poate că e bună, nimic de zis, dar în fine, nu are nimic special. Dacă sunteți cumva specialist în domeniul nuclear, nu va scăpa ocazia să sublinieze ceea ce a spus cândva fizicianul Richard Feynman: „Nimeni nu înțelege cu adevărat fizica cuantică", aceasta constituind și o primă depreciere, sau vă va spune că Thomas Young a demonstrat lumii întregi că lumina se poate comporta fix ca o undă, contrar a ceea ce credea Newton. Vă arată în felul acesta că are cunoștințe și că este pe deplin îndreptățită să critice lucrul pe care îl susțineți. Mai presus de orice, îi permite să schimbe subiectul, deoarece ar întâmpina dificultăți dacă ar rămâne în zona dumneavoastră de expertiză. Prin urmare, deviază fără întârziere și trece la altceva, moment în care vă și impresionează cu ceea ce știe. Privind în perspectivă, puteți descoperi că abilitățile ei intelectuale sunt incontestabile... pe subiectele pe care le cunoaște. De aceea, îndreaptă mereu discuțiile înspre domeniile pe care le stăpânește. Veți descoperi destul de repede că rareori se interesează de dumneavoastră ori de domeniile pentru care manifestați interes, pe care le-a eclipsat cât de repede s-a putut sau le-a făcut să treacă în plan secund. Imaginea sa nu trebuie pătată de niciun neajuns, oricare ar fi acesta. Numai că vă lipsește perspectiva de ansamblu (și, fără îndoială, ea vă împiedică să o aveți).

Raportul de superioritate intelectuală este pus în funcțiune cât ai zice pește, pentru că îi va fi util mai târziu. Acesta servește la stabilirea unei dominații care se va extinde asupra mai multor zone. A fost cazul unui bărbat căruia partenera sa îi tot spunea că suferă de diverse complexe. Într-o zi, când a îndrăznit să se îndoiască de spusele ei, iată răspunsul dur pe care l-a primit: „Uite, am studiat psihologia, așa că știu ce spun! Faptul că încă ești în faza de negare nu face decât să confirme ceea ce-ți tot repet." Ce mai raționament subtil: s-ar părea că este suficient să spunem că orice negare practic confirmă, în realitate, ceea ce s-a afirmat! Inutil să mai adăugăm: a apărut și argumentul autorității (în acest caz: *studiile de psihologie*) ce vă determină să renunțați la a spune mai multe. Subtil și pervers în același timp! Din ce în ce mai deranjat, bărbatul a început să simtă într-adevăr simptomele „tulburărilor" cu care a fost diagnosticat. Orice fleac a ajuns să fie folosit ca pretext: „Uite, vezi, când spui lucruri de genul acesta, dovedește că...", „Când te porți în felul acesta, înseamnă clar că..." Bărbatul a mers totuși să consulte un terapeut, care a respins cu desăvârșire orice „diagnostic" ce i se pusese, alertându-l totuși asupra potențialului aspect toxic al relației.

Însă răul provocat de acest tip de dominație fusese deja făcut. Bietul om chiar crezuse cele spuse de partenera sa – pentru că i le spusese cu atâta convingere! I-au fost necesari mai mulți ani și a trecut printr-o serie de suferințe pentru a redeveni cineva „normal".

Navigarea prin înaltele subtilități intelectuale nu obstrucționează toriditatea unei legături de alcov. Și aveți noroc, pentru că, deși îi place să discrediteze bărbații, femeia lasă să se înțeleagă că o legătură cu ea va fi una fierbinte... Iar în acest punct, deja generează o ambivalență: vă simțiți peste măsură de incitat și de entuziasmat la ideea unei vieți sexuale deloc banale, dar totodată, vă întrebați cu o oarecare neliniște dacă sunteți în stare să vă înhămați la ceea ce seamănă mult cu o provocare sau o performanță.

Se întâmplă adesea ca unele dintre aceste manipulatoare să evalueze în mod greșit persoana cu care au de-a face și să acționeze într-un mod prea agresiv. Îți poți asigura dominația printr-un amestec de forță și rafinament. Dacă rafinamentul lipsește, descoperim că altruismul este, de fapt, îndreptat în orice altă direcție decât a sinelui și că are drept scop accentuarea acțiunilor exterioare, pe când bărbatul ales nu are parte de nicio îngrijire. Așa se explică de ce unii bărbați echilibrați și independenți identifică la timp vicleana preluare a puterii – și ce bine că o fac! – și sfârșesc prin a pune punct relației. Dar mai sunt și destule situații – în orice caz, mult mai multe decât ne-am putea închipui – în care manevrele se extind asupra unei perioade mai îndelungate necesare pentru dobândirea încrederii și pregătirea loviturii de grație abia atunci când prada este „matură".

Situație surprinsă și în mărturia următoare:

„A existat o vreme când am lucrat ca medic chirurg într-o țară aflată în plin război. Aveam ca asistentă o tânără foarte frumoasă, licențiată în farmacologie, de o inteligență frapantă și o încredere în sine pe care o admiram sincer. Dat fiind contextul dificil în care ne aflam, ascultam deseori de sfaturile ei pertinente. Puțin câte puțin, am ajuns să nu mai iau nicio decizie pe cont propriu (excepție făcând intervențiile chirurgicale efective), fără a mă consulta cu ea înainte.

Întors în Franța, am creat o structură specifică pentru preluarea cazurilor de pacienți răniți în război. Această tânără femeie a făcut chiar mai mult decât să mă ajute; luni de zile, ea a fost cea care a coordonat operațiunile. I-am permis s-o facă, pentru că era înzestrată pentru așa ceva. Numai că, atunci când structura a fost finalizată, am constatat cu o oarecare întârziere că ea era trecută drept directoare, iar eu, deși eram chirurgul principal, fusesem trecut ca salariat al ei. Prin urmare, depindeam de ea din punct de vedere financiar. Ar fi trebuit să fiu mai atent, dar tot atunci mi-a propus să ne căsătorim, propunere pe care eu am acceptat-o. Mare greșeală! Noaptea nunții a fost o catastrofă. Toate au luat-o la vale încă de când am ieșit pe ușa primăriei. Începând din acel moment, a devenit practic șefa mea, nu doar din punct de vedere profesional, ci și în plan personal. Apelând la serviciile unui avocat, a reușit să mă lege fedeleș în structura aceasta prin prisma profesiei mele. Iar dictatura s-a instaurat și la noi acasă. Am făcut trei copii împreună și, folosindu-se de aceștia, a reușit să mă țină la mila ei vreme de aproape douăzeci și cinci de ani."

Este important să se instaureze repede o organizare inechitabilă, urmând ca aceasta să capete forma unui dat „firesc" și să devină un obicei, facilitând forțarea limitelor celuilalt. De îndată ce șmecheria a prins rădăcini, este extrem de greu să se mai schimbe ceva.

Dificultatea ține în primul rând de arta răsturnării situației, pe care o manipulatoare o folosește cu măiestrie. Poate schimba radical perspectiva asupra unei situații, chiar distorsionând realitatea și pornind de la premisa elementară și incontestabilă că numai punctul ei de vedere este corect și adevărat. De altfel, îi stă în fire să-i reproșeze partenerului o așa-zisă schimbare de atitudine, la nevoie chiar numindu-l pe acesta „manipulator". Este încă o modalitate, frecventă și eficientă, de a da naștere acelui sentiment de vinovăție și de a face lucrurile să se așeze într-o anumită ordine, ordinea ei. Cei mai mulți oameni vă vor spune că asta poate să dureze, cum s-a întâmplat în cazul relatat anterior, însă această răbdare este recompensată din plin printr-o supunere totală, astfel că merită șlefuirea atentă a fiecărei piese din alcătuirea capcanei, una câte una. Această perseverență, bine calculată, permite așteptarea momentului oportun pentru ca poarta închisorii să se închidă definitiv. După luni nesfârșite de așteptare, cererea în căsătorie este făcută de însăși Doamna, fapt care împiedică orice fugă. Din clipa în care contractul este semnat, hop! Răsturnare totală de situație! Și începe chiar din noaptea nunții, pentru ca totul să fie pecetluit.

Descoperind lucrul acesta, nu putem decât să ne întrebăm: dar cum se poate accepta o astfel de situație? Nu se pot vedea indiciile care spun că totul se prăbușește? Și-n plus, de ce să mai faci și copii? Încă o dată, singurul răspuns pare să fie: forța dominației psihologice, care antrenează o pierdere progresivă a capacităților psihice, a discernământului, a abilităților analitice și a spiritului critic.

Aceste întrebări apar atunci când cunoaștem rezultatul procesului, dar când suntem noi înșine într-o relație în care încrederea s-a construit de-a lungul timpului, nu avem absolut niciun motiv să bănuim că totul ar fi fals și calculat. În caz contrar, nicio relație nu ar deveni posibilă. Mulți bărbați, chiar și atunci când au ieșit șifonați dintr-o relație toxică, refuză încă să recunoască faptul că totul a fost fals și calculat: lucrul acesta contravine atât de mult propriilor valori, încât nu reușesc să-l ia măcar în considerare.

Pe baza mărturiei precedente, am putea să ne punem niște întrebări, ca de exemplu: Stabilirea unei structuri inegale nu a fost un avertisment suficient de grăitor? Aceasta dacă ar fi să nu ținem seama de trei puncte importante: relația fusese una echilibrată și de încredere mult timp. Apoi, structura inegală a fost argumentă în mod disciplinat și îndeajuns de convingător, ceea ce a făcut-o să nu mai pară așa. În cele din urmă, chiar și dacă a existat vreo urmă de îndoială, ea a fost îndepărtată odată cu cererea în căsătorie. În aceste condiții, ce om și-ar fi putut imagina ce urma să se întâmple?

Tactici de strateg

Strategia unei manipulatoare poate fi rezumată, într-o oarecare măsură, în felul următor:

1. A fi precum un cameleon, pentru a vă seduce și a crea încredere.

2. A fi un Calimero[4], în ideea de a vă înduioşa şi a vă determina ca, într-un final, să fiţi la picioarele ei.
3. A vă face să vă simţiţi vinovat, pentru a crea dependenţă.
4. A fi aidoma unui călău, al cărui scop este să vă terorizeze şi să vă domine prin frică.

Într-adevăr, după faza de seducţie, sau etapa cameleonică, ce a făcut posibilă stabilirea unei relaţii de complicitate, urmează faza Calimero, ce reuşeşte să stârnească mila. De ce? Pentru a prelua diverse dorinţe, nevoi şi capricii. La fel cum se întâmpla cu Calimero, şi manipulatoarea a avut mereu de suferit şi întotdeauna a fost „din cale-afară de nedrept". Această mărturisire tristă şi emoţionantă activează în orice bărbat latura aceea care se vrea salvatoare. Dar în realitate avem de-a face cu un Calimero-vampir: femeia se plânge ca să se hrănească cu energia dumneavoastră. Dat fiind că o manipulatoare nu este niciodată vinovată pentru nimic, întotdeauna alţii sunt blamaţi pentru tot ce (i) se întâmplă. A fost şi cazul plângerilor ei legate de trecut, pe care tocmai vi le-a prezentat. De-acum, vă puteţi aştepta ca vina să vă aparţină pentru tot ce va urma. Începând din acest moment, poate să-şi pună în aplicare ultima parte din strategia sa: vă împinge din ce în ce mai violent spre loviturile ei care mai de care, alternând suspiciuni cu critici, schimbându-şi dispoziţia în mod inexplicabil, făcând abuz de jigniri, umilinţe şi alte intimidări, pentru ca în cele din urmă să vă domine.

Când începe etapa de dominaţie propriu-zisă, ideea este aceea de a vă face să vă pierdeţi capacităţile psihice; pentru asta,

---

[4] Personaj de desene animate, un puişor antropomorf ghinionist, negru printre fraţiorii lui galbeni.

este suficient ca ea să mențină cu atenție și regularitate o stare de confuzie mentală. Când otrava este injectată în doze homeopatice, devii treptat incapabil să distingi între bine și rău, ba în plus îți pierzi treptat liberul-arbitru.

De asemenea, ar trebui să adăugăm că, în ciuda a ceea ce s-ar putea crede, o persoană cu un anumit nivel intelectual este mai ușor de manipulat. Într-adevăr, mulți specialiști în manipulare cad de acord asupra faptului că oamenii deosebit de inteligenți sunt adesea cei mai expuși tehnicilor de manipulare. Sunt oameni cu dorința de a înțelege și de a analiza în profunzime. Iar dezechilibrul apare atunci când punctele subtile de divergență se conturează într-o ceață de contradicții permanente. Devine din ce în ce mai dificil să găsești logica acestor dinamici și, din moment ce oamenii în cauză obișnuiesc să-și pună întrebări legate de ei înșiși, neavând o minte diabolică, lor le poate fi de-a dreptul imposibil să se gândească la tactici machiavelice de o asemenea amploare. Tot făcând paralele între divergențele respective (fără a deține elemente stabile care să ajute la identificarea adevărului sau chiar a echilibrului), se naște o confuzie ce implică pierderea reperelor, la care se adaugă dependența emoțională, alcătuită treptat din toate aceste fragmente. Pe de altă parte, cineva care nu este foarte înzestrat mental va acționa într-un mod mult mai divizat, scăpând de anumite tehnici ignorându-le sau nefiind defel sensibil la ele.

Relații trucate

Un ultim indiciu, care nu caracterizează neapărat manipulatoarele, dar care se găsește aproape invariabil la toate acestea, ar fi absența relațiilor de prietenie. Un prieten este o persoană în care poți avea încredere, care dă dovadă de transparență și este dispusă să ofere, dar și să accepte critici. Cu toate acestea, o persoană manipulatoare nu are de gând să aibă încrederea în cineva; ea este, în realitate, prea fragilă în interiorul ei pentru așa ceva; de fapt, apelând la minciuni, se prezintă fie pe o poziție care să o pună într-o lumină bună, pentru a-și asigura astfel dominația, fie pe poziția de victimă, pentru a atrage simpatie și a obține tot felul de beneficii. Tot din lipsă de încredere nu le poate oferi celorlalți decât ce ține de suprafață. În ceea ce privește criticile, nu le acceptă: asta ar pune sub semnul întrebării poziția ei; în consecință, tendința este de a nega orice parte din răspundere, indiferent de ceea ce se petrece. Chiar dacă pare să se prezinte ca o ființă foarte plăcută și amabilă, se va observa că nu are prieteni sau, poate, are unul singur; de multe ori, veți constata că acesta fie are rolul de a o pune pe ea în valoare, fie cel de complice, ba chiar poate reprezenta un fel de țap ispășitor pentru ea, fiindcă încă își poate exercita dominația asupra lui.

Celelalte relații pe care le are sunt, mai presus de orice, folositoare: trebuie să-i servească scopurilor și să o ajute în a-și apăra cauza, dacă este necesar. Le lasă în urmă fără remușcări sau vreun regret de genul acesta, de îndată ce relațiile respective nu-i mai servesc sau interesul ei începe să se îndrepte în altă direcție. Ca atare, sub nicio formă nu vă puteți baza pe ea, cu toate că manipulatoarea are grijă să se prezinte mereu în lumina potrivită și să denigreze corespunzător relația de-acum lăsată în urmă – „El/Ea a fost prea nu știu cum sau deloc cine știe ce". Totul la ea funcționează pe baza unor alianțe efemere și trucate.

Mărturie

„Ar fi trebuit să intru în alertă încă de la debutul relației mele. Când venea în regiunea Parisului pentru traininguri, stătea la un prieten. Am înțeles atunci că, sub pretextul prieteniei, se folosea de aspectul pragmatic al acelei relații ca să facă economie la costurile unei camere de hotel. Prietenul respectiv părea a fi un băiat de treabă, bun și destul de timid, îndrăgostit de ea până peste cap. Prada mult visată! Îi făcuse rezervare pentru o călătorie în Thailanda, se ocupase de toate formalitățile și plătise integral vacanța. Cam în acea perioadă am început să mă văd cu ea. Mi-a vorbit despre acea călătorie, de care celălalt se ocupase luni la rând și față de care ea afișase o tăcere ambiguă, lăsându-l în felul acesta să se frământe și să continue să spere. După care a rupt orice legătură cu bărbatul respectiv de pe o zi pe alta. Iar din acel moment, de câte ori trebuia să meargă la traininguri, venea și stătea la mine. Mi-a spus într-o dimineață, cu o nepăsare totală:

— Azi pleacă în Thailanda, dacă stau să mă gândesc...

— Nu i-ai spus că n-ai să-l însoțești?

— Nu.

— Dar ziceai că a plătit deja biletele, hotelul și toate celelalte. Nu va mai avea cum să-și recupereze banii!

— Va pleca de unul singur sau poate însoțit de altcineva.

— Din câte mi-ai povestit despre el, m-aș mira să fie așa! Ai fi putut totuși să-l pui la curent!

— Mă rog, n-ar trebui să fie atât de naiv!

Iar discuția s-a încheiat aici. Cred că nu l-a mai văzut și nici sunat vreodată, nimic de genul acesta. „Gazda" de altădată nu o mai interesa. De-acum înainte, eu urma să fiu cel folosit, chiar dacă nu aveam să-mi dau încă seama. Pe parcursul nopților fierbinți și pline de tandrețuri pe care le-am trăit împreună, a avut grijă să se intereseze îndeaproape de contul meu din bancă, deși susținea sus și tare că nu e materialistă. Dar angajatul băncii, cel care se ocupa de conturile mele, nu a fost de aceeași părere..."

Manipulatoarele pot afișa un număr mare de prieteni, toți reprezentând doar legături menite să le ajute în atingerea scopurilor urmărite. Este posibil ca acest lucru să se întâmple fie și numai pentru a fi bine văzute, pentru a-și arăta amploarea influenței lor, pentru a părea niște persoane „în vogă". Însă, în orice caz, ideea este aceea de a-și deservi cât mai bine propriile interese. Iar mărturia de mai sus ilustrează cu ușurință această realitate. O mulțime de manipulatoare suferă de angoasa abandonului, pe care o maschează și o combat cu mai multă sau mai puțină abilitate. Cu excepția câtorva cazuri rarisime, manipulatoarele sunt persoane singure, dar nu singuratice prin natura lor, genul de persoane dispuse să se complacă într-o distanțare frecventă și voluntară față de semenii lor, pentru că-și sunt autosuficiente, ci persoane realmente singure, care se simt singure. Nu recunosc că exact ele sunt cele care creează această singurătate, întrucât nu sunt niciodată autentice. Însă dacă sunt înconjurate de alte persoane, atunci relațiile lor se caracterizează prin superficialitate, artificialitate, lipsă de sinceritate și de satisfacții, întrucât nu au la bază decât diverse interese. De altfel, rupturile brutale, fără preaviz sau explicații suplimentare, nu le provoacă nicio mustrare de conștiință. Aceste femei adoră să susțină o etică, să revendice valori morale și să le solicite celorlalți un comportament socialmente acceptabil, însă se comportă de parcă pe ele, în sine, nu le privesc lucrurile acestea. Nu manifestă nicio jenă în a încălca exigențele pe care le impun. În felul acesta, le transmit celorlalți un anumit gen de imagine, mai degrabă pozitivă, însă doar pentru o vreme, deoarece este în întregime eronată. Prin urmare, încă de la bun început, relațiile unor astfel de femei sunt false și pline de minciuni.

Constante de care trebuie să ținem cont

Am văzut până acum trei stereotipuri. Nu sunt singurele, însă acoperă o gamă largă. Iată în cele ce urmează unele caracteristici marcante, pe care le putem întâlni la oamenii manipulatori, dar care, în anumite cazuri, le sunt mai specifice femeilor manipulatoare.

Folosirea violenței

Violența fizică nu lipsește, dar este prezentă într-o proporție mult mai mică decât atunci când femeia este victima. Astfel, Nota nr. 34 din luna martie a anului 2019 emisă de ONDRP (Observatorul Național pentru Delincvență și Răspundere Penală) afirmă că „în 2017, majoritatea victimelor violenței în cadrul cuplului sunt femei (88%)".

Cu toate acestea, un articol apărut în *Le Monde* pe 10 aprilie 2015 afirma că nu sunt chiar pe-atât de puține cazurile de bărbați bătuți sau abuzați pe cât s-ar putea crede. Folosind alte cifre publicate de ONDRP, articolul explica faptul că, în 2012 și 2013, 149.000 de bărbați au fost victime ale violenței chiar în cadrul mariajelor lor. Această cifră ar trebui cu siguranță să crească, deoarece vorbim aici strict despre cazuri de violență cunoscute, denunțate de o terță parte sau declarate chiar de victime. Articolul adăuga: „Un calcul rapid al victimelor violenței domestice arată că, prin urmare, bărbații reprezintă 27% din totalitatea cazurilor de violență domestică și 17% din cazurile mortale." Formula, din păcate deja consacrată – „La fiecare 3 zile, o femeie moare în urma loviturilor soțului ei" – își poate găsi echivalentul și referitor la celălalt sex: „La fiecare 14,5 zile, un bărbat moare în urma loviturilor partenerei sale." În consecință, acestea nu sunt doar povești sau coincidențe, ca să nu mai vorbim de (pentru că nu există statistici cu privire la această situație anume) bărbații epuizați și șubreziți după ani de abuz, care ajung să se sinucidă.

Este o problemă despre care se vorbește rareori și despre care există în continuare prea puține informații. Ce se știe este că, în Franța, în 2008, undeva la 110.000 de bărbații au fost victime ale violenței conjugale (fizice și psihologice), iar 27 de bărbați chiar au murit în urma loviturilor primite de la partenerele sau partenerii lor de viață. Acest număr a crescut la 31 în 2016. După cum putem vedea, cifrele sunt mult mai mici decât în cazul femeilor victime ale violenței domestice, însă fenomenul nu poate fi totuși ignorat. Mai ales că există probabil foarte mulți bărbați pe care situația aceasta îi privește în mod direct deoarece, din nou, conform datelor ONDRP, doar 5% dintre bărbații abuzați au curajul să depună o plângere.

Deoarece diferența statistică vizând actele de violență de tipul „bărbați împotriva femeilor" și „femei împotriva bărbaților" este evidentă, a doua categorie este minimalizată sau ignorată. În plus, deși vorbim adesea despre „femei bătute", expresia „bărbați bătuți" este mai puțin frecventă și provoacă o neînțelegere a situației reale, atunci când nu este batjocorită sau supusă sarcasmului.

O anchetă socială efectuată în 2014, în Canada, și ale cărei rezultate au foșt făcute publice de cei de la Statistique Canada[5] a arătat că bărbații sunt la fel de pasibili să fie victime ale violenței domestice ca și femeile. Dar gradul de periculozitate diferă. Femeile rămân de două ori mai susceptibile de a suferi forme grave de violență (34% față de 16% în cazul bărbaților) și s-au confruntat cu situații extreme: au fost agresate sexual, dar și bătute, strangulate, arse, aruncate pe fereastră sau amenințate cu o armă de foc sau un cuțit.

Pe de altă parte, bărbații par să fie de 3,5 ori mai pasibili (35% față de 10%) să fie supuși unor atacuri fizice mai puțin severe: șuturi, lovituri, mușcături și amenințări de agresiune, cu sau fără armă. Dar se întâmplă ca loviturile, chiar și rănile, să fie majore prin folosirea unui obiect contondent sau a orice altceva la îndemână (scrumieră, sticlă, telefon etc.), scopul direct fiind acela de a lovi victima sau, foarte des, de a arunca un lucru în direcția acesteia pentru a o răni.

Diferența dintre sexe face ca violența să fie exercitată în principal din punct de vedere psihic de către o manipulatoare. O lovitură fizică, directă este mai rară, în general preferând să arunce cu obiecte. Rareori comite omucidere, ci mai degrabă împinge la sinucidere. Pe de altă parte, folosește în mare măsură șantajul ca mijloc de dominație permanentă. Pentru a sechestra un bărbat, nu trebuie să-l închizi într-o cameră: presiunea psihologică sau amenințarea cu scandalul sunt suficiente. Închisoarea mentală este la fel de eficientă, dacă nu chiar mai eficientă: în-

[5] Statistique Canada (căreia i se mai spune și „StatCan"): agenție a guvernului federal canadian care se ocupă de colectarea și alcătuirea de statistici referitoare la Canada și locuitorii ei.

tr-un fel, bărbatul își creează propriile gratii și, prin urmare, femeia își poate pleda nevinovăția. De altfel, aceasta din urmă știe foarte bine că diferențele statistice, precum și prejudecățile ori convingerile colective acționează în favoarea ei. Astfel, se întâmplă și ca o femeie să-și lovească partenerul numai pentru ca acesta să se opună într-un fel sau altul, să riposteze. Este suficient ca acesta să se apere câtuși de puțin sau să încerce să o stăpânească pentru a evita loviturile, că ea câștigă: o vânătaie cât de mică, un țipăt ori o zgârietură îi permit să alerteze anturajul, ba chiar și să facă o plângere. Acționând într-o direcție cu care societatea este familiarizată și, deci, prezentându-se ca fiind o victimă lovită de soț, toată lumea îi dă crezare, evident. La fel, este și o chestie subtilă: ca în cazul unui bărbat care a rămas cu gura căscată văzând că soția sa prezenta, într-o dimineață, mai multe vânătăi pe picioare și pe brațe (însă niciuna în zona feței). Norocul lui a fost că s-a văzut cu un amic avocat chiar în ziua respectivă, iar acesta l-a pus în gardă: se mai întâmplă ca unele femei să se lovească dinadins singure, după care să meargă la un medic care să facă o constatare a acestei evidențe și, ulterior, să depună numaidecât plângere la poliție. Alertat, bărbatul în cauză a mers repede la o secție de poliție pentru a dezamorsa pericolul și și-a informat și soția în această privință, care nu a mai avut niciodată nicio vânătaie. Problema este că acest caz, oricât de machiavelic ar părea, din păcate nu este o situație izolată.

Ceea ce trebuie luat în considerare este experiența bărbatului aflat într-o astfel de situație, viața sa, ce simte în plan intim în calitate de victimă. În realitate, pe lângă emoții legate de frică, bărbatul în discuție are mari semne de întrebare în legătură cu ce ar fi trebuit să facă sau în legătură cu ce nu a reușit să facă, ceea ce atrage după sine îndoieli dureroase privind rușinea și culpabilitatea. Pentru un bărbat, însuși mecanismul violenței este distructiv; rareori se întâmplă ca problema să poată fi pusă strict pe seama forței fizice. Senzația de a fi captiv și folosit asemenea unui obiect, de a te afla la mila și bunăvoința celuilalt, depinzând de capriciile sale nu poate fi decât devastatoare, cu atât mai mult cu cât individul afectat nu mai crede în niciun ajutor din exterior și nici măcar în înțelegere din partea celorlalți. Greutatea prejudecăților este acaparatoare atunci când pare ca și cum sexul tare și dominator nu ajunge să-și asume statutul său în societate, fapt care nu face decât să întărească senzația de a fi „mediocru", „jalnic", „niciodată la înălțime". Repetarea acestor scenarii și insulte facilitează transformarea senzației respective într-o reală convingere – *„Cu siguranță are dreptate, sunt o nulitate"*. Acesta este și principalul scop pentru care se folosește arma psihologică.

Un set de atitudini

Așa cum am mai spus, există un anumit număr de atitudini destinate manipulării, comune atât bărbaților, cât și femeilor, numai că unele se întâlnesc mai degrabă în rândul femeilor. Iată-le în continuare și pe cele mai frecvente, care se intersectează unele cu altele.

Sentimente difuze sau absente. Acestea reprezintă o constantă a femeilor manipulatoare: lipsa de maturitate afectivă. De parcă ar fi rămas blocate undeva într-un stadiu infantil și nu ar fi evoluat. Așa se explică și lipsa empatiei la o femeie manipulatoare. Întâlnim la ea un refuz, aproape o imposibilitate de a înțelege ceea ce simte partenerul ei. Impresia pe care o lasă este că ar coborî o cortină de fier atunci când acesta lasă să transpară trăiri cum ar fi tristețea ori suferința. Lucrurile sunt încă și mai evidente în cazul empatiei cognitive: ea are în orice caz dreptate, iar celălalt oricum greșește. Simplu, nu? Orice tentativă de a discuta confruntând puncte de vedere diferite este, de departe, zadarnică.

Toate acestea nu sunt incompatibile cu comportamentele intelectualei altruiste despre care vorbeam mai devreme, și nici cu ale celorlalte: aceasta este perfect capabilă să țină discursuri cât se poate de coerente și să se angajeze în acțiuni umanitare sau de binefacere. Dar este doar de fațadă, întrucât lucrul acesta o pune în valoare în ochii proprii și ai celorlalți; atâta doar că, atunci când este alături de partenerul ei, se schimbă brusc datele problemei. Nici urmă de altruism sau de empatie față de ceea ce ea consideră ca fiind nesemnificativ sau nedemn de atenția ori de interesul ei. Sensul alterității nu există decât dacă se poate câștiga ceva de pe urma lui; femeia aceasta nu este niciodată dezinteresată.

Mărturie

„Mă întorc acasă într-o seară și îmi salut iubita, după care încep să deschid corespondența. Sunt anunțat într-o scrisoare de decesul unui prieten drag. Vestea mă ia pe nepregătite și mă tulbură profund, astfel că izbucnesc în lacrimi. Privirea mi se intersectează cu cea aspră și rece a iubitei, așa că îi explic ce s-a întâmplat. Nicio reacție, niciun cuvânt, doar acea privire răutăcioasă și disprețuitoare, pe care nu am să o uit niciodată. Îmi șterg iute lacrimile. Ea se ridică și mă întreabă: «La ce restaurant mergem în seara asta?» Nici în seara aceea și în niciuna din serile următoare, nu am schimbat vreo vorbă legată de moartea prietenului meu."

Practic toți bărbații amintesc de această atitudine plină de indiferență, dar mai ales de privirea neliniștitoare și glacială, în care se amestecă în mod ciudat disprețul și sfidarea. Toate aceste aspecte nu fac decât să sublinieze violența mocnită care emană din ființa unei manipulatoare, chiar și atunci când apropiații lor întâmpină în mod direct problemele intime și dureroase. Dacă relația de dominație este puternică, unii bărbați ajung să-și reproșeze faptul că sunt prea sensibili sau că greșesc atunci când își arată emoțiile. Tristeții lor i se adaugă vinovăția sau poate un sentiment de jenă.

Manipulatoarele par incapabile (iar uneori chiar sunt astfel) să înțeleagă emoțiile și sentimentele altora. Chiar și atunci când este vorba despre emoții puternice și profunde, precum dragostea, prietenia sau recunoștința. Mulți știu că, acționând în felul acesta, femeile respective fac rău și provoacă răni adânci. Celălalt nu contează. În cuplu, nu există ideea de bucurii, pe care să le împărtășească partenerii între ei. Dacă o manipulatoare se arată, la un moment dat, bucuroasă, o face pentru că a obținut un beneficiu: este fericită pentru ea, nu pentru celălalt. Bucuria ei, însă, este adesea de scurtă durată și întotdeauna egocentrică. Uneori chiar arată urât, fiindcă se manifestă printr-un râs strident și sarcastic. Îi este complet străin să spună chestii de genul: „Minunat, vom sărbători împreună!" când, de exemplu, partenerul ei tocmai a avut o reușită. Emoțiile pe care le cunoaște cel mai bine și care o încearcă cel mai frecvent sunt toate negative: furie, dispreț, ură, invidie, gelozie sau plăcere că a învins pe cineva.

Egocentrism și egoism. Concentrând totul asupra propriei persoane, manipulatoarea navighează în mod constant între egocentrism și egoism. Chiar dacă ambele noțiuni au aceeași rădăcină, latinescul *ego* (care înseamnă „eu"), există o diferență între cele două.

O persoană egocentrică se preocupă cu precădere de ea însăși, se consideră mai bună decât ceilalți și se crede un fel de buric al pământului (*ego* – „eu" și *centrum* – „centru"). Pornind de la această focalizare pe propria persoană, îi vine foarte ușor să-i desconsidere pe toți ceilalți, mai ales că socotește că părerea ei este cea mai importantă, metoda ei de a face lucrurile cea mai bună și tot așa. Raportează întotdeauna totul (situații, remarci, probleme) la ea, pentru că vârsta ei afectivă și emoțională este cea a unui copilaș: lumea trebuie să graviteze în jurul ei și în jurul dorințelor ei absolut obligatorii. Dacă totuși mai ascultă ori se întâmplă să acorde atenție problemelor celorlalți, o face numai și numai pentru a le putea compara cu ale sale și a începe să vorbească despre ele. De fapt, ei nici nu-i place cum este cu adevărat, ci cum pare (și mai ales vrea să pară) în fața celorlalți. De aceea acaparează orice discuție și se simte îndreptățită să împartă cu ușurință sfaturi încolo și-ncoace, deși nimeni nu i-o cere.

Persoana egoistă este centrată pe propriul său profit și pe propriile interese, pe care le va poziționa ca fiind prioritare, în detrimentul intereselor celorlalți, dând deoparte sau ignorând în mod deliberat toate celelalte dorințe ale celor din jur. Se instaurează în felul acesta domnia lui „Eu înainte de toate", care presupune zero griji față de ceilalți și al cărei singur scop este acela de a căuta exclusiv propria plăcere, chiar dacă lucrul acesta îi nemulțumește pe alții. Prin urmare, este chiar opusul empatiei. Însă o manipulatoare egoistă poate părea altruistă. De fapt, este genul de femeia care, ocazional, mai și oferă câte ceva, aspect care contribuie la crearea iluziei de generozitate din partea sa. Și este doar o iluzie, pentru că nu este niciodată gratuită și generează o dependență, în sensul că îl face pe celălalt să se simtă îndatorat. De exemplu, dacă dă cuiva 20 de lei, o face pentru ca, mai târziu, să ceară 100. Pentru ca dumneavoastră să simțiți tot timpul că îi datorați ceva, i se va părea potrivită orice ocazie pentru a vă aminti de „cadoul" pe care vi l-a făcut, până o să vi se întipărească bine în minte.

Cu doar o treaptă mai sus, persoana egoistă devine totodată și o persoană narcisică, care investește multă energie pentru a oferi lumii o anumită imagine despre ea; tot ceea ce face sau spune trebuie să deservească acest scop. Cu toate acestea, nevoia de recunoaștere nu poate fi satisfăcută, întrucât imaginea construită pentru alții nu este autentică, ci e doar o frumoasă imagine contrafăcută, nu fidelă realității. Lucrul acesta denotă multă fragilitate, de unde și nevoia de a purta o mască pentru a se proteja; iar extrema ei susceptibilitate întărește această afirmație, chiar dacă manipulatoarea o camuflează numind-o „sensibilitate".

Persoana narcisică se focusează doar pe ea și niciodată pe ceilalți, dorindu-și ca ea să fie întotdeauna în centrul atenției (tuturor). Printre altele, masca falsei perfecțiuni pe care o afișează este un scut ce îi ascunde adevărata natură. În definitiv, ea îi împiedică pe oameni să-i ofere ceea ce și-ar dori cu adevărat să primească de la ei. Aceasta ar fi marea problemă pe care o implică narcisismul: ce își dorește, de fapt, o persoană narcisică este ca toți ceilalți să redea, asemenea unei oglinzi, imaginea pe care o are despre ea însăși. Însă din cauza jocului pe care îl face, oglinda deformează, iar imaginea rezultată este una deformată. Prin urmare, femeia manipulatoare le reproșează celorlalți rezultatul. Simplul fapt de a le reproșa celorlalți diverse lucruri care pe ea o nemulțumesc înseamnă, în ochii ei, că toți aceștia sunt mai puțin buni decât ea, ceea ce automat înseamnă că ea este mai presus decât ei. Și astfel se justifică de ce alege să rămână în închisoarea ei narcisică. La fel, explică și de ce această femeie refuză să se lase contestată în vreun fel și nu-și asumă nicio responsabilitate, dar și alte consecințe inevitabile, cum ar fi, de exemplu, devalorizarea și învinovățirea altora. Este un cerc vicios ce se autoalimentează în permanență.

În cadrul unei cronici din data de 26 martie 2019, pe un post public de radio, France Inter, psihiatrul și psihoterapeutul Christophe André rezuma toate acestea în felul următor: „Egocentrismul, această tendință de a se plasa dinadins în centrul tuturor raționamentelor și discuțiilor, ținând cont de interesele proprii înainte de interesele tuturor celorlalți. Mereu deasupra celorlalți sau cu un pas înaintea lor, cam așa se prezintă egoismul, iar mottoul său este: «După mine, potopul» – odată satisfăcute nevoile personale, prea puțin mai contează ce se întâmplă cu ceilalți. Nu în ultimul rând, există și narcisismul: un egoism exacerbat, o supraestimare a valorii personale (așadar un «complex de superioritate») care vine la pachet cu disprețul manifestat față de ceilalți și arogarea unor drepturi pe baza acestui lucru. [...] În narcisism, există o combinație de egoism, sentiment de superioritate și o amoralitate relativă."

Egocentric sau egoist? Manipulatoarea le combină în interiorul ei pe amândouă. Dacă doriți, este cam la fel cum sugerează și titlul unei mai vechi piese cântate de Billie Holiday, *Me, Myself and I.* Altfel spus, femeia manipulatoare se mai poate numi și egoistă egocentrică. De aceea are aproape de fiecare dată dreptate, deoarece nu-și recunoaște niciodată greșelile și nu pune la îndoială nicio alegere din cele pe care le face, niciun cuvânt din cele pe care le spune. Dacă totuși acest lucru se întâmplă vreodată, se petrece foarte rapid și numai sub forma unei strategii, pentru a produce schimbarea pe care și-o dorește. În restul timpului, interesul său predomină, pentru că este singurul care contează, iar de aici izvorăște și ușurința cu care critică, acuză, distruge, inversează responsabilitățile și totodată reușește, în paralel, să se pună în valoare și să se afirme ca fiind o persoană înzestrată cu calități (morale, intelectuale, spirituale etc.). Partenerul este întotdeauna singurul responsabil pentru o problemă, unicul vinovat de comiterea greșelilor. Indiferentă în fața suferințelor lui, este posibil să o încerce chiar și o oarecare satisfacție. Își măsoară puterea în funcție de capacitatea de a provoca suferință. Este genul de persoană care se consideră mai bună doar pentru că a reușit să-i umilească pe alții.

Unilateralitatea. Componentă care merge mână în mână cu cele anterioare și le urmează îndeaproape. Constă în a propune un mod de operare totalmente asimetric, în care predomină o singură modalitate de a face lucrurile: poate fi vorba despre ghidarea firului discuției, decorarea apartamentului, stabilirea datelor pentru concedii, a orei de culcare, alegerea hainelor, a mâncării, orice: toate sunt impuse. Poate fi vorba despre o modalitate voioasă și victorioasă: „Lasă-mă pe mine să aleg, știu ce e bine!" Iar dacă vă lasă să alegeți (căci se poate ajunge acolo), atunci mare atenție! Cu siguranță veți face ceva greșit. Dacă vă supărați, crezând că nu este decât o „întâmplare", aflați că acel „ceva" va lua brusc o amploare semnificativă, pe care nu ați fi suspectat-o niciodată. Printr-o bizară relație cauză-efect, împinsă la paroxism, descoperiți cu teamă sau uimire că vă reproșează că nu faceți decât cum vă taie capul, că mereu urmăriți să aveți dreptate, că nu țineți cont de nimeni altcineva și că sunteți de un egoism cum rareori s-a mai văzut! Într-un cuvânt, sunteți acuzat de toate defectele pe care ea le-a scos la iveală în numeroase rânduri. Dacă, pe de altă parte, sunteți tulburat de această avalanșă de reproșuri și nu mai aveți nicio inițiativă, puteți fi acuzat că sunteți pasiv, apatic, că nu vă interesează sau că nu sunteți un bărbat adevărat. La alegere. Și paf, apare o nouă constrângere dublă! Și devine imposibil să cântăriți corect situația. Singurul lucru evident este unilateralitatea. În cazul unei manipulatoare, trebuie să acceptați să vă supuneți cu docilitate ordinelor ei și să dați uitării faptul că, uneori, este necesară și o consimțire. Așa stau lucrurile, și nu altfel. Cele două mărturii de mai jos o ilustrează perfect.

Mărturie

„Când mergem la restaurant, toată treaba durează ore-n șir. Și se desfășoară întotdeauna după același scenariu: mergem mai întâi la restaurantul ales de mine, dar în funcție de gusturile ei. Se uită pe meniu, se îmbufnează și zice: «Hai mai bine să vedem și alte restaurante!» Și se face nevăzută. La fel se întâmplă în fața fiecărui restaurant! După care, la urmă de tot, revenim aproape întotdeauna la primul restaurant. Toată vânzoleala aceasta poate dura până la 30 de minute, uneori chiar mai mult. Câteodată se trezește să spună că ea l-a găsit, iar atunci nu e deloc în interesul meu să obiectez în vreun fel, pentru că ne-am certa cu siguranță, iar asta în plină stradă. Pentru a evita veșnica plimbare stupidă, am făcut greșeala de a alege un local într-un cartier unde nu mai erau și altele. Am reușit totuși să intrăm, dar ea a refuzat să recunoască faptul că restaurantul era excelent și a tot făcut mutre în timpul mesei. În plus, a avut grijă să nu rateze cele mai scumpe feluri de mâncare, de la antreuri și până la desert, de parcă ar fi vrut să mă pedepsească în felul acesta."

„Partenera mea adoră lenjeria intimă. Intrăm într-un magazin, dă iama-n tot ce se găsește acolo, probează fel de fel de piese de lenjerie și nu cumpărăm nimic, după care intrăm în altul și o luăm de la capăt. Dedicăm multe după-amieze de sâmbătă acestei... activități. Iar eu, unul, îi servesc drept umeraș pentru toate hainele pe care le probează. Odată, am rămas afară, să fumez liniștit, la soare. Ea a ieșit după un interval destul de lung, c-o falcă-n cer și una-n pământ, zbierând așa de tare, încât toți trecătorii se uitau lung la noi. Ne-am întors acasă, s-a închis în cameră și nu a mai rostit niciun cuvânt până a doua zi dimineață. Altă dată, eu am fost cel care s-a oprit în fața unei vitrine în care erau expuse tot felul de machete de corăbii și ambarcațiuni, absolut splendide. A rămas în urmă cu vreo zece metri și, în mai puțin de două minute, a început: «Hai odată, mai pierzi mult timp cu bazaconiile tale? De parcă n-am avea nimic mai bun de făcut!» Ce era să fac? Am urmat-o și am ajuns din nou într-un magazin cu lenjerie de corp pentru femei..."

Unilateralitatea, alimentată de egocentrism, se caracterizează și printr-o vampirizare a conversațiilor: totul gravitează în jurul ei, a gusturilor sale, a vieții sale. Ca într-o dezbatere dificilă, timpul alocat discursului dumneavoastră este redus la doar câteva cuvinte, iar dacă se întâmplă să vă folosiți de respectivul interval, atunci mai mult ca sigur că nu veți fi ascultat cu atenție sau, imediat ce terminați ce aveți de spus, veți fi desființat, iar uneori și una și alta; ceea ce vă lasă dubla impresie că nu numai că sunteți ascultat, dar mai sunteți și cantitate neglijabilă.

Cuvântul care înnebunește. Cuvântul poate să se transforme într-o armă redutabilă. Am văzut că se întâmplă lucrul acesta când apelează la critici, denigrări, glume proaste și insulte, dar mai ales în cazul dublei constrângeri, una dintre cele mai dezagreabile arme. Mai există și alte tactici, adesea foarte simple, dar care se împletesc între ele până ce produc o confuzie totală. Iată în cele ce urmează și o panoramă rapidă:

- *Manipularea faptelor:* indiferent ce se întâmplă, adevărul este atât de denaturat de către o manipulatoare și într-o manieră atât de categorică, încât ajungeți să vă îndoiți de propriile percepții. Unele fapte sunt exagerate, altele sunt omise sau negate, în timp ce unele sunt generalizate în exces, astfel încât totul să fie prezentat într-o lumină favorabilă ei (și neapărat în defavoarea dumneavoastră). Se jură pe integritatea sa și scoate în față așa-numita ei onestitate intelectuală, pentru a-i servi drept paravan atunci când falsifică realitatea. Chiar și atunci când vorbește despre ceea ce s-a întâmplat, cu mult timp în urmă chiar, ajustează mult faptele în favoarea sa (evenimentele sau cronologia).
- *Manipularea discursului:* consecință directă a unilateralității, este singura care posedă adevărul. Dacă nu îi împărtășiți punctul de vedere și este evident că a comis o eroare, una dintre cele mai eficiente tactici ale sale este fuga (însemnând tăcerea), dublată de un contraatac, în care vă devalorizează prin fraze de genul: „În orice caz, cu tine nu se poate discuta." Dintr-odată, în loc să discutați în continu-

are subiectul asupra căruia nu ați căzut de acord, ea vorbește acum despre dumneavoastră (este o a doua fugă) și despre modul în care obișnuiți să vă susțineți opiniile, chiar dacă mai mult ca sigur nu e totalmente negativ (acesta este contraatacul). Și să vreți să reveniți la subiectul inițial, se va dovedi inutil, căci se va concentra pe stilul dumneavoastră de a comunica, monopolizând orice discuție și inserând remarci denigratoare.

- *Invențiile:* această tactică constă în a vă face să credeți că ați spus ceva ce nu ați spus. Dacă îndrăzniți să-i contestați cuvintele, veți avea dreptul la două tipuri de răspunsuri esențiale. Primul va pune la îndoială felul în care vă amintiți lucrurile: „Ascultă, mai bine spune de la bun început că nu-ți mai amintești, ar fi mai onorabil. Eu nu inventez nimic, știu foarte sigur că asta ai spus."

  Al doilea constă în reinterpretarea cuvintelor dumneavoastră: „Nu, nu mă abat deloc de la context, exact asta ai vrut să spui. Ai curajul să-ți asumi ceea ce spui, chiar dacă este jenant pentru tine" (acel „jenant" se poate înlocui, la alegere, cu „stupid", „fals", „ridicol" etc.). Pentru ca acesta să funcționeze bine, manipulatoarea mai include două ingrediente: o afirmație fără echivoc, care nu suferă nici cea mai mică contestare (limbajul nonverbal este puternic în acest punct), urmat îndeaproape de o oarecare devalorizare, cum se întâmplă în exemplele date. Este clar că toate vorbele pe care vi le „pune în gură" sunt în interesul ei, în mod direct sau nu, și niciodată întru al dumneavoastră.

- *Negarea* reprezintă procesul invers. Constă în a face inexistent ceea ce pare a fi evident. Nu s-a spus, nu s-a văzut, nu s-a făcut, nu s-a înțeles: „Ți-ai închipuit doar, eu nu am spus-o niciodată!", „Nu-i adevărat, nu am vorbit niciodată despre asta, n-am idee despre ce vorbești". Este o problemă elementară, la mintea cocoșului, pentru că este suficient ca ea să nege realitatea, dar este totodată și extrem de derutant, întrucât vă vedeți obligat să vă justificați, să clarificați, să demonstrați, iar toate acestea vă fac să cădeți în derizoriu, deoarece sfârșiți prin a vă îndoi de propriile capacități mentale. Față în față cu negarea, parcurgem diverse etape: uluire, frustrare, furie, îndoială și, pentru a pune capac, apere în mod inevitabil și vinovăția. Adevărul este luat în derâdere, iar manipulatoarea nu are nicio reținere în a răsturna realitatea, având simultan grijă să vă descalifice cum poate mai bine: „Inventezi în toată regula, chiar ai o problemă cu memoria" sau, mai simplu „E cât se poate de clar, ai început să fabulezi!" Acesta este modul prin care confuzia creată capătă asemenea proporții, încât persoana vizată își pierde încrederea în sine, dar și în propria memorie sau percepție. De asemenea, se poate ca manipulatoarea să mizeze pe ignoranța celuilalt sau pe proasta memorie a acestuia. Poate face astfel pe neștiutoarea într-un mod „blând": „Nu, nu-mi amintesc nimic despre asta." Genul acesta de răspuns este aproape mereu urmat de o autojustificare, de genul: „Poate că nu e adevărat, eu chiar știu ce spun (sau fac)." Apoi vine clasica inversiune, necesară pentru preluarea puterii: „Ai înțeles greșit" (și nu: „Eu nu m-am făcut înțeleasă"). În cele din urmă, tot dumneavoastră sunteți cel defect.

Mai vicios, negarea se poate concentra pe emoțiile resimțite: „Nu te mai da rănit, ești doar ofensat", „Nu ești supărat, îți place doar să te dai în spectacol", „Nu ești furios, ci doar capricios ca un copil". Negarea sentimentelor pe care le resimțiți în interior și dorința de a face față unei atitudini care vă pune în inferioritate sunt lucruri deosebit de nocive și de dureroase. Se întâmplă deoarece ideea este să ne interzicem anumite trăiri, în vreme ce manipulatoarea caută să devalorizeze pe cât posibil ceea ce se exprimă. Încă o dată, acționează complet invers decât ar trebui să o facă o parteneră, adică nedând dovadă de grijă, empatie, capacitate de a asculta – mai exact, nearătând vreo urmă de iubire.

Mărturie

„Prietena mea mi-a spus ceva ce m-a întristat profund. Întrucât îmi reproșa mai mereu că nu știu cum să-mi exprim emoțiile, am făcut totuși și lucrul acesta, față de ea, bineînțeles. Răspunsul ei fost unul cât se poate de succint: «Nu te mai victimiza și încetează să mai susții că eu te-am rănit. Ești atât de orgolios și de suspicios! De-aia te și simți ofensat ca un păduche.» A trebuit să mă mulțumesc cu atât și nu am mai spus nimic, ceea ce i-a permis, în consecință, să-mi reproșeze că sunt incapabil să-mi analizez sentimentele și să exprim ceea ce simt. Deci, chiar dacă a trebuit să-mi înghit toate emoțiile negative, concluzia a fost că totul s-a întâmplat numai din vina mea. QED."

Acest mod de a acționa este violent, deoarece toate emoțiile negative se transformă într-un amalgam. De fapt, manipulatoarea nu doar neagă realitatea faptelor sau sentimentelor celorlalți, dar, în plus, refuză să admită că aceștia se simt răniți din cauza ei.

– *Tăcere și bosumflare*: reprezintă un alt mod de comunicare, întotdeauna derutant. Am evocat tăcerea, dar poate lua și o altă formă: aceea a bosumflării, căci manipulatoarei îi place să joace rolul femeii care face mutre, mai ales când simte că poate pierde controlul. Bosumflarea îi permite să preia controlul, punându-vă în fața unui mare semn de întrebare. Vorbim despre imaturitate, iar ceea ce se întâmplă aici o ilustrează foarte bine. Partea nonverbală a comunicării preia controlul, prin diferite manevre: iese din cameră sau chiar părăsește apartamentul (ori casa), face tot felul de mutre și afișează tot felul de indispoziții, abordează o tăcere mormântală sau se arată interesată de orice altceva (de o carte, un telefon, de televizor sau de integrame), numai pentru a avea un pretext să nu mai răspundă și să se dedice în schimb altor activități, ca și când nici nu ați fi acolo. Dacă există o terță persoană prezentă, ea poate schimba registrul adresându-i-se acesteia într-un mod foarte vesel și simpatic (poate chiar „prea" vesel, dacă ne gândim), păstrând însă o tăcere aproape desăvârșită în ceea ce vă privește: se va rezuma la răspunsuri monosilabice glaciale și disprețuitoare, doar dacă este absolut necesar.

Atenție, pericol!

Semnele care trebuie să tragă semnalul de alarmă

Basmele cu zâne bune, feți-frumoși și prințese ne-au obișnuit ca îndrăgostiții, însuflețiți de nemărginită atenție, admirație și afecțiune unul față de celălalt, să decidă că trebuie să se căsătorească și să aibă mulți copii împreună. De altfel, la sfârșit, suntem asigurați de faptul că vor trăi fericiți până la adânci bătrâneți. Numai că, în realitate, chiar dacă este frumoasă, una din două relații de cuplu nu curge ușor și limpede la vale, asemenea unui râu liniștit. Iar dacă în acele relații apare și manipularea, atunci aveam de-a face cu o poveste foarte diferită. Dacă nu înțelegem exact de ce se pierde echilibrul, există multe cărți care propun teste în acest sens, adesea foarte relevante. Imediat după aceea se sugerează ruperea relației, dacă aceasta se dovedește una perversă. Problema este că, în cazul în care relația este foarte avansată (cei doi sunt căsătoriți, de exemplu), lucrurile devin și mai dificile, deoarece relației de dominație i se adaugă dificultăți de natură juridică și financiară. Iată în cele ce urmează un test pe care vă sfătuiesc să-l faceți la câteva săptămâni sau luni după ce ați început o relație și înainte de a vă implica prea mult. Dacă toate vi se par în regulă și dacă simțiți în adâncul sufletului că situația este echilibrată și armonioasă, atunci nu faceți nimic și trăiți din plin această dragoste frumoasă! Fiindcă în această lucrare nu ne dorim să vă facem să cădeți automat pradă suspiciunii, ajungând să vedeți răul peste tot. Este vorba despre păstrarea acelui minimum de luciditate esențială. În schimb, dacă aveți vreo bănuială oricât de mică, o chestiune care nu vă dă pace și vă neliniștește dintr-un motiv sau altul, atunci faceți acest test pentru a vedea clar cum stau lucrurile.

Iată două serii de afirmații referitoare la relația dumneavoastră, la care puteți apela când nu știți dacă sunteți sau nu cu o manipulatoare. Pentru fiecare afirmație, răspundeți pur și simplu cu „da" sau „nu".

1. Vă simțiți relaxat și în siguranță în prezența ei.
2. Folosește în mod regulat cuvinte afectuoase când vi se adresează, se manifestă prin gesturi de tandrețe și vă prețuiește.
3. Are același comportament față de dumneavoastră, indiferent că sunteți singur sau în prezența altor persoane.
4. Se neliniștește când nu știe unde sunteți și nu o anunțați în acest sens.
5. Vă cere părerea înainte de a lua o decizie importantă.
6. Când întâmpinați vreo dificultate, vă sfătuiește și vă susține.
7. Când faceți un proiect de viitor împreună, vă simțiți cuprins de încredere și entuziasm.
8. Puteți exprima deschis ce gândiți sau resimțiți fără ca ea să vă critice sau să vă devalorizeze.
9. Când v-a adresat cuvinte care v-au rănit, s-a scuzat și și-a cerut iertare.
10. Apreciază ceea ce faceți și vă felicită pentru acest lucru, chiar dacă nu sunteți perfect.
11. Nu îi este greu să-și recunoască vina și nu se victimizează.
12. Acceptă să aveți o părere diferită cu privire la ceea ce face sau spune.

Notați de câte ori ați răspuns cu „nu" la întrebări:

---

1. În mod regulat, se întâmplă să nu vă amintiți același eveniment la fel sau interpretați în mod diferit lucrurile.
2. I se întâmplă deseori să se supere pe dumneavoastră și o face repede.

3. Când apare o problemă, refuză explicațiile pe care i le dați și vă învinovățește în mod direct pentru aceasta.
4. Aveți tendința să ascundeți ce simțiți, chiar dacă este vorba de un lucru banal, de frica reacției sale.
5. Ignoră sau denigrează tot ceea ce iubiți sau vă place (indiferent că e vorba despre relații, obiecte, activități etc.)
6. Când vă întoarceți acasă (după o zi de muncă, de exemplu), vi se întâmplă adesea să vă neliniștiți când vă gândiți la cum veți fi întâmpinat.
7. Are obiceiul să se lege de vreo afirmație pe care ați făcut-o și o întoarce împotriva dumneavoastră, într-un context cât se poate de diferit sau după ce a deformat-o deja.
8. Răspunsurile pe care le dă la întrebările dumneavoastră vă lasă de multe ori cu gura căscată, mai ales că pot fi interpretate în moduri diferite.
9. Vă spune adesea că nu sunteți la înălțime, că nu știți să faceți una sau alta ori vă compară pur și simplu cu unul dintre foștii ei iubiți – acela, cel puțin, știa...
10. I se întâmplă frecvent să-și schimbe brusc atitudinea, fără ca măcar să înțelegeți de ce face asta.
11. În mijlocul unei conversații care vă pune în valoare și care vă face să vă simțiți în largul dumneavoastră, ea va schimba subiectul pe nepusă masă.
12. Cu trecerea timpului, aveți senzația că vă pierdeți încrederea în dumneavoastră și în propriile calități (intelectuale, emoționale, relaționale etc.)

Notați de câte ori ați răspuns cu „da" la întrebări:

Dacă numărul total de răspunsuri negative este majoritar la prima serie de întrebări, iar totalul de „da" este, de asemenea, majoritar pentru a doua serie, atunci este timpul să vă puneți întrebări, deoarece relația dumneavoastră de cuplu nu este una sănătoasă. Trebuie precizat încă de la bun început că acest test nu este o garanție pentru viitor. Realitatea este că unele manipulatoare își calculează tactica cu mare precizie, făcând în așa fel încât luna de miere să dureze până la semnarea contractului de căsătorie. Am văzut deja în cadrul unei mărturii anterioare că, odată finalizat acest pas, nici măcar nu așteaptă să se usuce cerneala înainte de a-și schimba comportamentul.

Acest test ar trebui să vă servească drept indicator atunci când vă încearcă ciudatul sentiment că lucrurile nu sunt chiar echilibrate. Pentru a vă putea ocupa de ce trebuie să faceți, acordați-vă timp și bazați-vă pe fapte. De asemenea, nu uitați să luați în considerare repetitivitatea anumitor comportamente. O atitudine izolată nu înseamnă nimic: are un sens precis doar atunci când revine în mod regulat. După caz, repetați testul după un timp, fără să vă uitați la răspunsurile pe care le-ați dat prima dată. Abia apoi faceți comparația.

Cu toate acestea, chiar și în primele sale etape, dominația își face repede resimțite efectele. În ziua în care începeți să vă îndoiți puțin de dumneavoastră, să simțiți o urmă de vinovăție pe care nu ar trebui să o simțiți, în care ajungeți să vă puneți întrebări cu privire la emoțiile negative care vă încearcă, în special frica (frica de a o pierde, de a-i displăcea fără să știți de ce, de a trebui să-i suportați țipetele și de a nu înțelege tot ce spune etc.), opriți-vă și gândiți-vă puțin la ce se întâmplă.

Dacă, pe deasupra, vă simțiți fericit doar din când în când, iar în rest vă comportați de parcă ați fi pus în gardă sau vă întrebați dacă nu sunteți prea nu știu cum și insuficient de altcumva, dar totodată este prima dată când vă puneți astfel de întrebări într-o relație, atunci este evident: faceți bine și deschideți ochii! Acest test vă permite să vă poziționați în raport cu toate îndoielile și cu ciudata ceață pe care începeți să o percepeți disipându-se încet și sigur. Dacă testul scoate la iveală lucrul de care vă temeați, discutați cu cineva de încredere sau cu un profesionist care să vă ofere asistență, acceptând că s-ar putea să auziți lucruri care nu vă vor „pica" prea bine. De asemenea, uitați de celebrul citat al lui Lamartine: „O singură ființă vă lipsește și totul e pustiu", spunându-vă că este fals. Alegeți un alt citat în locul lui: „Mai bine singur decât într-o companie nepotrivită." Cu toate acestea, cu siguranță că este foarte dificil să ne imaginăm cum ar fi să ne despărțim de o persoană de care suntem atașați și pe care o cunoaștem de mult timp, de fapt. Și e cu atât mai dificil cu cât aveți mai multe în comun! Cum să vă treacă prin cap că a mințit din toate punctele de vedere și că nu-i pasă nici cât negru sub unghie ce vă place sau nu? Nu v-ați putea imagina una ca asta. Prin urmare, vreți să rămâneți. Adevărat, dar devine apăsător. Nu sunteți pe-atât de fericit pe cât vreți să se creadă. Este nevoie de un mare efort de obiectivitate. Clasica scuză: „Da, este dificilă, dar are și părți bune." Deci, puneți-vă următoarea întrebare: ce înțelegeți prin „dificil"?

- O personalitate care își susține prea vehement părerile? De ce nu, dacă lucrul acesta vă convine, iar părerile dumneavoastră sunt, și ele, respectate?
- Schimbări de dispoziție? De ce nu, dacă sunt justificate și nu îi servesc drept pretexte pentru a vă devaloriza, insultându-vă sau umilindu-vă?

- Cerințe foarte specifice? De ce nu, dacă și ale dumneavoastră sunt luate în considerare, iar nevoile vă sunt satisfăcute?

Pe scurt, verificați dacă există un echilibru și nu căutați să justificați fiecare neajuns. Nu apelați la scuza că a avut un trecut dificil, o copilărie nefericită, o relație anterioară abuzivă, ca să acceptați că nu sunteți respectat pentru ceea ce sunteți. Durerea și suferința partenerei nu ar trebui să justifice în niciun caz faptul că vă transformați în sclavul ei supus. Prețul pe care trebuie să-l plătiți este prea mare, mult prea mare.

Un avertisment, în cele din urmă, care nu trebuie trecut cu vederea. Este posibil ca persoana iubită să fie una cu adevărat minunată, ca prietenii să vă fi felicitat pentru ea și chiar să-și dorească, în secret, să fie în locul dumneavoastră. Este măgulitor și este foarte plăcut să auziți lucrul acesta, este adevărat, dar... Există un „dar", iar unii bărbați sunt atât de descumpănitor de naivi în privința lui, încât este important să-l subliniem: nu merită să vă puneți viața și viitorul în mâinile cuiva pe motiv că are un zâmbet incomparabil, un parfum fermecător și o pereche de sâni mortali. Chiar dacă știe și practică *Kama-Sutra* mai bine decât dumneavoastră, nici acesta nu este un motiv! Mulți se lasă păcăliți de ambalajul sclipitor, deoarece aspectul este frumos, extrem de drăguț, iar unele femei sunt cât se poate de conștiente de puterea de atracție a unei tentații înșelătoare, așa că se folosesc de ea până în punctul în care ajung să abuzeze de aceasta.

Mecanismul palmei și al mângâierii

În configurarea unui proces de manipulare, nu există liniaritate. Iată ce tulbură orice analiză rațională. Ce să crezi? Pe cine să crezi? Este cu atât mai dificil cu cât manipulatoarea vă pune în fața unui sistem oscilant: critica acerbă este urmată de o declarație de dragoste, zâmbetul precede o zgârietură, râsetele în cascadă alternează cu crize de furie, iar fluxul de cuvinte face brusc loc unei tăceri inexplicabile. Sunteți azvârlit de colo-colo, între purtări diametral opuse și într-un ritm care adesea vă lasă într-o ceață totală, dar mai ales vă provoacă un disconfort tot mai mare. Iar situația oscilează într-atât, încât sunteți cufundat într-un fel de rău de mare emoțional.

În plus, ai dreptul la un șantaj emoțional. Este aproape ca un complice la începutul relației, când vi se șoptește cu tandrețe: „Dacă mă iubești atât de mult, atunci îmi poți lua și mie acest frumos inel, nu-i așa?" Apoi, schimbând tot mai mult tonul: „Dacă mă iubești atât de mult, aș vrea să nu te mai vezi cu cutare", urmată de modificarea lui „mi-ar plăcea" în „vreau", care ajunge într-un final să fie omniprezent în absolut toate situațiile. De îndată ce spuneți sau faceți ceva ce nu-i convine, începe să dramatizeze, ba chiar să exagereze din acest punct de vedere. S-ar putea să vi se arunce în față cuvântul „trădare", cu toate că, în mintea dumneavoastră, există doar o diferență de punct de vedere. Dar „trădarea" este mai bună pentru obiectivele ei, are putere și alimentează perfect procesul de victimizare. Nu cumva să îndrăzniți să vă certați ca să vă justificați, deoarece, prin definiție, vă înșelați doar pentru că sunteți un trădător.

Dacă, în conformitate cu principiile dumneavoastră și nefiind încă prea afectat de mecanismul de dominație, vă lăsați învăluit de sentimentul propriei demnități și decideți să vă îndepărtați, mai ales că nu reușiți să scăpați de acuzația de trădare, atitudinea ei se va schimba dramatic. Amintiți-vă că orice manipulatoare are nevoie de victima ei. Prin urmare, vă ajunge din urmă ca să vă prindă în capcană și să vă țină doar pentru ea. Există nenumărate tehnici în acest sens, dar una dintre cele mai eficiente este plânsul. Dacă v-a etichetat ca fiind o persoană amabilă, grijulie, sensibilă și empatică, lacrimile funcționează cel mai bine. Ce veți face când o veți vedea plângând într-un colțișor, prosternată ca un biet animăluț abandonat? Ei bine, o veți îmbrățișa, o veți consola, vă veți cere scuze, o veți asigura că veți depune eforturi ca să-i fie mai bine și îi veți sugera să facă ce vrea. Nu-i rău, nu-i așa? Până la următoarea scenă dramatică...

Când aceste scenarii se repetă des, aveți impresia că sunteți blocat într-un lift emoțional pe care nu îl puteți manevra: urcă puțin, după care coboară mult și brusc, iar apoi se oprește pur și simplu; cuprins de anxietate, nu știți dacă va coborî din nou sau va urca deodată. E obositor, din cale-afară de obositor, de parcă v-ați introduce toate reperele într-o centrifugă. Sistemul acesta oscilator vă îmbolnăvește, psihic și uneori fizic.

Acesta este mecanismul palmei și al mângâierii, foarte eficient pentru a-i face pe oameni foarte docili. Un adevărat dresaj. Este o postură în întregime derutantă, căci alternează între un anumit gen de comportament și opusul acestuia. Nu mai știți ce urmărește celălalt și nici ce aveți de făcut.

Este un fel de versiune comportamentală a dublei constrângeri. Uneori, încă mai este timp să lăsăm totul în urmă. Dar ezitați, căutați scuze, credeți că ați greșit cu ceva: *„Nu am putut să văd că nu se simte bine"*, *„Probabil că nu ar fi trebuit să..."* Și, încă o dată, sentimentul de vinovăție revine. Ca de obicei. Și totuși, oare ar trebui să vă simțiți vinovat pentru că persoana cu care trăiți v-a ridiculizat, umilit, agresat, brutalizat? Într-o relație „normală", se întâmplă ca uneori să nu cădem de acord cu celălalt. Dar schimbul de cuvinte nu este umbrit de lipsă de respect la adresa celuilalt. Iar în cazul în care cineva rostește vorbe prea grele prin violența lor, atunci ne cerem scuze.

Dar acum, mângâierea reapare. Nu sunteți sigur de ce sau cum de se întâmplă exact în acel moment. Dar savurați acel moment. Semănați un pic cu un om care se îneacă, dar care reușește brusc să tragă în piept o gură mare de aer. Savurați atât de mult momentul în sine, încât sunteți gata să acceptați totul, numai pentru ca avalanșa de palme să nu revină. Acest stres constant vă poate înnebuni. O lege Pareto[6] inversată și exacerbată: unei proporții de 90% din suferință îi corespund 10% din dovezile de dragoste. Cel mai rău lucru este că acceptăm această disproporție halucinantă, de neînțeles pentru cei din afară. Iar în asta constă și perversitatea dominației: într-o incredibilă distrugere a capacității de a gândi la rece.

Ce întrebări să ne punem

Când nu mai înțelegeți nimic (și având în vedere modul în care procedează, nici nu este de mirare că nu înțelegeți nimic), trebuie să vă puneți câteva întrebări. Sunt elementare, numai că, în mod ciudat, nu ni le punem. De fapt, nimic nu e mai „ciudat" decât asta. Suntem dominați, navigăm prin ceață și ne temem... de orice. Întrebările pe care trebuie să ni le punem sunt următoarele:

- După o ceartă, în cadrul căreia ați fost insultat și umilit, soția sau partenera dumneavoastră vine să vă ceară ierta-

[6] Legea lui Pareto (numită după economistul italian Vilfredo Pareto), cunoscută și ca „legea 80/20" constituie un principiu empiric constatat în anumite domenii: în jur de 80% dintre efecte sunt produse de 20% dintre cauze. De exemplu, 20% dintre eforturi aduc 80% din rezultatele așteptate.

la fugă și, pe de altă parte, un fel de impuls de a rămâne. Adesea, toate acestea se întâmplă repede, astfel că nici măcar nu avem timp pentru a ne gândi mai bine; de altfel, fie că o face în mod conștient sau nu, manipulatoarea simte că o pradă poate să-i scape și tocmai de aceea scurtează perioada de analiză într-atât că aceasta dispare cu totul. Pentru că v-a încolțit deja, după cum i-a dictat instinctul ei de prădătoare. Iar de-acum începe invariabil să joace cartea asemănărilor dintre voi doi; știți deja, mă refer la minunata conectivitate dintre două persoane, când ei îi place tot ceea ce vă place și totodată urăște tot ceea ce urâți. „Lucrurile pe care le aveți în comun" se adună unul după altul și gata, bateți palma, afacere încheiată! Să te întâlnești cu alter egoul tău după o singură conversație este de-a dreptul magic, iar la magie nimeni nu renunță așa de ușor. Intuiția este atunci pusă la păstrare undeva, într-un sertăraș.

Unele aleg chiar să joace într-un registru ambiguu, transmițând un mesaj codificat, de genul: „Nu sunt făcută pentru dragoste", „Nu sunt demnă să fiu iubită", „Ar trebui să te ferești de mine" etc. Pretinzând că dispar, se amplifică și atracția pe care o exercită asupra victimelor lor. Acesta este punctul în care mulți bărbați îmbracă haina celui care se ridică împotriva ostilităților, de parcă ar fi în joc însăși onoarea lor, împreună cu dorința arzătoare de a salva văduva și sărmana orfelină. Parcă ar aspira să aplice întocmai lucrul despre care se vorbește în refrenul piesei lui Michel Sardou: „Am să te iubesc așa cum nimeni nu te-a iubit niciodată/Chiar mai mult decât ai visat vreodată [...]/Am să te iubesc cum nimeni n-a îndrăznit să te iubească." Aici e și problema: măcar cu această ocazie, manipulatoarea spune adevărul, iar noi o ignorăm, doar pentru a o face fericită cu orice preț. Acest lucru îi va fi de ajutor mai târziu: cu prima ocazie când vă plângeți de ceva, vă va aminti cu asprime că ea totuși v-a avertizat, că știați la ce să vă așteptați, că ea a fost mereu sinceră și directă etc. Așteptați-vă ca întotdeauna să adopte această postură, a virtuții întruchipate, pentru că urmărește să se situeze mereu undeva deasupra dumneavoastră.

Da, este adevărat, este posibil să fi fost avertizat, dar manipulatoarea a reușit să facă în așa fel încât să trezească în dumneavoastră, viitoarea ei victimă, sindromul salvatorului. Iar cum acest lucru este foarte satisfăcător, v-ați aruncat cu capul înainte, fără să gândiți mai în profunzime. Acest lucru este de înțeles dacă sunteți o persoană empatică, cumsecade și altruistă. Și spera în secret că restul melodiei va fi împlinit: „Am să te iubesc așa cum aș fi vrut atât de mult să fiu iubit", dar acum pur și simplu nu funcționează!

Trebuie să știți să renunțați la a fi iubit cu orice preț, mai ales dacă prețul ce trebuie plătit este exact opusul iubirii. De aceea este important, chiar dacă uneori se dovedește dificil, să ascultați vocea propriei intuiții. Și este realmente greu, pentru că o mulțime de emoții se amestecă în interiorul dumneavoastră, împreună cu promisiunea că, iată, pare să se contureze și o oarecare fericire. Și se conturează pe măsură ce progresează etapa de apropiere – iar ulterior de captare definitivă – semănând tot mai mult cu o lună de miere. Așa se face că ajungem să credem că intuiția s-a înșelat atunci, la început, ne implicăm și lucrurile o apucă pe făgașul lor, doar ca să constatăm că dulceața inițială ajunge să lase loc amărăciunii.

3

CÂND CAPCANA SE ÎNCHIDE

PRELUAREA CONTROLULUI

Acapararea teritorială se manifestă în două moduri: prin izolarea victimei, apoi prin invadarea teritoriului acesteia. În acest mod, victima nu mai știe cum să iasă, pentru că efectiv nu și-a lăsat nicio portiță de scăpare, niciun refugiu unde să se adăpostească.

Izolarea

Părăsirea celor dragi

Izolarea este esențială pentru o manipulatoare. Pentru ca aceasta să fie una de succes, se va construi pe baza unor acțiuni mărunte, dar succesive și repetitive. Este și mai puternică dacă, în cele din urmă, victima însăși este cea care ia decizia hotărâtoare în privința izolării. De ce este importantă această izolare? Prin faptul că respectă vechiul principiu „dezbină și stăpânește". Dacă în unire stă puterea, atunci dezbinarea naște slăbiciune, slăbiciune care, în cazul de față, se traduce prin dependență și supunere. Victimei nu-i rămâne decât o singură persoană la care să apeleze: propriul călău.

Nefiind (sau *nemaifiind*) în legătură cu propriile sale nevoi și valori, bărbatul victimă poate fi reținut cu mai multă ușurință în capcana dominației, iar izolarea socială facilitează genul acesta de relație. Când nu există nicio modalitate de a scăpa și nu există alte voci, din exterior, care să ofere o altă perspectivă asupra a ceea ce se întâmplă, capcana este și mai bine strânsă, practic închisă. Victima ajunge ea însăși să nege gravitatea situației în care se află. Această negare poate reprezenta soluția pentru a lupta împotriva sentimentelor de neputință și a continua să funcționeze, în ciuda a tot ce se petrece.

Prin urmare, pentru o manipulatoare nimic nu este mai important decât să întrerupă orice legătură, iar aici ne referim la relațiile victimei atât cu prietenii apropiați, cât și cu familia. Iar familia nu înseamnă numai rudele, ci și părinții și uneori chiar copiii pe care victima poate îi are dintr-o relație anterioară.

Este perfect conștientă că aceste legături sunt puternice și știe că, acționând prea brusc, riscă să creeze efectul opus. Dacă mecanismele de control acționează deja în forță, își poate asuma acest risc, care a devenit minim de-acum, uneori interzicând în mod direct întâlnirile cu o anumită persoană sau un anumit grup de oameni. Pentru a-și consolida interdicția, femeia sugerează că va fi la curent cu orice încălcare a acesteia, dar și că sancțiunile nu se vor lăsa așteptate. Vor apărea crize de furie și tentative de intimidare, de genul: „Ai de ales: eu sau el/ea!" O alegere deosebit de dificilă, numai că, de regulă, ea a făcut ca toate să se lege în avans: „Dacă te mai vezi o dată cu X, te părăsesc cât ai zice pește!" Prin urmare, îi rămâne alături manipulatoarei, doar că la rău, și nu la bine.

O tactică ceva mai puțin violentă, dar care totuși dă roade, constă în descalificarea celor din anturaj (familial, amical, profesionist etc.). Tot ceea ce spun aceste persoane este stupid, inutil, complet greșit. Tot ce fac, precum și ce sunt (însemnând tot ce este mediul lor social, profesia, hobby-urile etc.) este criticat și denigrat, într-un mod uneori „argumentat", dar mai presus de toate repetitiv, până într-acolo încât ajungem să fim convinși de faptul că aceste persoane nu sunt absolut deloc interesante. În cele din urmă, apelează și la ceva replici lingușitoare, care întregesc efectul: „Pentru cineva de nivelul tău, chiar nu văd ce cauți printre oameni ca ăștia", „Nu înțeleg de ce te înjosești întâlnindu-te cu ei". Manevra poate fi una perfidă, mai ales când totul se spune pe un ton amuzant (ocazie cu care vi se reamintește de acel simț al umorului specific ei). „Bineînțeles că, la ce mamă ai, se explică o mulțime de lucruri!" sau „Cu un coleg ca ăsta, nici nu e de mirare că poți fi păcălit", replici de regulă urmate de un râs sarcastic.

Provocarea certurilor și a discordiei reprezintă încă o modalitate de a izola, iar aceasta se face în două feluri. Prima constă în răspândirea unor bârfe răuvoitoare, inventate, însă rostite în deplină confidențialitate: „Vezi că-ți spun asta doar pentru binele tău." Manipulatoarea fie îi dezvăluie partenerului său ce a spus Cutare despre el, fie îi mărturisește lui Cutărică ce a spus partenerul ei la adresa lui. Iar pentru a atinge punctul culminant, este avansată ideea că e un lucru care se întâmplă în mod repetat: „Și nu e prima oară când spune asta despre tine." Iar pentru a dezamorsa orice posibilă confruntare, va completa: „Evident că, dacă l-ai întreba, ți-ar spune că e complet fals! Asta e cea mai bună strategie a sa: să spună că eu inventez totul. N-ai ce-i face, așa e el." În cazul în care soțul și persoana adusă în discuție se întâlnesc, inevitabil unul dintre ei va gândi: *„Are dreptate femeia, nici măcar nu are curajul să-și asume propriile opinii."* Simplu și eficient, astfel încât cei doi să nu-și mai dorească să se vadă ori să aibă de-a face unul cu celălalt.

Cealaltă modalitate, care a fost deja evocată, constă în denigrarea sau în iscarea unei scene în public, putând chiar să includă și apelarea la o terță parte dintre cei prezenți, ca martor, lucru care evident că îi face pe toți cei care asistă la ceartă să se simtă incomod. Când se întâmplă din nou, se creează repede un vid. În cele din urmă, apar și strigătele, către una sau mai multe persoane din public. S-a întâmplat cu un bărbat a cărui soție, cu siguranță grăbită să-și domine victima cu orice preț, a provocat o ceartă extrem de violentă cu socrii săi în timpul cinei..., iar aceasta exact în ziua nunții. Virulența și mitocănia remarcilor au fost suficiente pentru ca legătura dintre cuplul nou format și socrii să fie întreruptă categoric.

La fel de bine poate să aplice mecanismul și în sens invers. Sună contradictoriu, dar, de fapt, scopul este același. Va construi niște legături solide cu cei dragi (familie și prieteni) pentru a le câștiga încrederea, după care va juca rolul persoanei ideale: al mamei care se sacrifică pentru copiii ei sau al soției-model, pe care am vrea cu toții să o avem. Rezultatul se va vedea în ziua în care veți decide să vă plângeți că trăiți cum trăiți: nimeni nu vă va mai crede. Deoarece va exista un decalaj mult prea mare între felul în care ceilalți o percep și ceea ce dumneavoastră experimentați zi de zi alături de ea. „E doar în capul tău" vi se va spune cel mai adesea (cu mici variațiuni) atunci când vă veți plânge dintr-un motiv sau altul. Sigur, veți continua să vă vedeți cu familia și prietenii, însă iată că sunteți condamnat să jucați la rândul dumneavoastră un anumit rol și să păstrați tot ce trăiți cât mai ascuns de restul lumii. Este și aceasta o formă de izolare psihologică, una epuizantă, ce poate duce la o somatizare gravă.

Uneori, adaugă diverse detalii, menite să înfrumusețeze fațada. „Membru al unei organizații caritabile", de exemplu. Este o chestie deosebit de măgulitoare, dar face ca reclamațiile dumneavoastră să fie cu atât mai lipsite de coerență. Chiar dacă este doar un simplu membru al organizației și are un rol pur participativ, se va prezenta ca fiind un fel de mână dreaptă a președintelui asociației sau ceva asemănător, ca să dea de înțeles că se află întotdeauna la originea celor mai relevante decizii. Dar cum se face că nu candidează la președinția instituției? Scoate în față, în schimb, o falsă modestie, care ni se pare plină de „farmec și onoare". Consecința este previzibilă: în ochii terților, este o femeie dinamică, are o profesie solicitantă și de calitate, și totuși își face timp pentru a investi în proiecte de întrajutorare. Dumneavoastră, în schimb, vă limitați la a vă face („numai") treaba, păreți descurajat și vă plângeți din tot felul de motive. În orice caz, cum se întâmplă cu orice persoană manipulatoare, munca ei este întotdeauna importantă și plină de satisfacții; în plus, manipulatoarea nu are scrupule atunci când se pune problema să-și înfrumusețeze contribuția din vorbe și să denatureze faptele în avantajul propriu. Ea e genială, pe când dumneavoastră sunteți plictisitor. Dar de ce vă plângeți, dacă nu încercați să scăpați de situația aceasta? Izolarea este perfectă.

În fine, există și manipulatoare care acționează mai „blând", dacă doriți. Am văzut asta în toate acele remarci care se încheie cu puncte de suspensie, denigrând într-o manieră total nepotrivită, chiar dacă nu par să o facă. În acest sens, o observație de genul „E destul de ciudat prietenul ăsta al tău", ar trebui să fie un prim semnal de alarmă. Cum adică „ciudat"? În ce sens? Misterul începe. Apar ulterior alte observații, ceva mai sugestive, de genul: „Nu știu cum vezi tu lucrurile, dar eu, una, nu pot avea încredere în el". Ideea este aceea de a crea două viziuni opuse pentru ca, în cele din urmă, doar una să fie privilegiată, dar jucându-se în tot acest timp cu o emoție intensă: frica. Al treilea pas constă efectiv în crearea unui potențial pericol: „Faci cum vrei, dar eu, să fiu în locul tău, aș fi precaută. La urma urmei, ești liber să-ți asumi riscul, dar să nu vii să te plângi la mine după aceea." În acest context, păstrarea iluziei libertății se aseamănă cu tehnica de bază a falsei alegeri: presupune să faci pe cineva să creadă că dispune de liberul-arbitru când, de fapt, nu e cazul. Când îl determini pe celălalt să-și închipuie un viitor risc, a cărui posibilitate de realizare pare aproape evidentă, „alegerea" este categoric orientată într-o anumită direcție. În cazul în care vă întrebați care ar putea fi acest risc, este suficient să primiți un răspuns neclar și evaziv: „Cred că e destul de clar, nu?", „Dacă nu înțelegi, asta e problema ta", eventual exasperantul „Eu atât îți spun și cu asta am încheiat", rostit în așa fel încât să poată fi interpretat în nenumărate feluri.

Procesul de intimidare, ajuns la un nivel și mai crescut, se manifestă acum cu și mai multă tărie: „Ascultă, nu vreau să mai aud despre asta. Deja e prea mult..." Și după acel „prea mult" vine suita de calificative depreciative. Important este să dea naștere acelei îndoieli supărătoare, apoi să facă în așa fel încât orice vorbă spusă sau faptă comisă de persoana în discuție să se suprapună cu ideea pe care ea a avansat-o deja: „Uite, vezi! Când îți spuneam că e prea de tot... După câte a zis/a făcut, nu cumva să îndrăznești să mă contrazici!" Poate dura ceva timp, dar este eficient, iar obiectivul este atins. Aceasta este adesea una dintre cele mai bune modalități atunci când există o legătură emoțională puternică, cum ar fi între un bărbat și propriii săi copii. Pot fi folosite toate tehnicile de argumentare, în special cele care ghidează răspunsul. De exemplu, apelând la anumite proverbe sau maxime („Nu iese fum fără foc", „Nimic nu e întâmplător" etc.). Și este foarte practic dacă se urmărește impunerea unei idei, în locul oferirii de argumente.

Mult mai bine funcționează reciprocitatea: „Pune-te în locul meu." Este ideal dacă manipulatoarea are de-a face cu un om empatic! Poate merge mână în mână cu victimizarea: „Uite, nu mai vreau să-ți văd frații. Ai văzut cum mă tratează? Se vede cu ochiul liber că nu mă plac, și totuși am făcut tot ce-am putut să fiu agreabilă." Dacă joacă încercând să atingă astfel de corzi sensibile, obține rezultate excelente. Chiar dacă propriile dumneavoastră sentimente pot fi ridiculizate sau negate de-a binelea, amintiți-vă că ale manipulatoarei sunt neapărat autentice, prin urmare nici nu se pune problema să avem îndoieli în privința lor. În consecință, vă arătați foarte tandru și plin de compasiune față de disconfortul ei. Chiar dacă incidentele la care face referire sunt inventate, ajungeți să fiți convins că sunt adevărate, așa că îi pierdeți treptat din vedere pe toți cei care vă iubesc sincer.

Mai rămâne, desigur, argumentul autorității: determinarea celuilalt să accepte un punct de vedere pornind de la un anumit principiu: că autorul acestuia este demn de încredere. „Știu eu ce spun. De altfel, profesorul X spune exact același lucru!" Sau mult mai simplu: „Am studiat problema, știu despre ce vorbesc și îți spun că exact așa stau lucrurile." Intonația folosită vă arată clar că această afirmație nu suportă discuții suplimentare.

Toate acestea creează neîncredere față de persoanele pe care le apreciați (și care vă apreciază la rândul lor) și vă taie treptat orice punte de legătură cu ele. Așadar, nu mai aveți posibilitatea de a vă împărtăși îndoielile, de a primi sfaturi sau sprijin din partea lor, chiar și de a vă bucura de simpla lor companie. Fiind mai ușor influențabil și maleabil atunci când te trezești la un moment dat complet singur, fără familie și sprijin din partea prietenilor, totul se rezumă treptat la prezența manipulatoarei și se concentrează asupra ei: tot ceea ce credeți, ce vă place, ce faceți etc. Este sindromul atotputerniciei din mâinile unui copil-rege peste toate jucăriile sale: „Este al meu, doar al meu, și fac ce vreau cu el." Problema este că, în cazul de față, jucăria sunteți chiar dumneavoastră!

Părăsirea unui loc

Punerea sub supraveghere devine cu atât mai dramatică cu cât vă determină să părăsiți spațiul în care locuiți. Obiectivul este acela de a vă îndepărta de persoanele altminteri apropiate și de a vă face dependent în mod direct și în permanență de dispoziția ei. Izolarea geografică este cumplită.

Imaginați-vă că deja v-ați stabilit undeva la 800 de kilometri de regiunea în care locuiesc prietenii, familia și chiar copiii dumneavoastră, pe care nu îi veți mai vedea prea des, iar pe unii chiar deloc. Acei câțiva oameni cu care veți putea forma relații vor rămâne în cele din urmă... simple relații. Partenera dumneavoastră se va asigura ca tranziția la statutul de prieten să nu aibă loc niciodată. Dacă, în plus, toate astea se întâmplă într-o țară a cărei limbă nu o cunoașteți, singura persoană cu care puteți purta un dialog rămâne ea și numai ea.

Mijloacele folosite pentru punerea în practică a acestei izolări sunt aproape identice cu cele folosite pentru a ține oamenii apropiați departe. Șantajul, într-o formă primară, funcționează de minune: „Dacă mă iubești, fă asta." Dacă nu este suficient, clasica evocare a unei viitoare frici oferă rezultatul scontat: „Dacă nu faci acest lucru, te părăsesc." Se poate vedea clar că nu sunt amenințări deosebit de elaborate, dar funcționează foarte bine. Următoarea mărturie face lumină în ceea ce privește acest mod de a acționa.

Mărturie

„Aveam o a doua proprietate, care îmi plăcea la nebunie și pe care speram să o fac reședința mea principală. Tuturor le plăcea: situată într-un cadru foarte frumos, cu o arhitectură de excepție și un design interior foarte frumos și el etc. Tocmai de aceea o cumpărasem și nu intervenisem prea mult asupra spațiului respectiv. Evident, am dus-o și pe iubita mea într-un weekend acolo. Nu a comentat nicicum, n-a zis nici măcar un cuvânt. La un moment dat, a făcut următoarea remarcă:

«Eu n-aș fi amenajat-o așa.» Nimic altceva. Întotdeauna spunea chestii de genul ăsta, care se puteau interpreta în multiple feluri! În următoarele câteva luni, a complotat în așa fel încât să mă determine să mă stabilesc cu ea undeva în Sud. Dar casa mea? «Dacă vrei să-mi demonstrezi că ții la mine cu adevărat, vinde-o.» Cu toate acestea, îi dovedisem în numeroase rânduri că țineam cont de ea! Din păcate, am acceptat. Numai că o casă nu se vinde peste noapte. Nu a durat mult și a început să-mi reproșeze: «Dacă nu s-a vândut deja, este pentru că nu faci nimic în acest sens.» L-am bătut la cap de agentul imobiliar și am scăzut prețul. Vânzarea a fost încheiată. Mi-a fost foarte greu din punct de vedere emoțional. Petrecusem momente minunate acolo cu copiii, când aceștia erau micuți, după divorț. A trebuit să le explic și lor de ce. Simțeam nevoia să fiu cât de cât consolat sau cel puțin sprijinit. I-am spus: «Iată, am vândut-o. Am făcut-o pentru tine, așa cum mi-ai cerut.» Și atunci, răspunsul ei dur și glacial m-a lăsat perplex: «Deloc, dacă ai vândut-o, ai făcut-o doar pentru tine.» Am rămas fără cuvinte. Nicio mulțumire din partea ei, nici cea mai mică urmă de empatie. Mi s-a părut chiar crud, întrucât știa cât de atașați eram, eu și copiii, de acea casă. În plus, a trebuit să le explic că de acum înainte voi locui departe. Când m-am trezit singur, am și plâns. În cele din urmă, mi-a prins bine, pentru că mi s-a confirmat cât de nemiloasă este. Încă mai aveam timp! Mi-am dat seama că, trăind alături de această femeie, comiteam o greșeală monumentală. Așa că am părăsit-o, după vreun an și o grămadă de alte dovezi de răutate din partea ei. În schimb, i-am lăsat cadou plăcerea de a le spune tuturor că ea a inițiat despărțirea."

Iată cum putem șantaja pe cineva apelând la sentimente, destabiliza prin hărțuire, călca de bunăvoie și chiar cu bucurie peste emoțiile cuiva și inversa responsabilitatea. Nu toți sunt destul de norocoși încât să beneficieze de șansa unui salt salvator și nici nu-și conștientizează dorința de a fugi. Trebuie menționat faptul că, dincolo de voință, trebuie să existe și capacitatea de a fugi, deoarece toate mecanismele de condiționare epuizează la propriu bărbatul victimă. Epuizarea se poate dovedi într-atât de amplă, încât bărbatul în cauză să nu mai aibă puterea – fizică și mentală – de a fugi. „Mi-e rușine cu mine", spunea un astfel de bărbat, „am devenit o epavă". Astfel de cuvinte grele demonstrează cât de mare este dezastrul condiționării perverse. Izolarea geografică amplifică izolarea emoțională și accentuează implicit dificultatea de a pleca, de a lăsa totul în urmă; consecința este că victima se trezește izolată în noul cămin conjugal și, în felul acesta, practic se rupe singură de restul lumii.

Când „se cere" o schimbare a activității profesionale, lucrul acesta răspunde aceleiași strategii menite de a crește, după dorință, dependența, de a găsi o sursă mai bună de venit sau de a dobândi o izolare suplimentară, ori chiar pe toate trei în același timp. Astfel de schimbări implică în primul rând o manevrare, pornind de la dependența emoțională, care să garanteze succesul.

Acapararea teritorială

Pătrunderea în spațiul privat

Un alt aspect – și unul destul de semnificativ – ce ține de relația de dominație este invadarea spațiului celuilalt. Acest lucru nu trebuie confundat cu ceea ce se întâmplă adesea într-o relație de cuplu, în care unul dintre cei doi tinde să „gestioneze" lucrurile și să fie factorul de decizie activ și decisiv. În astfel de situații sau în caz de dezacord, există discuții, negocieri și se iau în considerare dorințele și nevoile celuilalt. Aici, este vorba despre o situație în care persoana manipulatoare ocupă mult spațiu în viața victimei sale și chiar îl acaparează, astfel că ajunge să gestioneze viața acesteia din urmă după bunul plac.

Pentru a beneficia de intimitate, trebuie să dețineți un așa zis „sine". Prin urmare, trebuie să existe o delimitare între un mediu extern și unul intern, care să includă intimitatea corporală (este corpul meu, îl protejez și mă bucur de el după cum consider potrivit), intimitatea psihică (cred ce doresc să cred) și intimitate comportamentală (pot hotărî și face un lucru pe cont propriu). Toate acestea constituie un set de nevoi de bază pe care manipulatoarea se va strădui să le ignore și ulterior să le calce în picioare.

Gravitatea situației și perversitatea ies la lumină atunci când se știe faptul că aceste nevoi fac parte din echilibrul general al unei persoane. Într-adevăr, nesatisfacerea unei nevoi o întărește, iar dacă nu se întâmplă nimic în acest sens, apare invariabil un sentiment de lipsă, de deprivare sau nemulțumire care duce la suferință. Cu toate acestea, o manipulatoare îi poate imputa și eventual repeta obsesiv partenerului său că unele dintre nevoile lui nu sunt deloc necesare ori sunt chiar negative. Este ceea ce am văzut, de exemplu, în cazul izolării: negarea nevoii sociale, a nevoii emoționale, apartenența la un grup etc. Prin repetarea obositoare, o anumită idee ajunge să se înrădăcineze în creierul ascultătorului, sfârșind prin a fi acceptată ca adevăr. Chiar dacă la început percepeți ideea ca fiind negativă, ajungeți să o acceptați treptat, dat fiind că oricum o auziți în mod regulat. Asistăm la o autentică spălare a creierului. Iar în scurt timp, se vor vedea și efectele: veți rămâne fără o parte din elementele vitale ce țin de ființa dumneavoastră.

Atunci când acest scenariu se repetă frecvent, face ravagii, deoarece influențează ce se petrece pe teritoriul dumneavoastră și duce la negarea treptată a ceea ce credeți și aveți, a tuturor nevoilor, iar în cele din urmă a tot ceea ce sunteți. Echivalează cu abandonarea propriei personalități. Dominatorul trage acum toate corzile după bunul plac: a avut loc preluarea teritoriului fizic, care degenerează acum în acapararea teritoriului psihic. Dreptul de a exista ca persoană separată este astfel refuzat. De la supunere se trece la înstrăinare.

Procesul acesta nu merge întotdeauna până la capăt, dar atunci când se întâmplă, bărbatul își semnează practic sentința la foc mocnit. Rețineți cum, chiar și într-un stadiu mai puțin avansat, poziția inegalității se cunoaște printr-o oarecare supunere. Din acest motiv, manipulatoarea nu ezită să invadeze teritoriul soțului ei, dar, în schimb, nu-l lasă pe acesta să intre pe teritoriul ei. Dacă vreodată ați îndrăzni să-i încălcați teritoriul, chiar și puțin, reacția ei ar fi imediată și încărcată de furie. Acest lucru are sens, având în vedere asimetria relației pe care a stabilit-o: pentru ea, respectul față de spațiul ei este o necesitate. Pe de altă parte, din moment ce vă desconsideră, în ochii ei nu aveți motive justificate pentru a vă simți copleșit sau lipsit de respect. În unele cazuri, nici nu vede cât de intruziv este ceea ce face; are motive întemeiate să acționeze într-un anumit fel, putând chiar să nu înțeleagă (sau să nu vrea să înțeleagă) că aveți o „grădină secretă". În alte cazuri, este foarte conștientă de ceea ce face, invadându-vă teritoriul și lăsându-se condusă de o dorință nesănătoasă de a răni și de a distruge.

O asemenea încălcare a spațiului personal are drept rezultat o lipsă de respect și un dispreț față de tot ceea ce reprezintă acesta și natura lui intimă: intră peste dumneavoastră în baie, caută în sertare, intră pe computer, vă verifică telefonul mobil, contul bancar, vă deschide corespondența, încălcând regulile vieții private și intervenind chiar și în relațiile profesionale și personale, punând neîncetat întrebări cu privire la felul în care vă folosiți timpul, hărțuind prin e-mailuri, mesaje și altele asemenea, folosindu-vă lucrurile, indiferent care sunt acestea (unelte, mașină, cărți, suvenire etc.), de parcă nu v-ar aparține (nu doar le folosește, uneori le și strică dinadins).

Din afară, unele dintre aceste intruziuni pot părea banale sau nesemnificative. Dar sunt mai periculoase decât par, pentru că semnalează o relație dezechilibrată, fapt ce se repercutează și asupra altor arii.

Mărturie

„Când ajungeam la iubita mea, în loc să-mi ureze bun venit, primele ei cuvinte erau: «Dă-ți pantofii jos. Și ia-o pe acolo, nu pe aici!» A ajuns chiar să-mi cumpere niște papuci ridicoli, pe care eram obligat să-i port acasă la ea. Bun, mi-am zis, de ce nu? Mă agasa puțin situația, mai ales că ea rămânea încălțată cu pantofii cu care umbla pe stradă. Într-o seară, a venit ea pe la mine. Spălasem totul și făcusem curățenie lună, știam cât de maniacă este din acest punct de vedere. I-am cerut să-și dea jos pantofii. S-a făcut că nu aude și, tropăind cu tocurile, a mers la baie, în dormitor, în sufragerie, în fine, prin toate camerele, apoi m-a privit cu un surâs sfidător: «Ce faci? Ești bine?» Clocoteam de nervi (iar ea știa asta), însă, habar n-am de ce, n-am spus nimic. Nu încape îndoială c-a știut că n-am să spun nimic."

Această invadare teritorială poate lua și alte forme, devenind profund nesănătoasă. Mărturia următoare înfățișează modul uimitor în care se întâmplă:

„Nevastă-mea, într-o zi, și-a lăsat absorbantele folosite pe marginea chiuvetei. M-am dus la ea și am atenționat-o cu privire la scăparea respectivă. Mi-a aruncat o privire răutăcioasă. «Ei, și? Te deranjează?» După o vreme, a început să o facă din nou și, dat fiind că oricând puteau să intre copiii în baie, i-am făcut încă o dată observație. I-a sărit țandăra numaidecât: «N-ai decât să le arunci personal la gunoi, că doar nu sunt menajera ta!» Știind că e în stare să provoace din orice un adevărat scandal și să mă facă cum îi venea la gură, chiar și în fața copiilor, am preferat să tac. A continuat să o facă de fiecare dată când știa că urmează să intru după ea la baie."

Acest mod de a se purta, oricât ar părea de surprinzător, trimite un mesaj clar: *„Aici sunt pe tarlaua mea și fac ce vreau. Nu ești la tine acasă și trebuie să te pliezi după cerințele, capriciile și toanele mele."* Celălalt mesaj este: *„Dacă nu-ți convine, mie nici că-mi pasă!"* Prin urmare, spațiul conjugal este acaparat doar de unul dintre cei doi membri ai cuplului, în avantajul propriu. Vedem clar la ce poate duce dezechilibrul dintr-o relație, cum se întâmplă și în cazul de față, unde exemplul cu baia nu reprezintă decât o mică parte din realitatea de zi cu zi.

Acapararea ariei psihice

Generarea unei dependențe afective, iar ulterior materiale, merge mână în mână cu acapararea teritorială. Prima fază a fost cea în care și-a transferat responsabilitățile către victimă și a făcut-o să se simtă vinovată, pentru ca apoi să o izoleze astfel încât, încetul cu încetul, legătura de dominație să fie din ce în ce mai puternică. Ulterior, i-a rămas orchestrarea pierderii libertății, astfel încât să amplifice dependența și distrugerea. Pentru a face acest lucru, a fost necesară pătrunderea în spațiul privat al celuilalt și privarea graduală a acestuia de orice posibilitate de a-și menține spațiul intim. Intimitatea este ceea ce vă permite să vă cultivați viața interioară, să vă iubiți și să mențineți o relație intimă cu voi înșivă. Datorită acesteia, ne creăm propriul spațiu privat, cu convingeri, gânduri și visuri, ceea ce ne conferă propria unicitate și marchează modul în care ne diferențiem de ceilalți. În consecință, intimitatea face parte din nevoile noastre de bază și de aceea o apărăm și o protejăm cu grijă.

Felul în care ocupăm un spațiu în prezența altora este un mod de afirmare a identității noastre. Prin urmare, o manipulatoare face tot posibilul pentru a distruge linia de demarcare dintre mediul extern și cel intern (perceput și identificat ca aparținându-ne și ca reprezentând propria noastră persoană). Procedând astfel, se transmite următorul mesaj: „Tot spațiul îmi aparține și este al meu, nimic nu este al tău și, prin urmare, numai eu exist, iar tu nu." Principalul scop al acestei acaparări teritoriale este de a vă reduce spațiul, apoi de a vă împiedica să luați chiar și cea mai măruntă decizie în ceea ce vă privește și, nu în ultimul rând, de a vă interzice să fiți cum sunteți de fapt. Totul se rezumă la a distruge pe cât posibil acest spațiu fizic și psihic privat și de a interzice folosirea lui. Gata cu intimitatea. Este o manieră înspăimântătoare și rapidă de a dezumaniza și a ucide în mod simbolic.

Toate aceste moduri de a viola spațiul fizic al celuilalt se adună și se amestecă. Ele ajung să fie consacrate aidoma unui ritual. Victima devine astfel „obișnuită" ca partenerul să dețină prea mult control asupra existenței sale, pe care o manevrează după bunul plac. Intimitatea este desfiinţată treptat, astfel încât identitatea să fie anihilată cu totul.

Acest lucru se adaugă la schimbări fără negociere, la diverse directive și interdicții, la atacurile continue asupra propriei libertăți, la negarea gusturilor și preferințelor, denigrarea emoțiilor și „reformatarea" gândurilor. Pentru că, deși manipulările trec prin tărâmurile material sau relațional, cel vizat este spațiul psihic, astfel încât victima să-l lase pe torționar să ia decizii în numele ei. Într-adevăr, atunci când ne găsim deposedați de tot ce ține de psihicul nostru, ne pierdem treptat orice urmă de vitalitate și orice spirit de luptă: nu mai este nimic de apărat sau de protejat, nici fizic, nici mental. Ne transformăm astfel într-o victimă pasivă.

Pentru o vreme, vă spuneți că bunătatea, blândețea și toleranța de care dați dovadă față de călăul dumneavoastră îl vor umaniza în cele din urmă. Însă din moment ce nu vi se adeveresc așteptările, oferiți și mai mult. Se nasc speranțe la fel de deșarte, de unde și această pasivitate (care vă poate fi reproșată, în același timp).

Psihoterapeuta Véronique Sichem exprimă un punct de vedere foarte relevant[1]: „Dacă cineva provoacă rău altcuiva, care, în schimb, pare a fi o persoană cumsecade, este cu atât mai greu de suportat fapta în sine, din cauza sentimentului de vinovăție. Atunci, pentru a se dezvinovăți, de cele mai multe ori abuzatorul devalorizează victima, spunându-și în gând: dacă această persoană este mai puțin valoroasă, atunci și fapta mea este mai

---

[1] Vezi Véronique Sichem, „Les mécanismes d'emprise: harcèlement, chantage, manipulation": http://g.biron.free.fr/PETALES/m%8Ecanismes%20d%27emprise.pdf.

puțin dăunătoare." Manipulatoarea ajunge astfel să considere încetul cu încetul că nu sunteți un om valoros și că, în consecință, nici spațiul dumneavoastră nu este important. Victima este supusă unui tratament asemănător violului: negarea acesteia ca persoană și a intimității sale. Confruntat cu o manipulatoare care vă consideră nici mai mult, nici mai puțin decât un „obiect", renunțarea ajunge să fie privită ca un mijloc de a evita o amplificare a diverselor răni. Acest lucru se datorează speranței secrete că totul va fi bine sau, cel puțin, mai bine decât dacă s-ar opune vreo rezistență. Există invariabil o derivă către o supunere nealeasă în mod deliberat, dar care ajunge să reprezinte singura modalitate de a obține o aparentă liniște. Numai că, procedând astfel faceți abstracție de propria persoană și apoi vă negați propriile năzuințe, dorințe și nevoi. Dorințele dumneavoastră trebuie să dispară și să fie înlocuite de cele ale călăului. S-a zis cu individualitatea. Posibilitatea de a mai exista ca personalitate de sine stătătoare este ucisă, iar obiectificarea este în felul acesta desăvârșită.

ȘANTAJUL AFECTIV ȘI RĂZBOIUL DINTRE SEXE

Jocuri care nu sunt, de fapt, jocuri

A te juca cu sentimentele cuiva

Manipulatoarea folosește cu ușurință sexul drept armă și uneori îl vede ca atare. De asemenea, profită de intensitatea sentimentelor și transformă acest proces într-un joc. Prin urmare, se va folosi în acest sens atât de o atitudine caldă, cât și de una glacială, însemnând că va aplica tehnica palmei și a mângâierii.

Acest stil, de a pendula constant între două extreme, îi este specific numai ei: refuză să accepte faptul că și partenerul ei ar putea afișa un comportament neliniar și i-ar reproșa vehement dacă el ar face-o. Mai mult, dacă acesta i-ar demonstra vreodată că ea este cea care trece mereu de la o atitudine la alta, femeia l-ar contrazice cu virulență: „Vorbești prostii" sau chiar l-ar culpabiliza că o acuză de așa ceva: „Ce prostii poți să inventezi! Vezi c-ar trebui să-ți măsori mai bine cuvintele!" Dacă se enervează, nu va fi vina ei: atitudinea sau cuvintele partenerului au făcut-o să se simtă așa. Îi pare rău, dar nu a avut încotro, celălalt a fost de vină. Încă o dată, dă dovadă de lipsă de maturitate. Oricum, nici nu are vreun sens să ne certăm: întotdeauna este celălalt de vină, deoarece ea nu este niciodată responsabilă. De asemenea, se mai poate să „dispară" din când în când: încetează să mai dea vești, încetează să mai răspundă la mesaje, de parcă ar fi înghițit-o pământul, doar ca să reapară brusc, de parcă nu s-ar fi întâmplat nimic. Am văzut în faza de seducție cum se poate întâmpla așa ceva, atunci când manipulatoarea caută să trezească în victima ei curiozitatea și dorințe cât mai arzătoare.

Se întâmplă acest lucru pentru ca victima să fie cuprinsă de stări de îngrijorare profundă, la limita angoasei. Într-o relație sănătoasă, o femeie este impresionată când ne arătăm îngrijorați de starea ei. Aceasta este dovada că ne pasă de ea, că este valoroasă în ochii celui care o iubește. S-ar putea să spună, de exemplu, „Îmi pare rău. Nu mi-am imaginat niciodată că te-ai îngrijora atât de mult." Aici, însă, răspunsul este cu totul diferit. În loc să vadă în această îngrijorare o dovadă a sentimentelor și atașamentului față de ea și să arate recunoștință, o vede ca pe o invadare imposibil de suportat a teritoriului ei. Incapabilă de cea mai mică empatie, rămâne distantă sau iritată și profită de acest moment de confuzie pentru a arunca cu răspunsuri vagi: „Simțeam nevoia să fiu singură" sau „Aveam lucruri de făcut...", care în niciun caz nu potolesc curiozitatea, ba chiar amplifică starea de confuzie, pentru că nu se oferă nicio explicație suplimentară. Iar manipulatoarea știe lucrul acesta și jubilează. Agresivitatea își poate arăta și ea colții: „Dar încetează odată să mă mai monitorizezi! Încă mai am voie să fac ce vreau, nu?" Atâta dispreț față de trăirile celuilalt pare de neînțeles. De fapt, respectiva duritate are un scop: ca victima să-și ceară scuze, pentru că a deranjat-o cu îngrijorarea sa și, eventual, să se simtă vinovată pentru asta. Joaca repetată cu sentimentele celuilalt duce la amplificarea disconfortului și a nesiguranței emoționale; dependența devine și mai puternică. Îl obligă astfel pe celălalt să o curteze veșnic și să-i ofere iubire necondiționată. Asistăm la un adevărat joc de putere, în care ea trage toate sforile și vă obligă să acceptați orice condiție pe care o impune. Pe de altă parte, numai ea dispune de acest drept; și nimic nu este mai important decât să nu facem și noi același lucru, pentru că ar însemna să riscăm prea mult.

Mărturie

„Uneori, iubita mea obișnuia să se facă nevăzută câteva zile. Și n-aveam ce să fac... La un moment dat, a fost chiar insuportabil. A trecut o săptămână întreagă fără să dea niciun semn de viață, cu toate că i se spusese că normal era să sune. Când o sunam, nu răspundea nimeni, liniște absolută. Chiar m-am îngrijorat și am sunat la poliția, voiam să aflu dacă nu cumva pățise ceva. Când a reapărut, mi-a spus că eram ridicol și că mai mult ca sigur sufeream de vreun complex de abandon, ceea ce m-a dat și mai tare peste cap. Fără nicio explicație, fără nicio scuză, absolut nimic. Însă complexul meu consta, de fapt, în suferința provocată de disparițiile ei bruște și veșnic fără nicio explicație!"

Dorințele neîmplinite

Stilul acesta perfid de a afișa un comportament când apropiat, când extrem de distant, se aplică și pe plan sexual, desfășurându-se concomitent în contextul unui joc al puterilor.

Iar aici, există o serie de diferențe în comparație cu ceea ce ar face în mod normal un *bărbat* manipulator. Acesta din urmă își exercită puterea chiar mai mult în ceea ce privește practicile sexuale pe care el le impune, pe când femeia preferă mai degrabă să refuze relațiie sexuale. Un bărbat își maltratează partenera și adesea o înșală (sau încearcă să o facă geloasă) pentru a arăta că el, unul, are succes, în vreme ce ea nu. Comentariile supărătoare sau umilitoare despre aspectul fizic sunt la ordinea zilei, iar manipulatorul caută deseori să facă din partenera sa un obiect sexual care să fie dominat, chiar dacă aceasta înseamnă să o incite sau să o oblige să se angajeze în diverse practici sexuale pe care ea nu le dorește, dar în care se implică... pentru el.

În aceste situații se poate vorbi despre așa-numitul „viol marital". Violul este definit de Articolul 222-23 din Codul penal francez astfel: „Orice act de penetrare sexuală, de orice natură ar fi el, săvârșit asupra altei persoane sau asupra persoanei care aduce o acuză prin violență, constrângere, amenințare sau surpriză." Deși legea nu menționează și violul conjugal sub aceleași circumstanțe, instanțele i-au aplicat aceeași sancțiune încă din 1990. Totodată, din 1992, instanțele precizează faptul că prezumția consimțământului soților poate fi combătută pentru a dovedi această infracțiune. Ceea ce înseamnă că nu se presupune din start că soții vor consimți vreun act sexual. Dacă unul dintre ei poate dovedi că a refuzat actul sexual, atunci se poate vorbi despre prezența unui viol conjugal. Iar astfel de dovezi sunt foarte dificil de furnizat...

Cele mai importante noțiuni din articolul la care ne referim sunt „violență", „constrângere", „amenințare" sau „surpriză", ce exprimă o absență a dorinței de a întreține un act sexual și, deci, o absență a consimțământului. Aspect constatat la majoritatea bărbaților manipulatori, cu atât mai mult cu cât se spune – și este recunoscut faptul – că apetitul sexual este mai important în cazul bărbaților. În schimb, dacă ar fi ca un bărbat să afirme că a fost violat de soția sa, lucrul acesta ar atrage după sine reacții de neîncredere sau remarci sarcastice, ceea ce îl împiedică pur și simplu să o spună.

Femeia manipulatoare acționează diferit. Plecând de la ideea că un bărbat are un apetit sexual mai puternic, ea se folosește de asta. Auzim adesea spunându-se că poți ține un bărbat lângă tine dacă-i oferi sex și... mâncare, nu? Inițial, manipulatoarea caută să-și momească victima. Atât timp cât știe să se facă seducătoare, nu durează mult până ce atracția devine de-a dreptul irezistibilă, iar începuturile relației sunt adesea, din acest punct de vedere, foarte plăcute, ba pentru unii chiar idilice. Numai că durează doar o vreme, iar iluzia își va schimba tonul.

Să te faci dorit și să te lași greu este una, dar să te joci cu celălalt tachinându-l și făcându-i promisiuni deșarte este cu totul altceva. La fel ca în lumea animalelor în general – iar manifestarea paradei nupțiale a multor specii ilustrează acest lucru – stârnirea dorinței și amplificarea graduală a acesteia reprezintă o parte importantă dintr-un întreg proces de seducție, o parte cu utilitatea și farmecul său. Într-o relație echilibrată, o femeie își arată dorința, dar nu dă niciodată mai multe semne decât minimumul necesar pentru a trezi interesul bărbatului. Când tachinează, o femeie poate fi deosebit de seducătoare și ispititoare, nici nu e de mirare că trezește imaginația bărbatului. Mai direct spus, ea-și propune și-și evaluează marfa cu mult peste ceea ce solicită cumpărătorul. Atâta doar că, deși starea de incitare a fost stârnită cu bună știință, femeia totuși refuză. Toată această punere în scenă n-a fost decât o înșelăciune; iar o critică înjositoare, în treacăt, mărește frustrarea. Pe lângă faptul că nu înțelegem nimic din ce se petrece, a apărut și această dorință niciodată împlinită, cu toate că a fost ațâțată din plin.

Sexul ca momeală și armă

Un libidou care creează dependență

Folosindu-se de corpul ei extrem de atrăgător și de amintirea primelor momente împreună, această femeie dispune de o armă eficientă pentru a-și deservi scopurile. Unele femei manipulatoare au o sexualitate foarte puternică, ceea ce duce la relații sexuale incontrolabile și pasionale. Pot fi foarte frumoase, dar nu întotdeauna. Mulți bărbați manipulați laudă frumusețea incomparabilă a partenerelor lor și vorbesc despre aceasta de parcă ar fi una dintre minunile lumii. Pe lângă faptul că frumusețea este subiectivă, există două aspecte de luat în considerare. În primul rând, aceste femei își îngrijesc corpul. Atât timp cât vând o „marfă" la un preț ridicat, consideră că se cuvine să aibă grijă de ea, să o întrețină și să o prezinte în mod strălucit, chiar dacă aceasta înseamnă să apeleze la nevoie și la chirurgia estetică. În al doilea rând, ceea ce poartă numele de „frumusețe" este de fapt sex-appeal, acel ceva care naște o atracție instinctuală, primară și cât se poate de puternică. Există apoi o denaturare a realității și, de regulă, când un bărbat spune: „Este foarte frumoasă", ce vrea să transmită este: „Mi s-au aprins călcâiele după ea ca unui nebun". Confuzia s-a instalat deja și-și spune cuvântul, iar dacă bărbatul adaugă „O iubesc", atunci chestia aceasta se poate traduce prin „Sunt complet dominat de ea".

Acest tip de manipulatoare are o inteligență instinctivă. Ea nu se străduiește să analizeze bărbatul pe care îl întâlnește; îl „simte" într-un mod foarte animalic. Prima întâlnire cu el este aproape întotdeauna un schimb de feromoni în cadrul căruia fiecare își imprimă semnătura olfactivă asupra celuilalt, fapt care nu poate decât să aprindă dorința. Promisiunea implicită a unei relații care nu este doar caldă, ci de-a dreptul fierbinte, este păstrată cu ajutorul creativității, al rafinamentului, precum și al animalității, al încălcării tabuurilor, printr-o anumită frecvență și durată a plăcerii etc.

Bărbații care trec prin asta se comportă ca și cum ar fi drogați. Chiar dacă suferă în cadrul relației, sexul este cel care îi ține legați de astfel de femei, oferindu-le aceeași plăcere cum este cea obținută în urma unei doze de heroină. Pentru ei, nu este vorba despre o dependență sexuală generală, caracterizată prin comportamente sexuale repetate, în care își pierd efectiv controlul. Acolo este vorba despre o dependență sexuală față de parteneră, ceea ce nu înseamnă că este mai puțin puternică, iar adesea chiar alienantă.

Dacă se gândesc să părăsească o astfel de femeie, își spun că nu vor găsi pe altcineva cu care să se potrivească și că a face sex cu o altă femeie li va părea fad, banal și insipid. Pot fi sinceri în momentul în care spun că vor încheia relația și-și vor părăsi partenera, însă în clipa următoare se vor lăsa cuprinși de amintiri, dorințe și impulsuri. Iar atunci, devin aidoma unor narcomani sau alcoolici. Deși, la nivel mental, sunt conștienți de faptul că îi distruge, plăcerea lor trupească este mult mai puternică, iar orgasmele pe care le experimentează sunt mult mai intense pentru că rămân alături de cea care îi înnebunește fizic, chiar dacă le provoacă simultan nefericire pe toate celelalte planuri. Parafrazându-l în mod ironic pe Pascal: „Sexul are rațiunile sale, pe care rațiunea nu le cunoaște."

În plus, lipsa sentimentelor manipulatoarei face ca actul sexual să fie pur fizic, dacă nu chiar mecanic. Mulți bărbați, care ar dori să împărtășească niște clipe de intimitate profundă și oarecare emoții cu partenerele lor după sex, recunosc că de fapt se simt triști sau anxioși în momentul acela. Le-ar plăcea să experimenteze o apropiere, dar se izbesc de un gol, un gol rece.

Unele femei dependente de sex colecționează iubiți, iar multe dintre ele au relații numeroase, fără niciun fel de protecție. Soții sau partenerii lor oficiali habar nu au. Prin urmare, nu numai că ignoră aceste trădări repetate, dar mai grav este faptul că ignoră cu desăvârșire realitatea: femeia de care sunt îndrăgostiți poate deveni un vector al bolii, ba chiar al morții. Plăcerea tocmai a devenit una mortală.

Pedeapsa sadică

Manipulatoarea, care nu este prin natura ei o dependentă de sex, folosește cealaltă stratagemă, adesea infailibilă și deja menționată: refuzul. După ce s-a comportat ca o amantă exemplară, a așteptat ca victima ei să muște cârligul și abia apoi a făcut-o să devină dependentă. După care îndepărtează obiectul poftei, creând o frustrare în prezent. Are loc o adevărată grevă a sexului! Ea își așază partenerul pe o poziție de așteptare a unui lucru promis (sau cel puțin sugerat), dar refuzat în ultimul moment și care, prin urmare, nici nu se va întâmpla. Bărbatul frustrat simte nerăbdare, furie sau tristețe și constată că încrederea în sine a avut și ea de suferit, diminuându-se.

Într-adevăr, frustrarea reprezintă un răspuns emoțional în fața unui refuz, care se datorează nu unui element extern, ci simplei voințe a unei persoane, în cazul de față, a femeii mult dorite. Știe foarte bine că dorința crește atunci când sexul este prezentat ca o jucărie zornăitoare, care uneori îți captează atenția, dar pe care cel mai adesea o scapi. Iar ea ispitește, pentru că în asta constă puterea ei. În plus, plăcerea ei crește atunci când victima, în loc să ceară, ajunge să implore. A implora presupune a cere, aproape a cerși. Ceea ce nu poate decât să stabilească o relație de dominație.

Numai că joaca aceasta constantă, în care mizează pe „Îți promit sex și te fac să-ți dorești tot mai mult", după care declară invariabil: „Nu, nu mai vreau" nu poate decât să amplifice amărăciunea și frustrarea. Una dintre emoțiile asociate cu frustrarea este furia. Cu toate acestea, vorbim despre un lucru ce nu poate fi exprimat. Mai mult, nu trebuie să fie exprimat. Numai manipulatoarea are acest drept. Reprimarea regulată a furiei poate duce la autodistrugere. Observăm că există o triplă pedeapsă:

- la nivel fizic: neîmplinirea unei dorințe create artificial și amplificată dincolo de „normal";

- și la nivel psihic:
  - impresia de a fi păcălit, trădat și folosit;
  - interdicția de a exprima ceea ce simte.

Prin urmare, și „lipsa sexului" poate fi folosită ca armă de distrugere.

Pentru a mai adăuga ceva, această privare vine cel mai adesea neînsoțită de vreo explicație suplimentară, făcând pedeapsa și mai dificil de înțeles, deci mai greu de suportat. Faimoasa „migrenă" pare să fie deja demodată și oricum nu ar fi suficientă, deoarece ar oferi o explicație aproape plauzibilă. Și mai bine funcționează să nu se explice nimic, mai ales dacă refuzul este precedat de o fază de „aprindere". Așa se face că o persoană de bună-credință poate ajunge să se întrebe: *„Ce am făcut sau nu am făcut pentru a primi un astfel de refuz?"* Iată cum întâlnim încă o dată învinovățirea, iar și iar.

Scandaloasa seducție servește și drept șantaj. „Iată cât de mult mă dorești. Fă tot ceea ce-ți cer, altfel nu vei obține nimic."

Nu e nevoie decât să se îmbrace mai sexy sau mai provocator și să zâmbească într-un anumit fel, cu subînțeles. Apoi lasă frâu liber imaginației bărbatului, care va spera că i se pregătește un moment fierbinte – poate chiar arzător – însă fără a da vreun indiciu cum că, în ultimul moment, are să-l refuze. Iubita se etalează îmbietor, îndeajuns de transparentă pentru a stârni „pofta de mâncare", dar fără a-ți potoli de fapt foamea. Dacă bărbatul incitat va insista totuși, ea va avea grijă să-l numească „obsedat", „pervers" sau în alte feluri asemănătoare. Tot el se va face vinovat, pentru că ea nu a vrut decât să-i arate o manifestare firească a nevoii de afecțiune și nimic mai mult!

Iar pe lângă șantaj, există și amenințarea. Oricât de incitat ar fi, nu e în folosul bărbatului să-și satisfacă dorința cu orice preț. Realitatea este că manipulatoarea nu este tocmai străină de ce e scris în Articolul 222-23 al Codului penal francez (și de jurisprudența care îl însoțește), despre care am discutat deja la pagina 187. Ea știe – și nu omite să sublinieze acest lucru – că poate depune plângere dacă partenerul ei insistă și că, dacă ar fi s-o facă, toată lumea i-ar da crezare ei. Bărbatul în cauză, deși el se consideră victimă, li se va părea celorlalți un odios călău misogin. Are certitudinea că, într-o situație de acest fel, societatea nu va fi de partea lui. Nu-i rămâne decât să facă față acestei dorințe neîmplinite pe cât se poate... Este tulburător; fizic și emoțional, desigur, așa cum s-a subliniat deja, dar și din punct de vedere mental: cum poate fi înțeleasă această femeie care se arăta disponibilă, părând să experimenteze aceeași plăcere și aceleași dorințe, dar care refuză brusc avansurile sale? Mai ales dacă uneori – rareori, în orice caz – acceptă sau este chiar ea cea care vrea asta! Unde este coerența într-o astfel de situație?

Mărturie

„Sunt seri în care soției mele îi vine să-și pună pe ea câte-o piesă de lenjerie foarte excitantă. După care se plimbă dintr-o încăpere în alta, cu un aer nonșalant, adoptând câte-o postură care l-ar scoate din minți pe orice bărbat normal. În cazul în care mă apropii de ea, aprins la maximum, mă respinge. Dacă insist, îmi aruncă un zâmbet disprețuitor, zicând: «Asta e, îți pui pofta-n cui și te rezolvi singur mai târziu!» După care fuge în altă cameră și se încuie acolo. Să înnebunești și mai mult când se întâmplă una ca asta!"

„Vrei sau nu?"

Celebra melodie a lui Marcel Zanini avea un farmec aparte: „O vrei sau nu o vrei/Dacă da, cu-atât mai bine/Iar de nu... păcat de tine/Dacă nu, stai liniștit, o să-mi fie bine/Totuși, eu aici sunt/Răspunde-mi/Da ori ba?" Întreaga melodie are la bază natura indeciziei și așteptările bărbatului care are nevoie de un răspuns clar (și, dacă se poate, pozitiv) la cererea sa: „Viața, pentru mine, e superbă./De ce să o complici/Prin ezitările tale." Numai că, atunci când aveți de-a face cu o manipulatoare, această parte fermecătoare este departe, foarte departe de realitatea acestor versuri, iar atmosfera este cu mult mai nesănătoasă și mai dăunătoare.

Această tehnică, prin care se alternează căldura cu răceala, ușor de folosit și care niciodată nu dă greș, creează o dependență perversă. Ca orice tehnică bună, reapare adesea și funcționează în continuare, mai ales în trei tipuri de situații.

1. Dacă dominația nu este încă suficient de puternică sau dacă încă „rezistați", în orice caz mai mult decât credea ea, s-ar putea să o îngrijoreze faptul că ați putea căuta fericirea în altă parte. Așa că se dăruiește din nou. Practic, reaprinde flacăra; mai exact, caută nu să recreeze plăcerea, ci să retrezească amintirea, realimentând speranța și dependența. Iar asta numai pentru a refuza cu și mai mult aplomb ulterior, accentuând deci dependența și frustrarea și amplificând haosul. Când vorbim despre „imaturitate", exact la așa ceva ne referim. Deoarece lucrurile se desfășoară urmărind exact aceeași retorică a promisiunilor: „Dacă îți vei învăța bine lecțiile, vei avea dreptul la o bom-

boană." Și a amenințărilor: „Dacă nu mă asculți, nu vei primi desert." Ceea ce poate fi de înțeles în cazul unui copil de 5 ani (deși acest lucru se numește „șantaj") devine năucitor într-o relație dintre doi adulți, în cadrul căreia sexul servește drept monedă de schimb.

2. Cealaltă situație este cea dominată de indiferență. Are la bază o viață sexuală lipsită de plăcere și bucurie, iar în acest scop știe să fie totalmente pasivă, neafișând nicio expresie și nefăcând vreun gest, nespunând vreun cuvânt și părând complet indiferentă la ceea ce se întâmplă: este veșnic cu privirea în altă parte, de parcă ar aștepta ceva ce nu mai vine. Ideea este să vă determine să o satisfaceți cu disperare, dar să nu reușiți niciodată, oricât ați încerca. Face un joc din uciderea oricărei surse de amuzament, astfel încât să vă pierdeți și să nu mai înțelegeți nimic.

De multe ori, când se comportă așa, absent, inevitabil ajungeți la această observație: se plictisește și așteaptă să treacă. Desigur, nu există nici plăcere, nici bucurie. Și știe să se folosească de diverse tehnici pentru a tăia orice elan. De exemplu, evită cu multă atenție orice fel de contact cu sexul dumneavoastră sau chiar simulează plăcerea într-un fel atât de exagerat și joacă atât de prost, că devine umilitor pentru dumneavoastră.

3. Cea de-a treia situație este aceea în care ea însăși simte o dorință. Caz în care dumneavoastră îi veți servi pentru defulare. Aceasta înseamnă că ea se preocupă de propria ei plăcere, singura care contează; îi este absolut indiferent ce se întâmplă cu dorința partenerului ei. Dacă se întâmplă să vă simțiți bine și dumneavoastră, atunci cu atât mai

bine; iar dacă nu, atunci păcat pentru că ați lăsat să vă scape ocazia pe care v-a oferit-o. Realitatea este că puțin îi pasă. I se poate întâmpla chiar să așeze pe primul loc propria plăcere de a sabota; așadar găsește o modalitate de a sabota relația, chiar dacă asta presupune ca propria ei plăcere fizică să fie diminuată.

În plus, chiar dacă partida de sex i-ar oferi o oarecare satisfacție, nu cumva să îndrăzniți să o întrebați, chiar și sub formă de glumă: „Deci, fericită?" Cel mai bun răspuns pe care îl veți obține, dacă se hotărăște să răspundă, va fi „Da, n-a fost chiar rău". Este echivalentul lui „se putea și mai bine", omniprezent în tipul de educație pe care am primit-o, ceea ce sugerează că nu v-ați străduit îndeajuns ori că nu sunteți la înălțimea sarcinii. Cu atât mai perversă este trimiterea la perioada aceea de la începutul relației sau afirmația rece și neechivocă cum că abilitățile dumneavoastră se înrăutățesc. O nouă tactică menită să provoace îndoiala de sine.

Umilințe repetate

Inocularea fricii de a pierde

Frica, o emoție universală atât de folosită de cei care manipulează. Aproape că s-ar putea spune că, în lipsa fricii, n-ar mai exista nici manipulare. Manipulatoarea o folosește până la saturație, doar că se folosește de ea într-o altă configurație. Practic, îi face pe ceilalți să creadă că o curtează o grămadă de bărbați, că sunt interesați de ea și că acest lucru nu o lasă total indiferentă, ba chiar îi provoacă de-a dreptul. Vă lasă să vă imaginați că are relații cu alți bărbați, sub masca prieteniei sau, mai degrabă, a unei pseudoprietenii cu contururi neclare, foarte neclare, aproape ambigue. Scopul este de a stârni gelozie și neliniște. *„Mă înșală sau nu?"* A răspunde concret la această întrebare devine aproape imposibil. Gândurile aleargă în cerc, unul după altul, fără cale de ieșire.

Poate merge chiar mai departe, însemnând să se lase curtată deschis, într-un loc public (club de noapte, recepție, cină etc.), în fața ochilor dumneavoastră. Dacă vă plângeți de această situație, veți primi un răspuns de genul „Termină, este doar un joc!", adesea urmat de „Ești așa de obtuz, zău!" Totuși, nu înseamnă că sunteți obtuz dacă observați cum persoana cu care vă împărțiți viața oferă zâmbete cu nerușinare în stânga și-n dreapta, părând să se bucure de acest stil echivoc de a seduce. Din nou se aplică ceea ce a spus Émile Coué: orice idee care prinde contur în mintea noastră tinde să devină realitate. Pentru ca ea să se întipărească în minte, este suficient să fie repetată tot timpul sau să i se adauge o încărcătură emoțională puternică. În capul dumneavoastră, totul se zguduie din temelii: *„Vrea să mă pună la încercare... Dar, la urma urmei, poate fi adevărat... Nu, n-are cum,... Dar dacă, totuși? Etc. Etc."* Gelozia acționează atât de mult asupra imaginației, încât o suprastimulează, doar că într-o manieră mai perfidă. Ca întotdeauna, mesajul este suficient de vag încât devine practic imposibil de știut dacă nu cumva inventează, ori dacă spune tot adevărul, sau poate doar în proporție de 50% sau 20%. Ori poate mai puțin, mai mult? Cine știe? O persoană echilibrată și binevoitoare menține relații de prietenie sau profesionale, dintre care unele nu sunt cunoscute de partenerul acesteia, dar asupra cărora nu planează nicio îndoială, fiindcă atât relația cu aceste persoane, cât și cu partenerul de viață este una sănătoasă. Există încredere reciprocă. Într-o relație cu o manipulatoare, în schimb, totul se desfășoară într-o imprecizie care creează disconfort, determinând victima să ia în considerare un lucru și opusul său în același timp. Nimic nu este clar, nimic nu este sigur. Iar îndoiala nu face decât să amplifice consternarea.

Când se folosește de martori

O altă umilință constă în a face scene și observații în public. Nu trebuie decât să aștepte până când apar și alte persoane, dacă este posibil rude sau apropiați, pentru a înjosi și umili, dar apelând la umor. Este posibil să folosească reproșuri zdrobitoare, ba chiar cerându-le și altora să participe și să o susțină în acest sens, însă când vine vorba de sexualitate și, prin urmare, se poate pătrunde într-o zonă privată, umorul se dovedește mult mai eficient, fiind în același timp și degradant. De exemplu, cu ocazia unei cine între prieteni, manipulatoarea va face ca dialogul să devieze, la un moment dat, înspre vulgaritate. Dat fiind că, în ochii altora, trece drept soția perfectă, încântătoare, poate păși pe acest teren fără teamă. Scopul este de a se amuza pe seama partenerului cot la cot cu ceilalți, atrăgându-i de partea ei și, după cum am văzut, ceea ce ea numește „umor" înseamnă de fapt o grămadă de cinisme, cu mai multe interpretări. Astfel, ea poate respinge dând pur și simplu dezaprobator din mână înspre cel care, în mod evident, se simte vizat. Uneori nu există un dublu sens, pentru că lucrurile rostite vorbesc de la sine, dar are grijă să spună nonșalant că el, partenerul, exagerează: „Ce naiba ai? Chiar n-ai niciun pic de simț al umorului!" Următoarea mărturie ilustrează acest tip de calvar greu de suportat.

Mărturie

„Am invitat niște prieteni la cină. Am băut ceva, atmosfera era cât se poate de plăcută, ceea ce nu se întâmpla de obicei. Cineva – nu-mi mai amintesc exact de la ce a început – a zis ceva despre performanțele sexuale ale unui actor de cinema. Soția mea imediat s-a sesizat. «Ei, da! Eu n-am nicio șansă să trăiesc genul acesta de plăcere cu unul ca Arnaud!» Am tresărit, iar ea a continuat: «Dacă vă puteți imagina...» și i-a dat întruna detalii despre relațiile noastre intime, fără să ocolească vreo zonă mai sensibilă. Problema este că femeia are un adevărat talent oratoric, captând inevitabil auditoriul și făcându-l să râdă nevoie mare. Și nici măcar nu a avut vreo reținere. Toată lumea se strâmba de râs ascultând despre «rateurile» mele, făcându-mă să mă simt de parcă aș fi fost un puști stângace și neajutorat. I-am cerut să se oprească, iar ea mi-a reproșat: «Dar încetează să mai faci pe sfiosul. Râdem și noi. Nu este cu răutate!» Și pur și simplu a mers mai departe. Da, a fost rău. Ba chiar crud. Iar faptul că a folosit cuvântul «sfios» la masculin, de parcă aș fi fost vreo mironosiță, a umplut paharul. A fost ultima picătură. Râsetele celor din jur au fost ca o tortură pentru mine. M-am prefăcut că merg să iau un vas din bucătărie, iar acolo m-am prăbușit. O prietenă cu suflet mare a venit discret după mine și m-a prins cu ochii în lacrimi. M-a consolat cu blândețe și mi-a spus: «Mă duc să-i spun să înceteze.» Complet tulburat, i-am spus: «Te implor, nu spune nimic, în niciun caz să nu spui nimic!» Eram cuprins de panică. I-am mai spus: «Nu mai suport, sunt la capătul puterilor.» Prietena respectivă era o persoană foarte cumsecade.

Am vorbit puțin. Foarte repede, pentru că nu puteam sta prea mult timp dincolo, lăsându-i pe ceilalți să aștepte. A înțeles prin ce treceam. M-a ajutat să închei seara cu un dram de demnitate, schimbând cu pricepere subiectul conversației cu oaspeții noștri. Sfătuit de ea, am apelat și la serviciile unui psihoterapeut. Era și timpul, ajunsesem la limită."

Sub pretextul umorului, sunteți disprețuit, denigrat și împiedicat să vă apărați. Orice ați spune este imediat denaturat și anulat. Dacă spuneți că vă simțiți jignit ori rănit, ea vă va răspunde că folosiți cuvântul greșit, pentru că în realitate sunteți doar supărat, fiind și exagerat de sensibil. Și tot așa. Astfel de scene, când sunteți deja slăbit din cauza că vă aflați tot timpul sub dominația ei, vă pun din plin la încercare și vă distrug de-a dreptul. Umilirea echivalează deja cu un abuz. În fața martorilor, începe deja să semene cu un act de agresiune. Nu este doar o simplă emoție, ci un prejudiciu adus stimei de sine, însoțit deseori de un acut sentiment de rușine. Prin urmare, este un atentat la identitatea dumneavoastră, cu o puternică încărcătură negativă, care lasă o rană profundă, dificil de vindecat și prezentă pentru multă vreme. Cercetătorii de la Universitatea din Amsterdam au inclus în jur de 40 de persoane într-un studiu, pentru a le analiza reacțiile la diferite stări emoționale. „Au descoperit cu această ocazie că senzația de umilință a dat naștere unei activități cerebrale mult mai rapide și mai intense decât bucuria, mai negative decât furia și că, pe de altă parte, s-au activat zonele legate de durere"[2].

---

[2] Referință: https://nospensees.fr/humiliation-une-attaque-a-notre-identite/.

Umilința poate lua o amploare greu de imaginat, reușind uneori să distrugă complet personalitatea unui om. De asemenea, are un impact direct asupra corpului. Când oamenii sunt umiliți în diverse situații, din care nu pot fugi sau ataca, se ivește și o inhibare a oricărei reacții. Această inhibare este exact cea care va determina distrugerea organismului. Într-adevăr, atunci când hormonii stresului[3] sunt puternici și nu pot fi nuanțați, ajung să provoace, în timp, daune semnificative atât creierului, cât și sistemului imunitar. Unele dintre aceste daune pot fi ireversibile. Folosită în mod regulat, umilirea are o putere distructivă absolut ieșită din comun, putând duce la boli și uneori la moarte. Crima poate deveni una aproape perfectă.

Când sunt invitați și foștii parteneri

În registrul sadic și vicios, se face adesea referire la foștii iubiți. Sistemul de comparație este nu numai foarte pervers, dar castrează de-a binelea. Există, în acest sens, o diferență între bărbați și femei. Unui bărbat manipulator îi place să facă, de obicei, comparații referitoare la fizic: „Te-ai cam îngrășat", „Sânii ți s-au cam lăsat", „Nu ai fundul la fel de frumos ca al nu-știu-cărei actrițe", „Ești la fel de senzuală precum un robot" etc. Este degradant și dăunează grav stimei de sine și imaginii pe care o aveți despre propriul corp.

O manipulatoare va face mai degrabă comparații legate de rezistență, vitalitate, capacitate erectilă. Mai exact, va face trimitere la virilitate; și o va face evocându-l pe fostul. Această referire face să apară instantaneu în mintea partenerului imaginea

---

[3] Produși de axa hipotalamo-hipofizo-suprarenală, căreia i se mai spune și „axa stresului".

frumoasei iubite în brațele altuia, care este pe atât de violentă, pe cât este de tulburătoare. În plus, bărbatul este judecat în raport cu niște străini obligatoriu extraordinari (cel puțin din acest punct de vedere) și, prin urmare, este mai puțin potent, dacă nu chiar complet impotent, aproape o nulitate. Umilirea poate fi însoțită chiar și de un râs batjocoritor, eventual arătând cu degetul înspre o anumită parte a corpului bărbatului în cauză; iar râsul acela nu are nimic amuzant în el, este ceva cumplit. Comparația și râsul au ambele puterea de a castra efectiv. Orice bărbat sănătos din punct de vedere fizic și mental poate experimenta un eșec izolat în privința erecției. Nu este o dramă și nu durează. Dar când vine vorba de așa-zisa „anxietate de performanță", fiind alimentată prin repetate referiri la foști, printre altele, aceasta face ca plăcerea de a face sex să lase treptat loc reținerilor și fricii de eșec. Această anxietate se instalează și în momentul în care relația începe să semene cu o provocare, ce se cere asumată cu orice preț: „Ai face bine să te ridici la înălțimea pretențiilor, măcar de data asta." Nu mai este vizată plăcerea, ci performanța. Și nimic nu ucide libidoul mai mult decât astfel de lucruri. În mintea unui om, înlocuirea unui moment de tandrețe cu o performanță ce trebuie obligatoriu evaluată, o ispravă ce se cere realizată de frica pedepsei, constituie modalitatea ideală pentru a crea în cele din urmă o neputință reală. Acesta este principiul profețiilor care se împlinesc de la sine; femeia se va îndepărta afirmând glorios: „Am avut dreptate când am spus-o: nu ești bun la pat!" Nu este neobișnuit să-și ascundă cu greu un zâmbet victorios: un eșec în plus pentru prada sa, un alt câștig pentru ea. În asta constă toată perversitatea acestor jocuri de putere în cadrul cărora se stabilește supremația și unde miza înseamnă a-i demonstra bărbatului că este fie obsedat și „anormal", fie neputincios și inutil. În orice caz, se conturează dubla pedeapsă: suprimarea plăcerii și culpabilizarea.

4

IEŞIREA DIN TUNEL

CE NU TREBUIE SĂ FACEȚI SUB NICIO FORMĂ!

Să credeți că totul va fi ca la început

Dominația este într-adevăr un mecanism de distrugere în masă. Este dificil să evadezi din închisoare când toate ieșirile sunt blocate și aprig apărate. Unii autori folosesc cuvântul „lobotomizare“ pentru a se referi la situația unei persoane transformate într-una docilă și incapabilă să gândească singură. Acest mecanism funcționează prin distrugerea progresivă a limitelor. Iată ce o face puternică în momentul în care „derapajele“ devin un obicei. „Așa este ea“, „E o chestie specifică ei“. Când acceptăm unele distorsiuni în echilibrul relației, altele nu întârzie să apară, până când ajunge să ni se pară acceptabil ceea ce înainte nu am fi putut suporta. Și treaba aceasta urcă pe o pantă ascendentă până într-un anumit punct, dincolo de care se instalează un disconfort difuz, apoi din ce în ce mai puțin difuz și tot mai dureros. În acest moment, începeți să vă spuneți: *„Nu se poate, trecem doar printr-o pasă proastă, totul va redeveni frumos și luminos, ca înainte“*, ca la începutul relației. Sperăm că dulceața îmbătătoare a acestei stări de fuziune va reapărea. Dar este departe, prea departe și continuă să se îndepărteze din ce în ce mai tare.

Psihologul canadian François Saint-Père vorbește despre „*burnout* într-o relație de iubire"[1]: „Nu mai suntem cea mai importantă persoană pentru partenerul de viață și de aceea apare o delăsare, un fel de neglijare a relației." El crede că acest lucru se întâmplă „din momentul în care ești fundamental nemulțumit în cadrul relației, dar în același timp nu ești gata să îmbrățișezi sau să-ți asumi ideea de separare. Este o stare de ambivalență și suferință, care poate dura zile, săptămâni, luni de zile, însă rareori ani întregi". Numai că, în contextul unei relații perverse, lucrurile arată diferit: pe de o parte există iubirea care aparține deja trecutului și, pe de altă parte, ceea ce o distruge, adică manipularea, care aparține prezentului. Sistemul ce are la bază palme și mângâieri, care face ca emoțiile să zboare concomitent în toate direcțiile, lasă speranța că trecutul va reveni la viață. Așadar, este timpul să ne amintim ce a scris Marcel Achard: „Speranța este unul dintre acele remedii care nu vindecă, dar care fac posibilă îndurarea suferinței un timp cât mai îndelungat."

Nu trebuie să ne așteptăm ca manipulatoarea să redevină cum era „înainte"; este un lucru care contravine întru totul schemei sale de gândire și mai ales strategiei ei. Dacă a fost blândă și dulce la început, a făcut-o numai pentru a crea dependență, nimic mai mult. Nu din altruism.

Întotdeauna se dovedește deosebit de greu și de dureros să recunoaștem că relația noastră de iubire a fost falsă încă de la bun început. Un bărbat care trece prin asta resimte cruzimea situației și încă vrea să creadă că măcar la începutul relației a exis-

---

[1] Vezi http://www.prendsendelagraine.org/article.php?id=37.

tat sinceritate, doar că, la un moment dat, dintr-un motiv care îi scapă, totul a început să se schimbe. Cum este posibil ca cineva să elaboreze o schemă de funcționare care se opune total sinelui și propriilor valori? De asemenea, este dificil pentru oricine să recunoască faptul că a fost înșelat, folosit, trădat. Este cu atât mai greu pentru cei care au o etică relațională, fiind ghidați în mod firesc de sentimente de grijă, bunătate și integritate.

Cu toate acestea, trebuie să înfruntăm realitatea și faptele: manipulatoarea nu are această etică. Comportamentul ei din primele zile a fost doar o înscenare, menită să atragă prada. Astăzi, dacă se întâmplă să fie drăguță din când în când, este doar în aparență și pentru că face parte din sistemul ce alternează palmele și mângâierile: țintește să restabilească temporar armonia și speranța, pentru a crește și mai mult dependența. Dacă un lucru este sigur, acela ar fi că nu are intenția de a se schimba și este chiar incapabilă să o facă, pentru că nu pune la îndoială nimic din ce face, nu simte vinovăție și este deosebit de lipsită de empatie.

Concluzia este disperat de simplă: dacă, luând în calcul componentele dominației, ne dăm seama că ne confruntăm cu o manipulatoare, nu trebuie să credem și nici măcar să sperăm că pur și simplu trecem printr-o „pasă proastă". Nu trebuie să sperăm că, dacă dăm dovadă de blândețe și bunătate, o vom readuce la sentimente mai bune și o vom determina să se poarte din nou așa cum o făcea la începutul relației. Pentru că această femeie nu are decât sentimente de dispreț față de bunătatea cuiva, pe care o vede ca pe o slăbiciune. A crede că se va schimba este mai mult decât o iluzie: este o greșeală care poate face calvarul să dureze foarte mult timp.

Mulți greșesc în felul acesta: cred că, dacă sunt amabili și mai atenți, ea își va da seama și va înceta la un moment dat cu toate vorbele și faptele ei încărcate de cruzime. Nu obțin decât efectul contrar, de parcă manipulatoarea și-ar spune în sinea ei: *„Până unde pot merge cu umilirea?"* Bunătatea celuilalt n-o va înmuia niciodată, ci dimpotrivă, îi va amplifica disprețul față de el, făcând-o să dezvolte un fel de sadism. Unii bărbați invocă etica morală sau religioasă pentru a-și justifica excesul de bunătate. Problema este că, procedând astfel, practic își dau acordul pentru torturi și mai greu de suportat, astfel că rezultatul nu poate fi decât extrem de grav pentru ei.

Să vă lăsați cuprinși de prea multă compasiune

Aceasta este perechea punctului anterior. Compasiunea excesivă constă în găsirea unor scuze, chiar dacă se petrec lucruri de neiertat. Există o mie de motive pentru care o femeie devine manipulatoare: lipsă de iubire din partea părinților, manipulare din partea unuia sau a mai multor dascăli, abuzuri psihice și/sau fizice într-o familie disfuncțională, diverse tulburări de personalitate, narcisism exacerbat, traume relaționale sau de altă natură etc. Sunt probleme care provin de cele mai multe ori din copilărie, iar psihologii pot să ne ofere numeroase repere și explicații în acest sens.

Aveți grijă, totuși, pentru că tot încercând să (o) înțelegeți, ajungeți să stabiliți legături cauzale prea rapide: *ea se poartă așa acum, pentru că a trăit cutare lucru la un moment dat.* Aceste false cauzalități tind să atenueze ceea ce face, dacă nu chiar să o exonereze. Manipulatoarea însăși se ascunde adesea în spatele unor astfel de povești din trecut, relatând la câte abuzuri a fost supusă, cât de mult a suferit și încercând în felul acesta să se elibereze de tot răul pe care îl comite în momentul de față. Niciodată nu este vina ei, ci a copilăriei sale, a părinților etc. Nu este altceva decât un transfer de responsabilitate și totodată un refuz de a-și asuma răspunderea pentru orice. „Nu eu sunt de vină, ci el", obișnuiesc să spună copiii.

Când un bărbat supraraționalizează în felul acesta, nu o face din compasiune, ci pentru a găsi un mijloc prin care să explice ori să justifice comportamentul său pasiv. Acest lucru este de înțeles, deoarece toți avem nevoie de explicații și raționalitate. În plus, căutăm pentru noi înșine să transformăm în virtute ceea ce nu constituie decât o fugă sau o pasivitate pentru care ne învinovățim. „Felul în care îți iubești aproapele reflectă felul în care te iubești pe tine – sănătos sau nu", a scris Nietzsche. Încercăm să salvăm aparențele, nu doar față de ceilalți, ci și pentru noi înșine, într-un mod neîndemânatic de a restabili stima de sine. Rezultatul este că, dată fiind stabilirea unor legături cauză-efect absurde, acceptăm ca abuzul să se perpetueze și să se intensifice.

A spune sau a gândi lucruri de genul „*Mă umilește pentru că a fost umilită*" sau „*Are crize de furie pentru că este nefericită*" înseamnă să inventăm false explicații. Nu toți oamenii care au fost umiliți sau care sunt nefericiți caută să-i distrugă pe alții. Sunt atât de mulți care, dimpotrivă, în niciun caz n-ar vrea să le provoace altora suferințe pe care ei înșiși le-au îndurat.

Dacă ducem raționamentul mai departe și îl răsturnăm, ajungem la o absurditate: toți oamenii nefericiți ar trebui să le facă rău celorlalți tot timpul. Dar nu, logica aceasta nu se susține și nu este cu putință să acceptați inacceptabilul. Să înțelegeți, da, însă aceste legături simpliste între cauză și efect induc o liniaritate care nu există; cauzele sunt multiple.

Se creează o falsă empatie, care tinde să scuze și să reducă la minimum totul. Uneori, anturajul are și el partea sa de vină când, ademenit de feluritele măști ale manipulatoarei și necunoscând întreaga realitate prin care treceți, vine și vă spune: „Pune-te și în locul ei, nici pentru ea nu este ușor" sau „Caută să o înțelegi, are motivele ei". Empatia înseamnă încercarea de a înțelege ce gândește sau simte celălalt, dar nu înseamnă să împărtășiți obligatoriu aceeași viziune și să acceptați un punct de vedere sau un comportament fără să crâcniți. Înțelegerea și acceptarea nu sunt același lucru! Dacă amestecăm lucrurile, ajungem să permitem ceea ce nu este acceptabil. Problema este că, în prezența dominației, nivelul de conștiință este extrem de jos; suntem la fel de lucizi în privința a ceea ce se întâmplă ca o persoană cufundată într-o pâclă densă. În cele din urmă, de fiecare dată când scuzați un comportament violent din partea manipulatoarei, de fapt încercați să vă scuzați propria pasivitate. Ceea ce nu vedem este că exact această persoană este cea care a făcut totul pentru a se asigura că suntem pasivi și că acceptăm acțiunile sale. Manipulatoarea a prevăzut, planificat și organizat pasivitatea aceasta a noastră, pentru care ne învinovățim acum, și este hotărâtă să o mențină ca atare.

Doar pentru că sunteți bun și cumsecade nu înseamnă că trebuie să uitați să fiți și vigilent. De asemenea, la începutul unei relații, ar trebui să fiți atent dacă gânduri precum: *„Biata fată, nu a avut noroc în viață"* sau *„Se va schimba cu ajutorul iubirii mele"* par să vă revină cu repetitivitate în minte. Dacă se întâmplă doar o dată, bine, dar dacă este o chestie recurentă, atunci devine periculos. Acestea sunt indicii care nu trebuie trecute cu vederea, pentru că dragostea nu poate salva, totuși, chiar până într-acolo. Are la bază un sentiment împărtășit, iar practicarea actelor agresive nu este permisă. Mai înseamnă și ascultare reciprocă, respect față de celălalt și niciodată o serie de injoncțiuni unilaterale, indiferent de așa-zisa nenorocire trăită de persoana care face uz de această putere de dominație. Acceptarea diferitelor forme de abuz și brutalitate afișând blândețe și înțelegere nu pune capăt perversității ce caracterizează capacitatea de dominație, ci dimpotrivă. Când întâlnește un om în egală măsură bun și slab, o manipulatoare profită de situație cât mai mult posibil. Jocul devine pervers atunci când, din pricina bunăvoinței, se acceptă reaua-voința.

Cu riscul de a părea puțin dur, există situații în care nu contează prin ce a trecut, indiferent dacă este adevărat sau nu, și-n care nu trebuie să se țină seama de argumentele ei, oricât de bine ar fi construite; în cazul în care există un proces, este de datoria avocatului ei să apeleze la astfel de explicații. Dacă sunteți victima ei, nu dumneavoastră trebuie să le căutați, deoarece riscați să (le) găsiți o falsă justificare. Nu toți oamenii care au avut o copilărie dureroasă ajung să-i tortureze pe ceilalți. Ceea ce contează sunt faptele, adică durerea dumneavoastră. Nimeni nu ar trebui să treacă prin ceea ce treceți. Iar manipulatoarea nu are de ce să vă facă să treceți prin ceea ce a trecut ea. Prin urmare, trebuie să oprim această „analiză" simplistă; este inutilă, falsă și periculoasă. Explicația nu trebuie folosită ca justificare, iar pretextul nu trebuie prezentat ca scuză.

Să încercați să salvați situația, cu orice preț

Am văzut că bărbatul victimă se aliniază, în general, la tipologia driverelor psihologului Taibi Kahler, de tipul „Fă(-i) pe plac". Prin urmare, este înclinat să adopte rolul salvatorului, caracterizat de latura sa protectoare și de înclinația sa de a veni în ajutorul tuturor celor care-i par că ar avea nevoie de ajutor. „Funcționează" pe baza unei convingeri de genul: *„Am puterea de a-i face fericiți pe alții."* Consecința este că el crede: *„Dacă celălalt nu este fericit, este vina lui sau a cuiva, dar eu am să-l salvez și am să lupt cu celălalt."* În contextul dominației perverse, acest lucru se traduce prin: *„Dacă celălalt nu este fericit, este vina mea. Prin urmare, am să-i fac pe plac reparând această greșeală."* Acest nou statut, de *bun samaritean, care le face pe plac celorlalți,* are funcția de a atenua sentimentul de vinovăție și de a repune în valoare imaginea de sine, în timp ce speră că torționarul său – manipulatoarea, pe care o poate vedea ca victimă a propriului ei trecut – are să-i fie recunoscător și va înceta să-l persecute.

Excesul de compasiune despre care tocmai vorbeam aici își găsește aplicarea. Victimele nu trebuie confundate. Adevărata victimă aici sunteți dumneavoastră, în calitate de bărbat abuzat, umilit și dominat. Falsa victimă este această manipulatoare care, folosindu-se de greutățile întâmpinate ca pretext, este în realitate o persecutoare. Rolul culpabilizării excesive are drept scop și consecință amestecarea acestor poziții și inversarea lor.

Imaginea femeii fragile sau necăjite reprezintă o momeală puternică pentru un salvator. Ca un justițiar, el va dori să repare experiența dureroasă prin care femeia a trecut și să-i redea bucuria de a trăi alesei inimii. Făcând acest lucru, el totuși uită două lucruri esențiale: pe de o parte, persoana care trebuie să redescopere cheful de viață este chiar el; iar pe de altă parte, persoana care se află în pericol se întâmplă să fie tot el. Inima lui mare și altruismul îl vor face să se înece singur, doar din dorința de a ajuta o persoană care nu numai că se preface a nu ști să înoate, dar, în plus, nu are nicio reținere în a încălca regulile cât mai des posibil. Dacă este adevărat că trecutul ei dureros o face să fie agresivă și denigratoare în prezent, există profesioniști care se pot ocupa să trateze astfel de probleme. Nu faceți pe ucenicul terapeut și nici nu încercați să salvați pe cineva care se simte bine numai dacă vă simțiți dumneavoastră în neregulă.

Să răspundeți așteptărilor exagerate

Sarcinile pe care vi le asumați în cadrul cuplului pot fi multe și variate, dar fiți atent: atunci când se înmulțesc neîncetat, până în punctul în care nu vă mai rămâne niciun moment liber, să știți că ceva nu este în regulă. De foarte multe ori, un bărbat dominat este și cel care are grijă de treburile casei, dar atunci când acesta este complet devalorizat ajungând să se ocupe numai el de toate treburile domestice, atunci nu mai este un ajutor, ci un sclav de-a dreptul.

La începutul unei relații, când apar primele semne că ați putea fi dominat, dar dominația încă nu s-a înfăptuit de-a binelea, luați o pauză și puneți-vă întrebări. Dacă ajutorul solicitat în mod punctual se transformă în comenzi permanente și imperative, intrați într-un ciclu vicios, aproape ca o capcană. Vă puteți pune trei tipuri de întrebări esențiale:

1. *„Mi-a cerut în mod clar ajutorul?"* Într-adevăr, manipulatoarea este expertă în comunicarea ambiguă, cu cât mai multe sensuri posibile. Solicitați clarificări. „De ce ai nevoie?" Este o întrebare simplă, care vă scutește de la a face ceea ce presupuneți că ar fi bine, scăzând totodată probabilitatea de a fi imediat învinuit pentru alegerea făcută.

Dacă relația în care sunteți implicat este una echilibrată, primiți un răspuns clar, care ține cont și de dumneavoastră. Dacă însă vă aflați într-o relație de manipulare, cu totul altfel stau lucrurile: primiți un răspuns neclar sau o comandă, la fel de bine cum se poate să nu vi se răspundă absolut deloc.

2. *„Sunt respectat?"* Chiar dacă ați înțeles ce aveți de făcut, întrebați-vă totuși: eu îmi respect nevoile? Valorile mele? Am mijloace necesare pentru cutare lucru (timp, capacitate etc.)? Știu cum să o fac? Misiunea mea de întrajutorare este ocazională sau va deveni o obișnuință?
3. *„Ce primesc în schimb?"* Poate părea deranjant, pentru că deseori nu oferim pentru a primi ceva în schimb, ci pentru plăcerea de a oferi sau de a ajuta. Într-o relație sănătoasă, în care se înțelege ce înseamnă grijă și ajutor, așa stau lucrurile și de aceea nici nu ne punem întrebări. Numai că, atunci când oferim continuu (timp, ascultare, activitate, servicii, bani etc.) și niciodată nu primim nimic în schimb, apare dezechilibrul. Iar acesta se amplifică dacă nu primiți nici măcar un simplu „mulțumesc", iar ajutorul respectiv și întotdeauna unilateral este văzut treptat ca un obicei, ca o datorie. Devine de-a dreptul toxic mai ales când nu vă alegeți decât cu critici dure.

Căutarea armoniei nu presupune ca întotdeauna să vă dați bătuți. A fi de ajutor nu trebuie să facă pe nimeni să se simtă ca un sclav. Indiciul că relația nu este cu adevărat sănătoasă este atunci când simțim că luăm parte la o luptă pentru putere, întrucât un membru al cuplului domină și dispune, iar celălalt se supune și ascultă ordinele. Așadar, feriți-vă de furia disproporționată sau de crizele de nervi ce apar frecvent. Dacă le lăsați să se instaleze, relația va deveni inevitabil periculoasă, deoarece veți face totul pentru ca respectivele crize să nu mai apară; iar asta poate atrage după sine supunerea. În plus, veți începe să credeți (iar manipulatoarea își dă silința în acest sens) că sunteți de vină pentru nervii ei – „Numai din cauza ta mă enervez în halul ăsta!" Culpabilizarea accentuează supunerea. În consecință, vă treziți în posesia celor trei chei „de bază" ale manipulării: îndoiala, teama și culpabilitatea. Conștientizarea acestei realități ne permite să nu facem confuzie între o pacoste, care este penibilă, și o manipulatoare – care-i de-a dreptul distructivă.

Când vorbim despre dominație, trebuie să înțelegem că nu o putem face pe un ton neutru. Cuvântul acesta cântărește mult. Manon Garcia, un filosof care predă la Universitatea Harvard, afirmă: „Filosofia – și anume filosofia politică bazată îndeosebi pe dreptul natural – consideră libertatea drept valoare esențială a vieții umane și, prin urmare, descrie supunerea, înțeleasă ca atitudine a celui care nu rezistă în mod activ în fața dominației, ca fiind o anomalie, o imposibilitate sau un defect moral." Această manipulare este înspăimântătoare și de neconceput, în sensul că trece imperceptibil de la noțiuni precum dominație și putere la cea de subordonare, apoi, în cele din urmă, la cea de servitute.

Libertatea are un preț, desigur, dar cumpărarea liniștii prin compromiterea tuturor lucrurilor echivalează cu ruina totală. Cu atât mai mult cu cât este o „pace" fragilă: doar o clipă de răgaz, a cărei durată se topește ca o piele de șagrin înaintea unei noi cereri. De fiecare dată când vă supuneți cererilor ei, îi acordați un surplus de putere, care o face să dorească tot mai mult și mai mult, fără a se simți vreodată cu adevărat satisfăcută.

Să invocați scuzele ca formă de justificare

Există două etape ale iertării: în timpul unei relații și după ce ați ieșit din ea. Și sunt doi oameni care pot beneficia de acest lucru: manipulatoarea și dumneavoastră.

Iertarea presupune scuzarea unei greșeli, a unei jigniri și renunțarea la o eventuală răzbunare pornind de la greșeala respectivă. Noi obișnuim să spunem că „ștergem cu buretele" ce a fost. Dar acest lucru cu siguranță nu înseamnă să uitați sau să considerați că nu contează prin ce treceți sau ce ați trăit. Pentru că uitând, riscați să cădeți din nou în capcană.

Ce înseamnă a ierta în timpul unei relații

În cazul de față, a ierta în timpul relației înseamnă a-i găsi scuze manipulatoarei (acest lucru reiese parțial din punctele pe care le-am amintit deja). Dar mare atenție: a-i găsi scuze unei persoane care vă maltratează este ca și cum ai accepta ca ea să vă facă rău (în continuare). Vi s-ar părea normal ca un automobilist să dea peste un pieton pretextând că este supărat pentru că i s-a refuzat ceva ce voia neapărat? Ați găsi normal ca un adult să bată în mod violent un animal sau un copil sub pretextul că a fost el însuși bătut în copilărie? Putem pune pariu că, la ambele întrebări, veți răspunde „nu". Este posibil să puteți înțelege gestul, dar nu îl acceptați.

Deci, am putea spune că este normal ca o femeie să abuzeze de un bărbat motivând că a avut o copilărie dificilă și dureroasă, ori pentru că diverși bărbați au abuzat de ea? Răspunsul este „nu". Și am răspunde la fel indiferent care ar fi contextul sau pretextul. Demnitatea și integritatea dumneavoastră (morală, psihică și fizică) nu trebuie călcate în picioare. Unele lucruri sunt „de înțeles", dar în niciun caz „normale", iar din acest punct de vedere, nu există niciun compromis.

A înțelege o relație de la cauză la efect este una, acceptarea abuzului este alta, un lucru cât se poate de diferit. Înțelegerea unei suferințe din trecut nu ar trebui să ducă la acceptarea abuzului actual. Dacă acceptați să fiți supus unui tratament lipsit de respect sub acest pretext, îi dați undă verde celei care vă torturează, având deci șanse să fiți chiar bătut. Aceasta este una dintre marile greutăți pe care le întâmpină bărbații dominați; efectele învinovățirii excesive îi determină să îndure orice doar pentru că partenera lor a suferit cu altă ocazie. Conștientizarea nu este întotdeauna ușoară. Așadar, imaginați-vă un prieten care vă povestește prin ce trece. Ce l-ați sfătui? Ați îndrăzni să-i spuneți: „Suportă și abține-te, pentru că a avut un trecut problematic?"

Manipulatoarea nu are de ce să vă oblige să suportați situațiile prin care ea însăși a trecut și nici nu trebuie să vă facă responsabil pentru ceea ce trăiește alături de dumneavoastră. De asemenea, să nu credeți că refuzul de a ierta înseamnă automat dorință de răzbunare. Nu despre asta este vorba. Lucrul de care aveți nevoie este să vă salvați pielea și să nu vă justificați, nici măcar să doriți să înțelegeți sau să iertați atacurile care fac referire la trecutul ei de victimă. În acest punct, a ierta echivalează cu a nega dorința conștientă a manipulatoarei de a vă distruge. Aproape că pare ca și cum ați considera practic inexistente toate abuzurile pe care le-ați suferit și pe care le suferiți încă. Nu așteptați de la partenera dumneavoastră acel ceva ce nu va veni niciodată: deoarece refuzurile ei, umilințele, denigrarea și abuzul de putere, transferarea responsabilității, dominația, subjugarea și încrâncenarea cu care vă face să vă simțiți vinovați, inferiori și inexistenți, sunt nelimitate. Nutrind această speranță, practic lăsați cale liberă către distrugere: a dumneavoastră.

Iertarea după încheierea relației

În ceea ce privește iertarea, atunci când relația s-a încheiat, rețineți întotdeauna următorul lucru: iertarea este o opțiune, niciodată o obligație. Cu siguranță aveți motivele dumneavoastră pentru alegerea făcută, iar dacă refuzați s-o iertați pe cea care v-a făcut să suferiți, nu înseamnă că sunteți o persoană nedemnă. Cu alte cuvinte, iertați numai dacă simțiți că vă va face bine, dar niciodată pentru că vi s-a spus că așa ar fi bine, în numele unei oarecare etici. Este alegerea dumneavoastră. Depinde numai de dumneavoastră dacă faceți sau nu această alegere și ce anume vreți să iertați sau nu. Sunteți liber să primiți ajutor de la un profesionist care vă poate asista în acest sens. Obligația de a vă aminti cântărește mult în situația de față: dacă uitați prin ce ați trecut, riscați să retrăiți aceeași experiență cu o altă persoană.

De unde puteți trage concluzia că ceea ce a fost nu mai poate fi schimbat, iar iertarea începe deja cu propria persoană. Așadar, nu vă simțiți vinovat pentru că nu ați reacționat așa cum ar fi trebuit, pentru că ați fost poate prea naiv, că ați acceptat să nu fiți respectat și v-ați lăsat călcat în picioare. Aveți grijă să nu vă puneți această întrebare: *„Sunt vinovat de complicitate pentru că am fost, de fapt, vinovat de pasivitate?"* Mai bine gândiți-vă că ați făcut ce ați putut în momentul respectiv și că v-ați simțit mai bine, mai ales în contextul și emoțiile de atunci. Pe scurt, să te ierți pe tine înseamnă să nu te învinovățești pentru că ai fost dominat. Abia atunci se poate învăța din experiențele trăite, astfel încât să nu mai devii victimă, să te deschizi spre viitor și să redevii protagonistul propriei vieți.

Cât despre iertarea manipulatoarei, numai și numai dumneavoastră puteți decide motivul și felul în care aveți să o faceți. Într-o relație sănătoasă și echilibrată, iertarea este posibilă atunci când persoana vizată își recunoaște faptele, își cere scuze, își asumă responsabilitatea pentru ele și își exprimă regretele. Însă în cazul unei manipulatoare, nu se întâmplă nimic din toate acestea. Ea nu va recunoaște niciodată nimic. În cel mai bun caz, în fața unei situații date, va accepta că e răspunzătoare pentru circa 10% din aceasta, doar pentru a transfera restul de 90% din vină către dumneavoastră. Chiar dacă afirmă că recunoaște și-și asumă responsabilitatea pentru ceea ce a făcut (acele amărâte de procente), nu este altceva decât o strategie pentru a vă determina să vă asumați cea mai mare parte a problemei. Prin urmare, chiar dumneavoastră sunteți cel care poate duce la bun sfârșit acest demers de acceptare și iertare. Dar sub nicio formă nu trebuie ca asta să vă facă să acceptați inacceptabilul sau să tolerați ce vi s-a întâmplat.

Vorbind la modul general – iar fiecare are particularitățile sale – acest demers este mai ușor de făcut dacă apelați la un terapeut, care să vă ajute să ajungeți acolo unde vă doriți: într-un punct caracterizat de liniște și armonie, pentru a reveni la o viață sănătoasă și împlinită. Un specialist vă va ajuta să iertați puțin, mult, totul sau... absolut nimic, în funcție de cum ar fi cel mai bine pentru dumneavoastră, deoarece este în joc starea dumneavoastră de bine, înainte de orice altceva. Între iertarea păcatelor și condamnare există spațiul libertății dumneavoastră.

Cum se poate ieși dintr-o relație de dominație

Conștientizarea situației

Conștientizarea este prima etapă și este departe de a fi ușoară. După cum am văzut, încercăm să scuzăm comportamentul violent al manipulatoarei pe atât de mult pe cât încercăm să ne scuzăm propria pasivitate. Încercăm să ieșim dintr-o relație de dominație mărturisind: *„Are, totuși, și părți bune"*. Chiar dacă a fost realmente adorabilă la un moment dat, asta nu compensează pentru toate celelalte momente când vă face să suferiți în mod deliberat. „Cât de bine e când în sfârșit se oprește!" spunea victima în acel scurt moment în care călăul ei lua o pauză, doar ca să-și tragă sufletul înaintea unei alte avalanșe de lovituri. Pe de altă parte, procesul de dominație începe adesea lent, este mascat și aproape invizibil. Așa ajungeți să fiți captiv, deoarece nu mai puteți conștientiza natura anormală a relației, aceasta fiind și ea pervertită. De altfel, pentru a păstra aparențele față de cei din jur, riscați să minimalizați sau chiar să negați această anomalie, mai ales dacă nu este deloc vizibilă din exterior. Iar pentru a păstra o anumită consecvență la suprafață, astfel încât să nu vă simțiți și mai prost sau să vă pierdeți cu totul, puteți ajunge să repetați aceeași retorică pentru sine. În felul acesta, se poate vedea cât de dificil este să faci un pas înapoi și cum manipularea poate anula orice perspectivă obiectivă.

Prima întrebare pe care trebuie să ne-o punem este simplă: mă simt bine în această relație? Prin „bine", înțelegem:

- mă simt apreciat?
- mă simt în siguranță?
- nevoile mele sunt respectate și satisfăcute?

Întrebări simple, dar care cer răspunsuri complexe. De asemenea, am văzut că anumite obiceiuri – cum ar fi excesul de compasiune sau căutarea de scuze – parazitează răspunsurile. Cea mai grea parte este recunoașterea faptului că există într-adevăr violență. Multe victime se agață de fraze de genul: „Există oameni care trec prin lucruri mai grele". Numai că aceste false comparații sunt la fel de nepotrivite ca acele cercetări simpliste privind cauzalitatea. Deoarece întotdeauna se va găsi cineva care trece prin lucruri mai grele și mai urâte. Totuși, acesta nu este un motiv îndeajuns de puternic pentru a considera că este absolut normal să experimentăm ceea ce ni se întâmplă. Prin analogie, întrebați-vă: doar pentru că vecinul meu și-a rupt ambele picioare, asta înseamnă că durerea mea de dinți nu mai există? Revenind la aceste întrebări, este esențial să fiți sincer cu propria persoană, fără să apelați la ocolișuri:

- *„Mă simt apreciat?"*
  - Am dreptul la mulțumiri pentru ceea ce fac? Sunt felicitat? Primesc vreun compliment pentru activitatea mea (profesională, sportivă sau de altă natură)?
  - Partenera mea este atentă cu mine? Este interesată de ceea ce se întâmplă cu mine? Îmi spune cuvinte cu un mesaj pozitiv și, prin urmare, fără să pară că mă judecă, evaluează, fără să facă referire la ceea ce trebuie făcut sau ar trebui făcut, gândit, spus, realizat?

- Înaintea unei încercări, de orice natură ar fi aceasta, mă încurajează și îmi spune lucruri cum ar fi: „Vei avea succes, am încredere în tine"? Sau ignoră ceea ce fac, nu-mi vorbește niciodată despre asta și mă critică de fiecare dată, stabilind un ideal de perfecțiune – fie prea ridicat, fie abstract?

Din nou, nu mai căutați scuze – *„Așa este felul ei de a fi, nu face niciodată complimente"* – ci răspundeți obiectiv la aceste întrebări.

- *„Mă simt în siguranță?"*
  - Pot să spun tot ce vreau, chiar dacă este o părere opusă sau diferită, și să fac asta fără teama că s-ar putea înfuria sau avea o criză de zile mari?
  - Pot să-mi împărtășesc îndoielile, starea de spirit, întrebările sau sunt supus criticilor și eventual ridiculizat?
  - Aude și acceptă sentimentele, emoțiile, dorințele și nevoile mele? Se abține în general de la considerații moralizatoare (de exemplu, „E greșit ce faci", „Ar trebui să...", „Ar fi trebuit să..." etc.)?
  - Înțeleg întotdeauna ce îmi cere sau îmi fac mereu griji în legătură cu ce trebuie făcut? Când termin ceea ce chiar ea mi-a cerut să fac, sunt bucuros să-i arăt acel lucru sau mi-e de la bun început frică de criticile ei, poate chiar de reacția ei?

- *„Nevoile mele sunt respectate și satisfăcute?"*
  - Ea caută să-mi înțeleagă punctul de vedere sau ceea ce simt?
  - Îmi cântăresc cu atenție vorbele înainte de a le spune sau am obiceiul de a-mi îndulci afirmațiile pentru a nu

o jignі? Obişnuiesc să mă declar de acord cu ea, chiar dacă sunt de altă părere?

- Am obiceiul de a pândi în mod constant ce simte pentru a-mi adapta discursul, cântărindu-mi debitul verbal, intonația etc. sau chiar îmi păstrez pentru mine ce intenționam să spun?
- Am posibilitatea de a desfășura în liniște activitățile care îmi plac, de a-mi invita prietenii și rudele pe la mine, de a avea un hobby?
- Am impresia că joc mereu un rol sau îmi permit să fiu eu însumi? Care este raportul dintre nevoile și dorințele mele și satisfacerea acestora?

Este important ca, la fiecare dintre aceste întrebări, să dați un răspuns adevărat. Acest lucru vă permite să știți dacă sunteți sau nu autentic în relația pe care o aveți. O relație pozitivă este aceea în care este evident că partenerii își acordă reciproc libertate, se acceptă așa cum sunt, fără să se judece în mod negativ și lăsându-și unul altuia suficientă siguranță pentru ca fiecare să se dezvolte. Dacă nu, atunci este negativă. Este atât de simplu de exprimat și, de asemenea, dificil de acceptat, mai ales dacă dependența este puternică.

Răspunsurile pe care le dați sunt menite să vă deschidă ochii dacă aveți îndoieli, dar este bine să le împărtășiți doar unei persoane dragi și de încredere. Amintiți-vă că o manipulatoare are întotdeauna dreptate, are întotdeauna ultimul cuvânt și întoarce lucrurile în favoarea ei cu o pricepere ieșită din comun și mai ales în detrimentul dumneavoastră. Mereu. Așa s-a întâmplat cu un bărbat care, într-o zi, a decis să-i scrie partenerei sale pentru a-i împărtăși întrebările care îl măcinau. Trăiau separat, dar se vedeau foarte des și urmau să locuiască împreună de îndată ce el și-ar fi părăsit casa pentru a se muta cu ea (izolarea începea să se instaleze). Și-a refăcut scrisoarea de mai multe ori, îndulcind-o cât mai mult posibil, rămânând foarte axat pe fapte și începând multe din propozițiile scrise cu „Nu te acuz de nimic. Nu fac decât să-ți comunic sentimentele mele și întrebările pe care mi le pun". Dorința lui era să stabilească un dialog calm și constructiv. De ce în scris? Pentru a-și fixa mai bine ideile, pentru a se exprima cu blândețe și respect și pentru că deja se temea să i-o spună față în față.

A primit un răspuns. De fapt, era vorba despre propria sa scrisoare, care a revenit la el cu tot cu cuvinte sau propoziții întregi subliniate cu roșu și însoțite de observații pe margine: „Vezi doar ce-ți convine", „Realitatea este complet alta" etc. Ca o învățătoare care pedepsește un elev neascultător (cerneala roșie nu este nicidecum neutră). Ea a adăugat, la final, aceste câteva rânduri: „Ce durere, ce deziluzie, ce sentiment acut de neînțelegere, atâta nedreptate și o singurătate infinită am simțit citindu-ți rândurile! Am crezut că ești capabil să știi ce rol ai jucat în cuplul nostru și că ai muncit atât cât să nu mai ai o vedere binară, de tipul «TU, deci AȘA ȘI EU». Vezi tu, trebuie să știi că, deși joci rolul bărbatului sigur pe el, tu ești cel care mereu lasă să se înțeleagă altceva; te consideram încrezător, acționând cu claritatea inimii și chiar fiind obișnuit cu starea firească a lucrurilor. Nu știu cum vei interpreta aceste vorbe, tu, care te simți adesea acuzat (și care, prin urmare, acuzi)".

Parcurgând acele cuvinte, bărbatul a avut impresia că femeia nici măcar nu i-a citit scrisoarea, mai ales pentru că i-a reproșat că ar fi acuzat-o de ceva când, dimpotrivă, i-a spus doar: „Uite ce simt eu!" Ei bine, da, ea citise totul, dar, după cum am spus, o manipulatoare este expertă în arta răsturnării situațiilor. Aceste câteva rânduri evidențiază lucruri despre care am vorbit deja: autovictimizarea, dominația și umilirea celuilalt, precum și învinovățirea acestuia etc. Șocul a venit la final pentru că, pe spate, ea a scris aceste cuvinte: „Văd că n-ai nicio problemă în a mă demoniza. Așteptam mai multă maturitate afectivă din partea ta." Practic, l-a numit manipulator și a profitat de ocazie ca să-l și denigreze.

În mod ciudat (în mod aprioric), a încheiat cu această frază: „Având în vedere «lipsa de certitudine» a ceea ce urmează să se întâmple, te îmbrățișez călduros și îți trimit toată afecțiunea mea!" Această ultimă propoziție, care pare în neconcordanță cu tot ceea ce scrisese anterior, are de fapt două obiective: pe de o parte, de a se preface o persoană dulce și iubitoare și, pe de altă parte, de a sugera o posibilă continuare a relației, dar cu suficientă ambiguitate pentru ca bărbatul în cauză să-i răspundă în cele din urmă că și el, la rândul lui, o strânge tare în brațe, îi transmite toată afecțiunea sa, apoi... își lasă-n urmă propria-i casă și fuge să se mute într-a ei. Nu mai contează că a îndrăznit să-i pună câteva dintre întrebările de mai sus, pentru că dominația a fost mai puternică. Conștientizarea este cu atât mai dificilă, deoarece creierul victimei a fost dat peste cap. Nu este ușor să răspunzi lucid la aceste întrebări, deoarece dominația acționează ca un magnet.

Reîntoarcerea la cei apropiați

Apropiați de încredere

Când vă dați seama de natura nesănătoasă a relației pe care o aveți, unul dintre primele lucruri pe care le puteți face este să reluați legăturile cu persoanele de care v-ați distanțat sau rupt definitiv. Contactați (discret și cu precauție, dacă aveți o relație) membrii familiei sau prietenii apropiați, în care aveți încredere, pentru a le spune prin ce treceți. Spuneți-le în prealabil că, înainte de toate, trebuie să vă satisfaceți două nevoi stringente: să ieșiți din izolare și să fiți ascultat. Așadar, fără reproșuri (că v-ați săturat de ele!), fără sfaturi pe care nu le-ați cerut și pe care probabil că nu le veți putea pune în aplicare. Și, bineînțeles, n-o să aveți nevoie nici de remarci de genul: „Eu, în locul tău, iată cum aș proceda..." Nimeni nu este și nu poate fi victimă în locul dumneavoastră; iar o astfel de frază, pe lângă faptul că nu este de niciun folos, riscă să întărească sentimentul de vinovăție. Este posibil ca rudele să vă sfătuiască cu toată sinceritatea și bunăvoința, dar ele nu cunosc îndeaproape situația, ci doar la suprafață și, mai mult decât atât, doar la nivel cerebral, pentru că nu i-au simțit efectele în profunzime. De asemenea, au de-a face cu o persoană care, la exterior, este la fel ca înainte, dar care, psihic, e devastată. Sfatul în sine este, prin urmare, inutil și ineficient atunci când sună după cum urmează: „Ar trebui să discuți cu ea și să stabiliți niște limite." Pe de altă parte, sunt întru totul utile în momentul în care sfaturile respective îndeamnă în mod ferm la întreruperea relației și la depunerea unei plângeri. Dar este necesar ca acest sfat să fie însoțit de oferirea unui ajutor. De exemplu, victimei i se poate propune să fie însoțită la secția de poliție pentru a depune o plângere. Se cunosc atât de puține lucruri despre manipularea unui bărbat de către o femeie, încât percepția asupra acestui gen de situație este probabil catastrofală. Susținerea primită pe parcursul acestui demers contează extrem de mult și constituie un sprijin psihologic important.

Ieșirea din izolare mai presupune, de asemenea, să se poată conta pe acea persoană și, atunci când se pune problema încheierii relației, un ajutor concret se dovedește esențial. De exemplu, se poate găzdui victima în cazul în care există o problemă gravă și, dacă este posibil, pe toată durata perioadei în care problema persistă. A fost cazul unui bărbat aflat la ananghie, a cărui soție aranjase jocurile astfel încât casa celor doi, bunul lor comun, să fie trecută pe numele ei. Deci, dacă pleca, nu avea unde să stea. În plus, renunțase la propria-i slujbă și ajunsese să lucreze chiar la firma soției sale. Până și obținerea modestelor sale venituri s-ar fi putut opri peste noapte. În aceste condiții, fuga ajunsese să i se pară efectiv imposibilă. Într-o altă situație, un prieten al victimei a închiriat o dubă pentru a merge, într-o zi în care manipulatoarea era plecată, să-și ajute prietenul să-și ia hainele și obiectele personale, precum și câteva piese de mobilier. Sau mai avem cazul unui alt bărbat a cărui soră i-a făcut legătura cu un avocat bun, pentru ca omul să-și poată apăra drepturile (soția acestuia își propusese să-l lase efectiv fără nimic).

„Poți conta pe mine" sunt cuvinte deosebit de importante pentru o victimă. Dar trebuie urmate de trecerea la acțiune. Un bărbat care intenționează să iasă dintr-o relație de dominație este aidoma unui om aflat pe punctul de a se îneca. Dacă i s-ar spune că urmează să se arunce o geamandură în direcția lui, ar căuta-o peste tot. Trebuie evitate promisiunile care nu pot fi îndeplinite, pentru că există riscul de a-l vedea pe acel om scufundându-se pentru totdeauna.

Dacă persoana apropiată nu poate susține victima, atunci trebuie să o spună clar și fără ocolișuri. Chiar și așa, aceasta poate contribui totuși la îmbunătățirea stării victimei, oferindu-se să o asculte, empatizând cu ea și arătându-i bunăvoință (înțelegerea emoțiilor pe care aceasta le simte, prețuirea ei și atenuarea senzației de vinovăție etc.). Și, mai presus de toate, să nu caute să se pună mereu în locul ei, să nu caute să impună niște schimbări prea rapide, fără a respecta ritmul victimei, cu excepția cazului în care există un pericol real pentru viața sa: atunci, este importantă o abordare mai directă și mai categorică.

Scapă cine poate!

Cum faceți față diverselor manevre

Auzim și citim deseori că, atunci când ne confruntăm cu o manipulatoare, există o singură soluție: fuga. În teorie, acest lucru este adevărat; dar, în practică, de cele mai multe ori nu este și posibil. La începutul unei relații, când fenomenul dominației nu și-a produs încă efectele pe deplin, se mai poate întrezări posibilitatea de a fugi. Cu alte cuvinte, nu au fost încă tăiate toate legăturile: femeia va încerca frecvent să-și „reînsușească" prada care s-a îndepărtat de ea, iar de cele mai multe ori o va face apelând la șantaj (crizele îmbogățite cu plânsete și suspine nu dau niciodată greș) sau la amenințări: „Ticălosule, lasă că m-asigur eu că mi-o plătești!" Moment în care putem ajunge să ne temem în mod obiectiv. De exemplu, se știe că este capabilă să-și folosească influența nefastă pe lângă diverse persoane din cercul profesional sau chiar să facă o reclamație pentru abuz sexual și să provoace un scandal de proporții, făcându-l public. De cele mai multe ori, totuși, este doar o frică subiectivă: ne confruntăm cu crizele de furie ale unei fetițe răsfățate și nimic mai mult.

Rămâne procedeul care funcționează și cel mai bine: victimizarea disperată – „Mai am puțin și voi fi complet dărâmată, te rog să te întorci!" Trebuie să fii cu adevărat puternic pentru a rezista numeroaselor mesaje lăsate pe robotul telefonic, unde ea își exprimă toate durerile din lume, intercalate cu lacrimi care invariabil ating coarda sensibilă a bărbatului. Punctul forte al bărbaților care sunt victime ale manipulatoarelor constituie totodată și punctul lor vulnerabil: este vorba despre sensibilitatea lor, de abilitatea de a fi empatici, de bunăvoința care-i caracterizează. Iar manipulatoarea o știe. Așa că apelează la strategia care funcționează cel mai bine, iar teatralizarea o ajută. Rețeta dă rezultate pentru că, plecând de aici, nu există decât o singură soluție logică: ca bărbatul să se întoarcă și să repare această suferință, de care el, cel care a plecat, se face în întregime vinovat, bineînțeles.

În acest moment, bărbatul se află exact în poziția lui Ulise când aude cântecul sirenei. Se spune că sirenele, zeități marine cu excepționale abilități vocale și muzicale, se foloseau de aceste atuuri pentru a seduce marinarii. Aceștia din urmă, iremediabil atrași de frumusețea lor, își pierdeau simțul orientării, iar bărcile li se zdrobeau de stânci ori se aruncau efectiv în mare ca să li se alăture făpturilor care îi vrăjiseră. Iar atunci, frumoasele sirene veneau și îi devorau. Ulise însuși fusese avertizat în legătură cu pericolul pe care-l reprezentau sirenele. A trebuit să le toarne ceară în urechi matelotilor săi, pentru ca ei să nu audă cântecul sirenelor, iar corabia să-și continue nestingherită drumul; de altfel, a luat și măsuri, lăsându-se legat de catarg pentru a rezista imensei tentații de a se arunca înspre sirene. Și în momentul în care o manipulatoare este părăsită, se întâmplă cam același lucru. Și tocmai de aceea este nevoie de mai multe ingrediente care să ajute: o forță imensă, reținerea tuturor acelor umilințe îndurate, îndeajuns de multă luciditate pentru a înțelege că acel cântec al sirenei nu este nimic altceva decât o chemare lirică de durată limitată și că a doua oară nu va mai putea fi auzit: iar asta deoarece, între timp, victima va fi fost deja devorată.

Este și motivul pentru care trebuie să aveți un loc unde să mergeți: un spațiu sigur sau alături de cineva de încredere. Este evident că acest lucru contravine întru totul acestui tip de bărbați, mai ales că este nevoie de sacrificiu pentru a rezista în fața atâtor atracții, promisiuni și dureri. Când în interiorul unui om există convingerea nestrămutată că el trebuie să facă bine, a-i cere acestuia să procedeze invers este cumplit. Cu excepția situației în care respectivul și-a dat seama că la mijloc nu este decât o stratagemă.

Iar atunci, este nevoie să aveți o persoană de încredere care să se ofere să vă găzduiască fără să vă judece în vreun fel, fără să vă dea sfaturi, ci doar să fie acea prezență care vă ascultă cu infinită bunătate și empatie. Nu trebuie nicio clipă să uităm că omul care a plecat poate păstra adânc în inima sa sentimente reale, de dragoste adevărată față de femeia pe care a lăsat-o în urmă. El poate fi, de asemenea, dominat din punct de vedere sexual. Dar a trebuit să se confrunte cu o dilemă teribilă: să continue să trăiască cu speranța unei iubiri minunate și să se lase sacrificat sau să plece și să-și salveze propria piele. A face ca rațiunea să fie prioritară în fața inimii este un „exercițiu" pe atât de complex și de dificil, pe cât este de dureros și de dramatic. Conștientizarea despre care vorbeam mai devreme apare pentru a evita dezastrul și când, în sfârșit, hotărâm să trăim.

De asemenea, trebuie înțeles că, în multe cazuri, dragostea la care se face referire este în primul rând o dependență creată de dominația la care el a fost supus timp îndelungat. Avem impresia că nu putem trăi fără manipulatoare și, de aceea, suntem pe punctul de a ne întoarce. Dacă, în plus, există o dependență sexuală, o retragere bruscă este foarte greu de suportat pentru o lungă perioadă de timp, așa că se cer mari abilități de persuasiune, convingere (și răbdare!) pentru a găsi în sfârșit soluția optimă: aceea de a trăi liber sau în sclavie. Aici, se pune problema ca intelectul să câștige teren în fața activității sexuale: pot recompensele fizice, indiferent cât de magice și înflăcărate ar fi, să justifice o viață lipsită de libertate?

Ieșirea dintr-o relație de lungă durată

Situația este cu atât mai delicată dacă bărbatul a trăit foarte mult timp alături de manipulatoare, poate chiar câteva decenii. Cu riscul de a ne repeta, se cade să analizăm rapid ceea ce a creat de-a lungul anilor dominația exercitată zi de zi, fiindcă influența ei este adesea redusă la cote minime și insuficient înțeleasă de alte persoane.

Pe scurt, s-a petrecut următorul lucru: prin acțiuni mărunte, manipulatoarea a instaurat tot felul de mijloace de presiune, din mai multe puncte de vedere. În acest sens:

- v-a izolat de apropiați astfel încât să deveniți dependent de ea;
- v-a criticat și v-a devalorizat în permanență (în particular și adesea în public);
- a apelat la dubla constrângere și v-a dat peste cap emoțiile, jucându-se cu ele;
- v-a condiționat, făcându-vă să vă simțiți mereu vinovat pentru toate și să vă supuneți cerințelor ei;
- v-a „cadorisit" ba cu mângâieri, ba cu lovituri, în funcție de cum a avut chef.

Toate acestea v-au distrus treptat toate limitele și i-au oferit prilejul de a prelua controlul asupra vieții dumneavoastră. Pierzând acel control, v-ați trezit la un moment dat într-o stare de dominație (pentru care ea știe să vă învinovățească și în timp ce v-o impune).

Iar genul acesta de tratament, aplicat pe o lungă perioadă de timp, v-a distrus, iar încrederea în propriile puteri s-a redus la o nimica toată, nici cu stima de sine nu stați mult mai bine, iar toate convingerile vă sunt date peste cap. Ați ajuns parcă dintr-odată să trăiți într-un stres constant, cu frică de orice s-ar putea întâmpla și admițând că nimeni nu vă poate înțelege sau ajuta.

Acesta este un potențial rezultat direct al dominației, ce poate merge până la generarea unui fel de încremenire permanentă. Încremenirea, după cum am subliniat, este o stare de stupoare emoțională, amestecată cu o inhibiție totală, care vă pune în imposibilitatea de a merge mai departe sau de a face un gest de apărare. Acest blocaj total protejează împotriva suferinței, distanțându-se de ea, și se asociază cu o învinovățire nerațională, dar omniprezentă. În plus, a făcut în așa fel încât să vă frământați atât de mult în interior, că a devenit imposibil să gândiți corect și să decideți liber de orice constrângere. Starea aceasta permanentă de dominație este un vampirism care v-a răpit încet, dar sigur, energia și vitalitatea. De aceea, atunci când „sfatul" primit este „Fugi cât mai iute!", vă este imposibil să-l puneți în aplicare, ceea ce face să fie cu atât mai surprinzător că se repetă cu atâta înverșunare în diferite articole sau cărți. Sunteți închis, trăiți cu frică, luciditatea vi se clatină și aveți voința distrusă. Cum ați putea decide să fugiți, în aceste condiții? Exact așa cum spune Christel Petitcollin, și pe bună dreptate: „Aici nu mai este vorba despre a fugi, ci despre a evada."

Diferența este esențială. A fugi înseamnă a te îndepărta cât mai repede și a pleca pentru a scăpa de o problemă. A evada înseamnă a scăpa din strânsoarea cuiva sau a ceva, a scăpa dintr-un loc unde ești ținut sau închis cu forța. Fugim de lucruri prea urâte sau periculoase, dar evadăm dintr-o închisoare. Evadarea nu poate fi improvizată sau hotărâtă pornind de la un capriciu. Este pregătită, necesitând o planificare, o strategie[2].

Evadarea este posibilă atunci când dominația nu-și face simțite efectele din plin, iar relația este recentă. Cele mai multe articole de pe internet cu titluri atrăgătoare, de genul *„5 soluții pentru a renunța la un manipulator"* sau *„Cei 7 pași pentru a scăpa de dominație"* nu sunt, de fapt, despre această situație. Vina autorilor lor este că îi fac pe cititori să creadă că măsurile nu sunt atât de dificil de implementat și că tot ce au de făcut este să se hotărască! Ei ignoră complet efectele concrete ale fenomenului în sine. Iar această trivializare sau poate această ignoranță nu ajută deloc ca lucrurile să fie mai ușoare, deoarece sunt puse laolaltă nu doar tot felul de relații de manipulare, cele care durează doar de câteva săptămâni sau luni cu cele de câțiva ani, ci și femeile, dintre care unele sunt simple persoane „cicălitoare", iar altele niște adevărate manipulatoare.

Într-adevăr, în cazul în care ne confruntăm cu o manipulatoare, daunele psihologice sunt de așa natură încât fuga încetează să mai fie ușor de imaginat. Acest lucru explică anumite fapte, nu întotdeauna bine relatate de mass-media și adesea

---

[2] Vezi și Christel Petitcollin, *Divorcer d'un manipulateur*, Editura Guy Trédaniel, 2013. Chiar dacă tratează subiectul separării de un manipulator, poate fi o lectură deosebit de utilă pentru un bărbat care se desparte de o manipulatoare, întrucât ia în calcul atât aspectele psihologice, cât și cele strict materiale și juridice.

neînțelese nu numai de public, cât și de sistemul judiciar, unde ni se prezintă o persoană care a suferit proaste tratamente zece ani, douăzeci de ani, treizeci de ani la rând..., fără a face nimic în mod special. Iar în felul acesta este ascunsă amploarea închisorii mentale. Pentru un terț, o astfel de situație este destul de greu de înțeles, deoarece, din punct de vedere obiectiv și material, nu există vreo barieră care să împiedice victima să plece. Pentru aceasta din urmă, nu există gratii, ci un zid înconjurător, împrejmuit de o prăpastie adâncă și, mai presus de toate, dominat de un turn de veghe, din care victima este urmărită astfel încât să poată fi distrusă.

De altfel, pentru a ieși dintr-o relație de dominație psihologică și a scăpa dintr-o astfel de închisoare cu diverse ramificații, veți avea nevoie de ajutor din exterior. Există excepții, dar ele rămân... excepționale!

Să amintim un aspect. Unii așteaptă „un declic" ca să plece, deoarece în reviste se menționează adesea acest lucru. Dar nimeni nu-și spune în mod rațional: *„Dacă ea o va face din nou, gata, am plecat."* Există, de fapt, picătura care efectiv umple paharul. Acest aspect se leagă de creierul reptilian, cel a cărei funcție este de a ne asigura supraviețuirea. Conștientizarea menționată mai sus poate fi o condiție prealabilă, dar de obicei este foarte bruscă: victima simte dintr-odată că există un pericol iminent. O simte în măruntaie, și nu la nivel mental. Ceea ce declanșează o reacție nu este un declic intelectual, ci instinctul de supraviețuire. De fapt, aproape toți bărbații care au scăpat din această închisoare recunosc: „Era timpul, dacă nu o făceam, nu se mai alegea nimic de mine."

Asta nu înseamnă că se poate pleca imediat, cu toate că au existat și astfel de cazuri. Mai presus de orice, înseamnă a simți dintr-odată în adâncul tău că trebuie să pleci cât mai repede posibil. Este o senzație acută, greu de reprimat și necântărită din toate unghiurile, viscerală. În timp ce unii pleacă imediat, mulți concep o strategie de evadare, astfel încât să aibă succes și să nu întâmpine pericole suplimentare (de exemplu, dacă se dorește luarea copiilor odată cu plecarea). Prin urmare, fuga nu este un proces pur intelectual. În primul rând, este o reacție emoțională puternică. Abia după aceea neuronii se pun pe treabă și încep să elaboreze un plan de evadare.

Mărturie

„Luni la rând, am continuat să merg înainte și înapoi. Treceam de la certuri și lupte violente la apropieri și îmbrățișări toride. Relația dintre noi putea să semene cu o relație pasională ca în filme. De fapt, a fost patologic și devastator. Mă distrugeam. Într-o zi, am simțit cum totul se prăbușește brusc. Nu știu... Privirea ei cred că a pus capac. M-am speriat de ea mai mult ca oricând. S-a întâmplat dintr-odată și a fost cât se poate de bătător la ochi. Dar nu semăna cu o urgență. Pur și simplu, mă cuprinsese teama că aș putea fi distrus și aș dispărea dacă aș mai rămâne chiar și o secundă. Eram năucit. De îndată ce a părăsit apartamentul, m-am uitat pe fereastră. Când am văzut-o urcându-se în mașină și gonind, mi-am făcut imediat bagajul și am fugit acasă la un prieten. Nu m-am mai întors niciodată și nici nu am mai luat vreodată legătura cu ea."

În fața pericolului și atunci când ne confruntăm pe nepusă masă cu un sentiment de frică, primul lucru la care ne gândim pentru a preveni primejdia este fuga. Lupta este al doilea proces la care apelăm atunci când ceva împiedică fuga. Dacă frica este prea intensă, putem să rămânem paralizați (încremeniți). Când plecăm, auzim dintr-odată semnalele de alarmă corelate cu instinctele noastre de bază. În această mărturie, decizia se ia într-o clipă. Un astfel de comportament inopinat poate părea nerațional, dar fiind amplificat de tot ceea ce victima a experimentat, un singur indiciu (și anume privirea manipulatoarei) i-a ordonat în mod brutal să lase totul în urmă, în ideea de a se proteja. Indiferent de scenariile implementate, factorul declanșator este teama brutală și intensă că propria integritate (psihică și/sau fizică) va fi distrusă.

Cereți ajutor

Ajutor terapeutic

Iată și un lucru care este adesea adevărat, din păcate: bărbații își dau foarte rar seama că au nevoie de terapie. Când hotărăști să mergi la un terapeut nu înseamnă că ești nebun. Acesta este un profesionist care vă însoțește în situațiile dificile din viață: poate fi o dependență, o despărțire, un deces, o concediere, o relație perversă etc. În acest caz, este necesar să mergeți la un terapeut specializat în manipulare. Nu toți sunt. Dacă cel la care mergeți este, atunci aveți parte de unul dintre cele mai bune ajutoare pe care le poate primi o victimă pentru a înțelege ce s-a întâmplat, ce se petrece în momentul de față și ce se poate face pentru a ieși din acest scenariu infernal. Nu există o rețetă miraculoasă, iar terapeutul nu poate rezolva situația în locul dumneavoastră. Dar el vă poate însoți într-un mod deosebit de eficient, ajutându-vă să vă reorganizați și avertizându-vă împotriva tuturor capcanelor pe care manipulatoarea le-ar putea născoci în continuare, făcându-vă rău. Aproape toți bărbații care apelează la un terapeut în acest stadiu spun același lucru: „Era timpul, nu mai puteam s-o suport", „Urma să fac ceva iremediabil". Prin „iremediabil", trebuie să înțelegem un act de potențială agresiune împotriva acelei femei; iar unele crime sau sinucideri chiar constituie punctul culminant al acestei descinderi în iad, în timp ce altele își au rădăcinile în astfel de situații critice.

Cum să vă alegeți terapeutul? Dacă există o recomandare din partea unei persoane dragi, atunci este în regulă. În caz contrar, puteți apela la Anuarul medicilor unde veți găsi cei mai buni profesioniști din domeniu. Ceea ce ar trebui să vă motiveze alegerea mai presus de toate este chiar prima întâlnire și cum vă simțiți în urma ei. Chiar dacă este recomandat de un prieten care vă spune lucruri extraordinare despre el, este posibil ca acel terapeut să nu fie neapărat potrivit pentru dumneavoastră, mai întâi pentru că fiecare om are propria sa personalitate unică și, în al doilea rând, pentru că situațiile tuturor sunt specifice. Concentrați-vă pe ascultarea activă și binevoitoare, pentru că aceasta este cea mai mare nevoie a dumneavoastră în acest stadiu. Această ascultare nu îl va împiedica pe terapeut să fie cât se poate de „direct", dacă vă aflați într-un posibil pericol sau dacă este necesar să vă „scuture" puțin, pentru că păreți să înotați într-un ocean de iluzii.

Detașarea și atitudinea neutră tipice unor specialiști mai reci în abordare pot să nu ajute sau să fie întru totul nepotrivite. Într-adevăr, aveți nevoie să spuneți lucrurilor pe nume, să fiți întrebat cu privire la experiența avută și eventual să fiți eliberați de vinovăție.

Este important să vă simțiți realmente auzit și înțeles, fără o judecată moralizatoare sau tăceri care să nu vă ofere niciun feedback cu privire la cum și ce simțiți.

Când vi se prescriu calmante fără a diseca sau a aduce la cunoștința terapeutului violența îndurată ori chiar fără a se pune un diagnostic amănunțit despre ceea ce se întâmplă, acest lucru poate avea consecințe grave. Realitatea este că o victimă se poate folosi de tratamentul medical și chiar abuza de el ca singură posibilitate de a se calma, fără ca situația să se schimbe în vreun fel. Este un lucru care îi consolidează pasivitatea și amplifică problema, deoarece simptomele sunt mascate, netratându-se cauza lor. În plus, s-ar putea să i se pară că aceasta este singura cale posibilă și tolerabilă de a se împăca cu inacceptabilul, ajungând în unele cazuri să contemple sinuciderea. Prin urmare, trebuie să alegeți un profesionist cât se poate de familiarizat cu diversele aspecte ale manipulării mentale și perverse. În cazul în care simțiți că psihoterapeutul la care mergeți nu vă înțelege, schimbați-l. Nu intrați într-o analiză (de tip freudian, de exemplu) pentru a înțelege toate motivele care v-au putut împinge către această relație. Și nici nu vă aflați acolo pentru a trata neliniștea sau o „banală depresie" cu niște antidepresive oarecare. Sunteți acolo pentru a înțelege prin ce treceți, pentru a vă elibera de vinovăție, pentru a vă reconstitui și a găsi mijloacele necesare să scăpați de sub această dominație.

Înțelegerea violenței și cum să te eliberezi de sentimentul de vinovăție

Cum putem înțelege ce s-a întâmplat

Terapia vă va face să parcurgeți mai multe etape. Fiecare specialist are propriul protocol, însă dacă discutăm la modul general, va exista un demers salvator, menit să facă lumină asupra celor întâmplate și să vă ajute să gestionați emoțiile ca să vă eliberați de sentimentul de vinovăție, apoi o serie de doliuri ce trebuie ținute și, în cele din urmă, va avea loc reconstrucția individualității victimei.

Pentru unii bărbați, este limpede: vor să-și părăsească partenerele, însă nu știu cum să o facă. În schimb, mai există și cei care nutresc încă speranța că soțiile lor se pot schimba. De aceea este esențial pentru o victimă să poată vorbi cu cineva, în ideea de a înțelege ce i se întâmplă. Pot exista faze „cu dus și întors", derutante pentru cel care ascultă: „Trebuie să o părăsesc, este un monstru care mă distruge", frază urmată de observații de tipul: „Nu, nu am cum să plec, o iubesc prea mult." Iar după cum am văzut, aceasta se întâmplă îndeosebi atunci când vorbim despre dominația sexuală.

Mai poate apărea și iluzia că manipulatoarea l-ar putea totuși iubi. Lipsa aceasta de coerență vine din natura perversă a seducției ori din alternarea momentelor frumoase și urâte (mecanismul cu palma și mângâierea), făcând situația de neînțeles pentru victimă, deși nu reprezintă nimic altceva decât o tactică pentru a menține forța dominației la cote ridicate. Tot visând sau tânjind după trăirea unor clipe frumoase, victima atenuează momentele neplăcute sau preferă să le ignore de-a binelea. Pentru ea, este o măsură de apărare, întrucât încearcă să disocieze emoțiile apăsătoare și patetice de momentele pozitive, privilegiindu-le pe acestea din urmă. În aceasta constă și dovada provocării unei distrugeri mentale și psihice deopotrivă.

Când crede că femeia cu care are de-a face îl iubește, pentru bărbatul victimă acest lucru reprezintă în egală măsură un mijloc de a salva aparențele și de a nu ajunge pe fundul prăpastiei.

Realitatea este că nimănui nu i-ar fi ușor să spună – și să-și spună – că a iubit și a trebuit să îndure purtarea violentă a unei persoane care nu i-a răspuns la sentimente. Chiar dacă este de înțeles, riscăm să ne învârtim în cerc în felul acesta. Acesta este momentul în care terapeutul trebuie să ia măsuri și să spună lucrurilor pe nume, însemnând să afirme clar că există anumite comportamente tolerabile, iar altele de-a dreptul inadmisibile. Din primul moment în care se atentează în mod deliberat și repetat la integritatea (psihică sau fizică) unei persoane, trebuie să știm că așa ceva nu este acceptabil, chiar dacă vor exista pe lângă purtările nefirești și răgazuri neutre ori chiar pașnice. Acestea din urmă nu le scuză câtuși de puțin pe primele. Expresia „are și părțile ei bune" nu poate sub nicio formă să scuze, să anuleze sau să justifice actele de violență.

Odată ce s-au lămurit lucrurile, am înțeles și am admis că trăim angrenați într-un sistem pe cât se poate de *manipulator* și toxic, dar și că manipulatoarea nu-și va recunoaște niciodată nicio parte din vină și, mai ales, nu se va schimba (cu atât mai mult cu cât nu se face vinovată de nimic și oricum are mereu dreptate!), se poate spune că primul mare pas a fost deja făcut. Descoperim că femeia aceea obișnuită să terorizeze funcționează, de fapt, după niște stereotipuri, frizând uneori grotescul. Ne dăm seama că exigențele și crizele ei de furie seamănă izbitor cu ale unei puștoaice capricioase și prost crescute, care pur și simplu vrea totul *chiar acum*. Încetăm să ne mai dorim ca ea să se schimbe, nici măcar nu mai sperăm la lucrul acesta, înțelegând totodată că este extrem de limitată în ceea ce privește modul de a opera; în afară de umilirea celuilalt, denigrarea și maltratarea sa, vărsându-și veninul amar fără dram de considerație, nu se poate spune că știe să facă mare lucru. Ba nu, știe să se pună în valoare și să se prezinte ca un model de virtute și adevăr! Unicul adevăr este că știe doar să joace bine un singur act dintr-o singură piesă de teatru, și aceea slabă.

Cum ne eliberăm de sentimentul de vinovăție

Bărbații care au trecut printr-o relație de dominație recunosc fără prea mare dificultate că relația lor a murit de mult. În ciuda acestui lucru, și ei simt nevoia să înțeleagă violența de care au avut parte pentru a-și pune ordine în gânduri și a găsi o logică și o coerență în acest tsunami emoțional. Chiar dacă au priceput că partenerele lor nu se vor schimba nicicând, rămân totuși cu un oarecare sentiment de vinovăție, mai mare sau mai mic, de care trebuie să se elibereze *„N-ar fi trebuit să..."*, *„Eu sunt vinovat că..."*, *„Eu sunt de vină, nu mi-am dat seama că..."*, *„Numai eu am greșit, era limpede că..."*, *„Nu a greșit numai ea, este de înțeles că..."* Orice act de violență rămâne un act de violență. Doar dacă nu cumva l-ați provocat chiar dumneavoastră și în mod intenționat, nu aveți de ce să vă asumați răspunderea și nici de ce să vă simțiți vinovat. Sintetizarea situației, exprimarea trăirilor, a emoțiilor și a gândurilor care însoțesc toate acestea reprezintă o etapă elementară. Când, în sfârșit, putem discuta liber despre ceea ce am trăit sau trăim cu o persoană care facilitează deschiderea unui spațiu prielnic comunicării, în care ne simțim în siguranță și înconjurați de bunăvoință, o persoană care ascultă, pune întrebări, asigură, explică, raționalizează și mai ales ne ajută să ne eliberăm de sentimentul de vinovăție, abia atunci constatăm că ni se face un bine de proporții, că sunt șanse să o luăm de la capăt și în alt mod.

În paralel, însă, mai există un sentiment de culpabilizare ce poate să apară: victima este cuprinsă de furie, ar vrea să se răzbune, visează să-și facă praf torționara, pedepsind-o la propriu cu proxima ocazie când va fi față în față cu aceasta și reducând-o la tăcere. Victima știe foarte bine că „așa ceva nu se face“ și, în plus, dorința aceasta de a distruge nu se potrivește cu principiile și valorile sale. Ea se consideră extrem de rea; știe că nu are dreptul, nici legal și nici etic, însă se lasă totuși acaparată de furia ei oarbă!

Rolul celui care se îngrijește de victimă este de a explica mai întâi că aceasta este o reacție umană și că lucrurile pe care le simte sunt legitime. Apoi, de a arăta că există o mare diferență între a dori un lucru și a trece la fapte. Și că, în cele din urmă, această fantezie poate acționa ca o supapă pentru a elibera o revărsare de emoții negative și impulsuri răzbunătoare. Poate ameliora și reduce tensiunea resimțită, iar răzbunarea violentă rămâne doar o fantezie trecătoare, fără a se transforma în acțiune.

Această verbalizare și înțelegerea proceselor implementate fac posibilă începerea unei program de recuperare. Astfel, victima încetează să mai fie închisă cu ea însăși, cu vinovăția și cu resentimentele ei. Dacă nu elimină toate acestea, cicatricea nu se va putea vindeca. Zece, douăzeci de ani mai târziu, durerea persistă, amărăciunea rămâne și, cum toate acestea revin iar și iar, ca într-o buclă, pretențiile legate de recuperare pot deveni neraționale, existând și riscul de a atinge statutul unei eterne victime, care nu evoluează deloc; nu a depășit un anume punct și rămâne blocată. De aici și nevoia de a curăța eficient toată murdăria, pentru a duce din nou o viață echilibrată și sănătoasă.

Cum se ține doliul după fosta relație

Acest aspect important merge mână în mână cu înțelegerea violenței. Atunci când un bărbat victimă este o persoană profund amabilă, întâmpină mari dificultăți când trebuie să accepte că partenera care îl torturează poate acționa negativ fără a simți pic de remușcări sau vinovăție. El nici măcar nu-și poate imagina că ea ar fi în stare de așa ceva fiind pe deplin conștientă și chiar simțind plăcere. Pentru a determina oamenii să accepte ceea ce pare de neconceput poate fi nevoie de timp și de răbdare. La aceasta se adaugă o convingere puternică: aceea că, înțelegând și evitând orice dispută sau supărare, manipulatoarea își va schimba abordarea, determinată să-și pună la îndoială propriile alegeri și eventual modificându-și comportamentul. Unii bărbați sunt convinși că prin blândețe și bunătate pot triumfa, dar și că opunându-se violenței prin nonviolență reprezintă singura modalitate prin care manipulatoarea se poate calma. Avem, de pildă, o multitudine de citate de la Gandhi sau Dalai Lama pe această temă. Aceste citate sunt adevărate și aplicabile... în alte circumstanțe, în cu totul alte contexte. În prezent, realitatea este următoarea: manipulatoarea nu se va schimba deloc, va găsi întotdeauna calea de a răsturna cumva situația și de a transfera responsabilitatea în spatele celuilalt, astfel încât să aibă tot ea – încă o dată – dreptate. Din nou, trebuie precizat faptul că momentele de răgaz nu sunt despre dragoste: sunt o pauză strategică. Nu este un lucru ce se poate transmite cu ușurință, dar este esențial: oricât de dureros ar fi, se cuvine să începeți un doliu pentru a admite că așa-zisa relație pașnică și ideală pe care ați avut-o nu a fost decât un vis; ea nu există.

Doliul după o relație este menit să dea o semnificație acestei povești de neînțeles. De altfel, refuzați să răspundeți persoanelor care v-ar întreba: „Ce lecție poți învăța din tot ceea ce ai trăit?" sau „Care este partea din tine care trebuia vindecată?" Să nu mai amintim de acele tipuri de întrebări stupide, cu substrat moral și psihospiritual, dar care sunt total lipsite de respect față de suferința prin care treceți. Acestea nu merg adresate decât atunci când sunteți „vindecat".

Acest doliu poate atrage după sine și dorința de a înțelege de ce manipulatoarea s-a purtat în felul acesta cu dumneavoastră. Face trimitere direct la lucrul acela despre care am vorbit mai înainte: excesul de compasiune. Dacă doriți să înțelegeți o persoană care maschează fiecare aspect al realității și reinventează fiecare poveste, inclusiv pe cea proprie, veți irosi multă energie în speranța de a vă satisface nevoia de raționalitate, obținând de obicei mai multe întrebări dureroase decât răspunsuri liniștitoare. Mai ales că o explicație dată n-ar fi decât o posibilitate printre multe altele. Dacă doriți să înțelegeți în profunzime ceea ce vi se pare de neînțeles, așteptați ca emoțiile resimțite să scadă puțin în intensitate pentru a putea cântări din toate unghiurile această poveste înecată în contradicții.

Pe de altă parte, pentru victimele foarte raționale, care manifestă o nevoie aproape imperativă de a înțelege înainte de a putea trece la altceva, este necesar să se răspundă în același registru, printr-o argumentare structurată și fără a pierde esențialul în detalii. De exemplu:

„Din ceea ce mi-ați spus,

1. în copilărie, a trăit o relație de manipulare din partea tatălui ei, de la vârsta de... până la... , ceea ce a dus la……..;

2. a dezvoltat un comportament relațional structurat după cum urmează: ....;
3. în psihologie, aceasta se numește „........" ceea ce înseamnă concret că ....;
4. prin urmare, cu dumneavoastră, ea a........ ".

Acesta este doar un exemplu, dar care satisface nevoia de raționalitate. Depinde de fiecare terapeut să-și adapteze discursul în funcție de ceea ce percepe despre personalitatea victimei și nevoile acesteia din urmă.

Succesiunea doliurilor ce trebuie ținute

Prin urmare, sunt câteva perioade de doliu ce trebuie parcurse.

Doliul după relație. Este defunctă sau urmează să se termine și nimic nu o va mai reînvia; de altfel, nici nu trebuie să revină la viață.

Doliul primelor clipe. A fost minunat la început. Pentru a-l vrăji și atrage pe celălalt, a fost nevoie de seducție, dar aceasta doar a semănat cu dragostea; deși a fost idilică, etapa respectivă a reprezentat doar un pas necesar într-o strategie. Numai că a crede că primele momente sunt pe de-a întregul reale și se pot întoarce este o iluzie.

Doliul pentru înțelegerea acțiunilor. Aveți de-a face cu o poveste de manipulare perversă. A înțelege și explica de ce manipulatoarea a acționat așa ține, în unele situații, de eforturile avocatului, și nu al victimei. În plus, există cauze multifactoriale și, prin urmare, există și riscul ca totul să intre pe terenul unei psihologizări infinite, fără elemente pozitive. Cu excepția rezervei la care ne refeream anterior, în cazul în care se simte o nevoie absolută de raționalitate.

Doliul pentru înțelegerea istoriei. Este strâns legat de cel anterior. De ce s-a dezvoltat relația în acest fel și nu altfel? Din cauza dinamicii manipulării, cu resorturile ei complexe, rareori liniare și greu de explicat. Există o mulțime de motive pentru care cel mai bine este să renunțați. Prin urmare, trebuie să acceptăm că nu putem explica sau înțelege totul. De exemplu, există părinți care-și torturează copiii. Se poate constata cu ochiul liber. Este de înțeles acest lucru?

Doliul prin care ne justificăm alegerile și căutăm înțelegere. Acest lucru a fost subliniat de mai multe ori: este în zadar să-i ceri unei manipulatoare să dea dovadă de empatie sau să vrea să-și recunoască greșelile. Nu o va face niciodată, convinsă că are dreptate și că, prin urmare, victima greșește. Punct. Dacă perseverați în această discuție inutilă și imposibilă, ea va face orice pentru a vă convinge că vedeți lucrurile doar din perspectiva dumneavoastră măruntă, îngustă și egoistă și că, dacă există o persoană manipulatoare în relație, aceea sunteți chiar dumneavoastră! Cu siguranță nu ea, sărmana victimă!

Doliul pentru un viitor ideal. Ați visat un viitor extraordinar, o soție minunată, o casă frumoasă, copii frumoși și explozii de râsete și veselie. Și apoi, ceea ce ați experimentat a fost exact opusul: ați avut parte de o relație tristă, glacială, exasperantă, violentă. S-a prăbușit o lume întreagă, un viitor cu totul luminos pe care a trebuit să-l dați uitării, aruncându-l la gunoi. Din nou, dacă v-a însoțit parțial în acest vis, a făcut ceea ce face un pescar atunci când aruncă momeala în apă, astfel încât peștii vin și mușcă din cârlig în loc să-și urmeze drumul. Era absolut necesar să creeze o dependență! Uneori este foarte dureros să realizezi lucrul acesta, să-l trăiești pe propria piele, din cauza sentimentului amar de trădare. Este cu mult mai violent decât o relație de iubire care se încheie pur și simplu. Deoarece în relația aceasta ați fost folosit ca un obiect.

În plus, această dependență ar fi putut deveni o adevărată adicție, concretizată în „crize în cazul unor perioade de sevraj", așa cum se întâmplă în cazul oricărei dependențe. Chiar și după ce ați părăsit-o, există momente în care, dacă o întâlniți din nou, femeia se dovedește a fi plăcută din punct de vedere relațional, ispititoare din punct de vedere fizic, foarte dulce, toată numai un zâmbet. Într-o secundă, ești tentat să uiți totul și să pleci cu ea la braț, ca și cum nimic nu s-ar fi întâmplat. De fapt, reîncepe operațiunea „seducția", însă trebuie să știți că are să dureze mult mai puțin acum, deoarece vă cunoaște deja slăbiciunile și a depus eforturi îndelungate să vă manipuleze; noua lună de miere vine și pleacă mai repede ca o rachetă.

Doliul după relațiile idilice într-o lume minunată. Tuturor ne-ar plăcea ca fiecare ființă umană să fie bună, respectuoasă, să acționeze cu bunăvoință și în scopul întrajutorării, să arunce zâmbete calde în stânga și-n dreapta. Ar fi grozav, nu-i așa? Da, ar fi, numai că nu este cazul. În realitate, există oameni care ar face orice pentru ca lucrurile să meargă bine și alții care ar face totul pentru ca ele să meargă rău. Cu unii se creează relații constructive, iar cu alții – relații distructive. Și tot așa. Nu este cazul să manifestăm neîncredere față de toată lumea, dar nici să ne încredem în oricine, fără pic de discernământ. Fie că ne place sau nu, răutatea și violența se numără și ele printre caracteristicile lumii în care trăim. Iar dacă nu vrem să recunoaștem lucrul acesta, le putem întâlni oricând în forme dintre cele mai agresive.

Și, cu siguranță, nu e mai bine să ne lăsăm abuzați. În cazul în care căutăm să evităm violența cu orice preț, ajungând chiar în punctul în care generăm în felul acesta comportamente violente, descoperim că nici aceasta nu este o opțiune viabilă. Fără a cădea într-un cinism absolut, este obligatoriu ca bunătatea să fie lăsată deoparte când nu mai echivalează cu bunăvoința, ci cu naivitatea și refuzul de a vedea realitatea. Toate aceste doliuri nu sunt deloc ușoare. Dar sunt necesare pentru a nu rămâne blocați în relații dezastruoase și pentru a reprograma un viitor care să rezoneze cu noi. Acesta este unul dintre motivele pentru care este deosebit de important să alegem în mod inspirat un specialist care să ne însoțească în demersurile noastre. Deoarece, pentru victimă, totul aduce întrucâtva cu amestecarea mai multor emoții haotice și a nenumărate gânduri contradictorii într-un shaker. Puțin câte puțin, trebuia ca lucrurile să se reașeze la locul lor, așa cum suprafața unui lac revine la forma de dinainte după ce am aruncat în apă niște pietre.

Recuperarea

Redefinirea nevoilor

O mulțime de victime sfârșesc prin a-și uita nevoile pe care le au. Prinse în capcana satisfacerii nevoilor manipulatoarei și chiar condiționate să o facă, adesea pierd contactul cu ceea ce le este lor necesar. Un lucru facilitat și amplificat uneori de însăși educația de care au avut parte, care le-a întipărit bine în minte această disociere: „Dacă te gândești la tine, înseamnă că ești egoist", „Nu te mai văicări și strânge din dinți" și tot așa. Pe de altă parte, adesea se face confuzie între poftă, dorință și nevoie. Dorinței i se atașează ideea de superfluitate, de neesențial, iar nevoia este asociată cu necesitatea. Dacă îmi e sete, am o nevoie.

Însă dacă aleg să mi-o potolesc cu vin în loc de apă, atunci e vorba de dorință.

O poftă sau o dorință poate să nu cunoască limite, sunt trăiri efemere și pornesc dintr-o lipsă imaginară. Nesatisfacerea lor atrage după sine o frustrare: așteptarea împlinirii unui lucru practic inexistent. Dar o nevoie reprezintă o lipsă reală, iar nesatisfacerea acesteia generează tulburări mult mai serioase. Așa se face că nevoia împinge la îndeplinirea unor lucruri pe care le percepem ca fiind necesare, ba chiar indispensabile. Și tot de aceea se întâmplă ca neglijarea propriilor nevoi să poată avea consecințe greu de trecut cu vederea.

Exista un număr mare de clasificări ale nevoilor, printre care și cea elaborată de Abraham Maslow[3], mai degrabă criticată decât luată ca sistem de referință, care uneori regrupează itemii sub alte tematici. Într-o manieră cât mai simplificată, putem împărți nevoile în trei clase:

- nevoile primare sau fiziologice: satisfacerea lor este indispensabilă (a respira, a se hrăni, a bea, a dormi etc.) ori cel puțin necesară (a se îmbrăca, a avea un adăpost etc.) . Nesatisfacerea lor este dramatică din punct de vedere fizic.
- nevoile secundare: dimensiunea lor este psihologică și pune accentul pe calitate (a se distra, a se îmbrăca într-un anume fel, cu un anumit tip de haine, a avea o viață socială sau culturală etc.). Nesatisfacerea lor nu este vitală, însă poate da naștere unei nefericiri, unui disconfort.

---

[3] Abraham Maslow (1908-1970): psiholog american, cunoscut pentru ierarhia nevoilor umane, reprezentată sub forma unei piramide.

- nevoile fundamentale: acestea permit dezvoltarea individuală (nevoia de dragoste și de apartenență, de stimă de sine, de realizare, de spiritualitate și de sens, de conexiune la valorile proprii etc.). Nesatisfacerea lor este dramatică din punct de vedere psihologic.

Într-o relație de manipulare, victima suferă deseori din cauza nesatisfacerii (suficiente) a nevoilor secundare și fundamentale. Rareori se întâmplă să nu fie satisfăcute nevoile primare, însă se poate întâmpla și așa ceva. Atunci când vrem să scăpăm dintr-un sistem care ne domină, mai putem adopta o altă clasificare legată de nevoile relaționale și de nevoile de satisfacție personală, acordându-ne timpul necesar pentru a completa tabelul următor:

Ce este toxic	
Ce ține de confort	
Ce este esențial	

- Ce este toxic se referă la tot ceea ce vă secătuiește de energie, lucrurile de care nu reușiți să scăpați sau pe care le faceți atunci când chiar nu aveți de ales. Într-un cuvânt, vorbim despre ce este *dăunător*. Într-o relație de cuplu, este vorba despre toate acele lucruri ce caracterizează o manipulatoare. Dar se poate referi și la alte persoane. De exemplu, acele persoane care nu fac decât să le denigreze pe altele, care nu vă ascultă niciodată și raportează totul la ele etc. De fapt, aici ne referim la acele persoane pe care le lăsați în urmă spunându-vă că v-ați pierdut vremea cu ele sau, chiar mai mult, că ar fi fost mai bine să nu vă fi intersectat cu ele niciodată. Prin urmare, merită din plin să luați în calcul întreruperea unei relații care nu vă aduce nimic pozitiv.

- Ce ține de confort se referă la lucrurile de care ați putea accepta să vă despărțiți dacă ar fi realmente nevoie. V-ar costa, dar ați putea depăși această pierdere cu condiția să fiți despăgubit într-un fel sau altul. Acest nivel de „confort" trebuie respectat cât mai des posibil deoarece, deși vă puteți adapta dacă dispare, poate fi costisitor. De aici și nevoia de despăgubire. De exemplu, puteți locui într-un spațiu mai mic, mai puțin confortabil, dacă se află într-un mediu care vi se potrivește (vecini, zonă etc.). Pe de altă parte, o casă mai mare și mai frumoasă, dar împărțită cu o persoană care vă maltratează, vă face să reveniți la ceea ce este toxic (probabil chiar la ceea ce ați experimentat trăind alături de o manipulatoare).
- Ceea ce este esențial înseamnă nivelul la care nu puteți ignora situația, altminteri aveți garantată neliniștea, care poate fi profundă. Să distingem trei niveluri:
  - În partea de jos: satisfacerea nevoilor dumneavoastră de bază, atât fiziologice (hrană, adăpost și îmbrăcăminte), cât și psihologice (a avea stabilitate familială și profesională, posesiuni proprii, a deține un spațiu privat cu limite clare și pe care nu le încalcă nimeni etc.).
  - În mijloc sunt nevoile dumneavoastră sociale (a avea un cerc de prieteni, acceptarea și recunoașterea felului în care sunteți cu adevărat etc.) și acele nevoi legate de stima de sine (îngrijirea de sine, timp pentru propria persoană etc.). Când aceste nevoi sunt satisfăcute, surplusul înseamnă confort, ba chiar mai mult decât este

necesar. La nivel relațional, dacă persoana cu care vă împărțiți viața vă acceptă așa cum sunteți, vă recunoaște calitățile și vă prețuiește, atunci atingeți punctele esențiale pe care le-ați avut în vedere. Însă dacă se întâmplă invers, relația este toxică.

- La vârf: viața dumneavoastră interioară, nevoile spirituale și valorile pe care le aveți. Legătura cu valorile proprii și satisfacerea lor regulată este un punct important și nu este suficient de bine evidențiat. Adevărul este că a merge într-o direcție ce se opune acestui lucru esențial implică un consum de energie deosebit de însemnat. Lupta împotriva sinelui nu produce niciodată un rezultat pozitiv, dimpotrivă. De exemplu, dacă principala valoare la care țineți este respectul, veți putea avea o viață satisfăcătoare numai dacă mediul în care trăiți este unul guvernat de respect. Dacă ar trebui să vă „adaptați", v-ar fi imposibil sau ar necesita un efort considerabil. Deci, este în interesul dumneavoastră să încheiați (sau să vă distanțați în mod semnificativ de) relațiile cu oameni care nu manifestă respect (față de dumneavoastră sau față de ceilalți).

Acest ultim punct trebuie avut în vedere atunci când începeți o relație. S-ar părea că, în momentul în care se instalează un sistem de dominație, manipulatoarea încearcă să vă anihileze sistemul de valori. O face, de exemplu, când vă determină să credeți că, dacă vă maltratează și vă umilește, acționează spre binele dumneavoastră. Tragedia este că puteți ajunge să o credeți. După ce acționează împotriva valorilor pe care le aveți și la care țineți, le distruge și ajungeți să nu mai aveți niciun reper, fără să mai știți ce este bine și ce nu. Cunoașterea propriilor valori face posibilă sesizarea și conștientizarea momentelor în care acestea sunt subminate și, prin urmare, posibilitatea de a reacționa.

Acest tip de gândire are două impacturi pozitive:

1. Vă permite să doriți anumite lucruri și să le refuzați pe altele. Atunci când o relație de dominație a dat naștere obiceiului de a asista neputincios la felul în care aceste nevoi vă sunt denigrate sau respinse, trebuie să lucrați la propriile convingeri pentru a învăța din nou cum să vă respectați și să vă faceți respectat. Prin urmare, se fac concomitent demersuri privind identificarea, dar și permisiunea pe care v-o acordați. Permisiunea înseamnă înțelegerea, acceptarea și verbalizarea (față de dumneavoastră și față de celălalt) a faptului că sunteți pe deplin îndreptățit să doriți sau să nu doriți anumite lucruri. Legitimitatea se referă la dreptul personal de a avea anumite preferințe, de a fi în armonie cu ceea ce credeți că este esențial și de a fi fericit.
2. Vă puteți modifica sistemul relațional: acesta afirmă preferințele și antipatiile dumneavoastră, laolaltă cu alegerea persoanelor cu care vreți să relaționați și a celor de care preferați să fugiți. Acesta este un prim pas pentru a scăpa de potențiale dependențe viitoare. Filosoful Gustave Thibon a rezumat această problemă într-o manieră simpatică: „A te iubi cu cineva înseamnă a-ți fi foame împreună cu el, nu a vă devora reciproc."

Abia după această clarificare a propriilor nevoi veți putea învăța cum să stabiliți unele limite și să refuzați ce nu vă convine. Când este cazul de așa ceva, indiferent de incredibilele promisiuni ce vi se flutură prin fața ochilor, puneți punct relației care abia începe, de îndată ce constatați că lucrurile esențiale pentru dumneavoastră lipsesc. Am văzut deja că etapa seducției nu era decât mirajul de dinaintea dezastrului. Ceea ce astăzi lucește de-ți ia ochii, mâine va fi dureros.

Cunoașterea propriilor limite și solicitarea ca ele să fie respectate pot deveni realitate grație unei propoziții aparent simple: „Nu vreau", dar care necesită învățare, deoarece există două gânduri viclene, care zac ascunse undeva în adâncuri.

1. Primul ține de culpabilizare: *„Am dreptul să spun că nu vreau asta?"*, *„Oare nu sunt prea egoist refuzându-i celuilalt ce vrea, chiar dacă eu nu vreau asta?"*
2. Al doilea vizează frica: *„Ce se va întâmpla dacă nu accept?"*, *„Ce va crede celălalt despre mine dacă refuz?"*, *„Posibil să-mi dea papucii, în loc să fie debutul unei relații foarte bune?"*

Veșnica ambivalență a acestei faze de seducție, în care speranța pentru un viitor minunat se amestecă cu teama că acesta nici nu are șanse să existe dacă hotărâți efectiv să fiți cum sunteți cu adevărat. Manipulatoarea categoric se joacă cu aceste două senzații, până când ajungeți să nu mai dați ascultare propriilor nevoi, iar capcana este astfel pregătită. Or, când spuneți: „Nu vreau", lucrul acesta permite scurtcircuitarea acelui joc de dominație. Fapt care vă permite să vă afirmați puterea, dar și să rămâneți la cârma propriilor alegeri, în loc să cedați mereu în fața celuilalt.

Dacă acceptați o dată să nu fiți ascultat, o veți face și a doua oară și va deveni un obicei. În ziua în care veți spune „nu", celălalt se va amuza pe seama dumneavoastră, amintindu-vă că ați acceptat mereu până acum, astfel încât să vă simțiți vinovat că ați îndrăznit brusc să vă afirmați propriile preferințe! Dacă aveți o inimă bună și o predispoziție către bunătate, nu vă lăsați înșelat de situație. Aceasta înseamnă să nu vă întrebați: *„Dacă simt că o iubesc cu adevărat, nu ar trebui să accept ceea ce vrea?"*, ci mai degrabă: *„Sunt respectat dacă accept ceea ce vrea ea?"*

Haideți să fim mai preciși: nu este vorba despre a refuza totul și a face concesii pentru celălalt! Este vorba despre respect. *„În dragoste, trebuie să faci compromisuri"*, auzim spunându-se adesea. Da, dar nu pe o nimica toată. Să ne întoarcem la tabelul cu nevoi. O concesie asupra lucrurilor neesențiale n-ar trebui să fie o problemă. În ceea ce privește confortul, la fel, dar atâta vreme cât este o concesie echitabilă. Pe de altă parte, nu la fel stau lucrurile atunci când vine vorba despre o concesie pentru ceva esențial în ochii dumneavoastră, deoarece atunci cădeți automat în ceva toxic.

Cuvântul „nu" poate să pară mic și nesemnificativ, dar este el însuși *o propoziție în sine,* foarte dificil de pronunțat ca atare de unii oameni. Pentru victimă, aceasta este una dintre marile greutăți cu care se confruntă și îl pronunță urmat adesea de „dar"-uri menite să introducă fel de fel de compromisuri și să invoce justificări peste justificări, ca să-și explice alegerea. Numai că „dar"-ul de după anulează acel prim cuvânt; știm cu toții că un „da, dar" înseamnă „nu". La fel, un „nu, dar" echivalează cu

„da" pe jumătate, iar manipulatoarea va ști cum să întoarcă situația în favoarea ei.

Veșnicul cortegiu de diferite temeri. Încrederea în sine presupune să poți afirma liniștit ceea ce vrei și ce nu vrei. Când nu vrem ceva, ei bine, atunci spunem pur și simplu „nu". Este un cuvânt ce nu trebuie lătrat, ci rostit sobru și ferm, fără a adăuga nimic, adică fără a lăsa loc de interpretări. Când cineva spune „ăăh... nu știu... vezi tu, păi... mie nu prea-mi convine", vorbele de genul acesta sunt numaidecât luate drept ceea ce și sunt, de fapt: o ezitare evidentă, o replică nerumegată îndeajuns, la care celălalt se înfige fără să stea pe gânduri, strivind orice opunere. Așa ajungem să spunem „da", chiar dacă gândim „nu", să ne supărăm pe celălalt și pe noi și, iată, să fim implicați într-o chestiune care este limpede că nu ni se potrivește, fără a putea să mai dăm înapoi.

Dacă o persoană își afirmă preferințele nu înseamnă că este agresivă, ci doar că pretinde ca personalitatea, integritatea și nevoile sale să fie respectate. Acest lucru se învață, mai întâi în situații cu miză mică, sub forma unui fel de antrenament, pentru a câștiga treptat mai multă încredere în propriile puteri și a-și permite în cele din urmă un „nu" cinstit, atunci când nevoile de bază sunt (sau riscă să fie) încălcate. A le cere celorlalți să arate respect implică mai întâi să te faci respectat, iar toate acestea pornesc, firește, de la respectul de sine. Se poate spune că exact în asta constă întreaga provocare într-o relație cu o manipulatoare.

Să ai încredere în tine înseamnă să ai încredere în capacitatea ta de a face o alegere și de a decide. Aspect de cele mai multe ori paralizat de cele două modalități de gândire evocate anterior, atâta doar că, în momentul în care unui om îi este clar care-i sunt nevoile, dar și ce poate considera ca fiind acceptabil și inacceptabil, poate impune limite. Când decidem cu toată ființa că merităm să fim fericiți, ambii parteneri pot trăi o relație împlinită și echilibrată.

Opusul încrederii în sine este incapacitatea de a afirma ceea ce ești și ceea ce vrei din cauza unei anumite frici: de judecata și privirea celuilalt, fapt ce duce la capitulare. Sprijinul terapeutic ajută la crearea și apoi la dezvoltarea acestei dimensiuni, la înțelegerea faptului că dragostea nu are nimic de-a face cu senzația de sufocare cauzată de frici imaginare și iraționale. Este un lucru care ne permite, încet și sigur, să ne implicăm în raport cu persoana care ni se potrivește și să evităm să cedăm în fața oricărui cântec de sirenă, care este cu siguranță fermecător, dar la fel de sigur și mortal.

Coresponsabil?

Dar oare bărbatul care a căzut victimă a unei manipulatoare are și el partea sa de responsabilitate? Putem afirma că este coresponsabil pentru nenorocirea pe care o trăiește? Teoretic, el joacă un rol-cheie: fără victimă, un călău este șomer. Privită din acest unghi, situația pare să se explice prin faptul că victima acceptă ca relația să fie perversă. Dus până la absurd, acest „raționament" o exonerează pe manipulatoare de orice responsabilitate. Cam așa și sună discursul ei: dumneavoastră, victima, sunteți în proporție de 100% responsabil pentru relație, iar ea 0%. Aceasta este și părerea oamenilor care nu știu ce înseamnă să fii dominat de cineva. Așa cum am tot discutat și în paginile anterioare, realitatea este cu totul diferită.

Totuși, chiar dacă acum victima a putut constata că nu a fost răspunzătoare în mod direct pentru toate acestea, există alte riscuri. Poate considera că nu are cum să schimbe situația actuală și atunci, brusc, se poate blaza total, adoptând un rol absolut pasiv. Așa se face că, acceptând tot ce se petrece cu ea și în jurul ei, ajunge în mod paradoxal coautoare a propriei nefericiri. Această problemă a coresponsabilității este, prin urmare, importantă, numai că răspunsul necesită un pic mai multă dezvoltare decât un simplu „da" sau „ba". Violența exercitată de manipulatoare există prin prisma interacțiunii pe care aceasta o întreține cu prada ei. Prin urmare, putem fi tentați să spunem că vina se împarte jumătate-jumătate între persoana care agresează și cea care acceptă să fie agresată. Dar este chiar mai complicat de atât, fiindcă de fapt totul depinde de punctul în care vă aflați în evoluția relației. În acest sens, putem distinge cinci etape:

1. Debutul relației: unde există faza de seducție, apoi cea a lunii de miere, după care o decădere. Cam în timpul decăderii ar trebui ca victima să se sesizeze și să acționeze. La asta ne-am referit când am accentuat ce înseamnă încrederea în sine, afirmarea sinelui și recunoașterea propriilor nevoi și valori. Dacă victima nu reacționează și nu acceptă să vină în întâmpinarea sinelui, atunci poartă o parte din vină, deoarece se angajează și mai mult într-o relație dezechilibrată. Adesea, la baza acestui fapt stă o lipsă de stimă de sine, o teamă de abandon, un sistem de convingeri moștenite prin felul în care a fost crescută, din propriile experiențe de viață... Toate acestea nu vin în sprijinul unui comportament asertiv. La fel de mult contează faptul că victima permite să se instaleze obiceiuri contrare intereselor sale. Dacă bărbatul în cauză ar contracara-o imediat pe

manipulatoare (și nu este nevoie să fie agresiv, este suficient să fie clar cu intențiile sale și felul în care și le exprimă), aceasta din urmă, după ce va fi negat și se va arăta ofensată (lucru de înțeles, dat fiind felul său de a gândi), ar ajunge să înceteze cu abuzul și probabil ar pune punct relației (ceea ce ar fi, de fapt, un lucru bun!).

2. Relația în care începe să se instaleze dominația: acest lucru este diferit. Am văzut deja că anestezierea se produce pe nesimțite și că victima își pierde treptat abilitățile de apărare, oprindu-și indicatorii de alertă. Bruiați sau deconectați, aceștia transmit informații de neînțeles. Dezarmat în fața mecanismelor de manipulare mentală, bărbatul intră în capcană fără să-și dea seama.
3. Relația în care dominația își face deja de cap: de la un anumit nivel încolo, se poate afirma că victima s-a deconectat de la sine și că nu mai are capacitatea de a acționa sau de a reacționa. Este supusă, fără să știe cum să iasă din această dominație. O situație de genul acesta este foarte greu de înțeles, după cum ni se arată într-o poveste recentă. În februarie 2018, unei femei i s-a refuzat indemnizația maximă la care avea dreptul după ce devenise paraplegică în urma abuzurilor la care o supusese partenerul ei de viață: tovarășul ei abuziv o aruncase, fără niciun motiv, de la etajul doi al clădirii în care locuiau și continuase să o insulte și să o bată. Judecătorii au decis că este vina ei pentru că se întorsese în apartamentul unde trăia cu bărbatul respectiv. Avocații acesteia au denunțat, și pe bună dreptate, lipsa totală de înțelegere a fenomenului de dominație (care, în acest caz, fusese dovedit).

4. Conștientizarea: victima a înțeles ce se întâmplă, dar nu schimbă nimic în comportamentul său. Caz în care devine coresponsabilă. Acest lucru nu înseamnă că este responsabilă, dar se face vinovată la propriu măcar parțial, deoarece a înțeles ce mecanisme au fost puse în aplicare și totuși nu se clintește. Nu înseamnă nici că este floare la ureche să faci față, însă de-acum putem trage concluzia că și victima joacă un rol în derularea evenimentelor. O primă schimbare de comportament poate consta în căutarea de ajutor în exterior.
5. Indecizia: victima este conștientă de modul de acționare al manipulatoarei și de pericolele cu care se confruntă. Poate chiar să facă terapie sau să primească sprijin, dar, dat fiind că se agață de speranța că partenera se va schimba la un moment dat sau de fantezia conform căreia romantismul promis cândva își va face în cele din urmă loc în viața sa de cuplu (iar asta în ciuda tuturor dovezilor ce indică contrariul), ea decide totuși să le treacă pe toate cu vederea și să adopte politica struțului. Este ca și cum ar spune: „Mă întorc la pericol, dar refuz să țin seama de el sau să consider că există." Sunt bărbați care își justifică alegerile de genul acesta invocând „dragostea" (nume pe care ei îl dau dependenței lor) sau convingerile lor religioase, cum este cazul deja celebrului sindrom Stockholm, la care am făcut deja referire. Pornind de aici, se dezic de statutul lor de victimă pentru a se dedica celui de complice, astfel că ajung să împartă responsabilitatea pentru situația din relația cu partenerele lor manipulatoare.

„Darling, you gotta let me know/Should I stay or should I go?"[4] cântau cei de la The Clash într-o piesă celebră. Iată, așadar, cum pune cineva problema. Într-o relație de manipulare, toată lumea cade de acord asupra faptului că există o singură regulă de urmat: fugi și nu te uita în urmă! Într-o situație de dominație, totul se rezumă la a evada cu orice preț. Și totuși, unii rămân. Din nou, nici acest lucru nu este atât de clar pe cât s-ar putea crede.

În cazul femeilor manipulate de un bărbat, unele dintre ele se simt tulburate la gândul de a se găsi singure, complet neajutorate și într-o situație precară sau dramatică. Au adoptat diverse strategii pentru a face față situației cât mai bine cu putință, sunt preocupate să-și păstreze copiii, iar dominația sub care se află permanent le face să creadă că nu s-ar putea descurca pe cont propriu în viață.

Ne putem întreba dacă lucrurile stau altfel pentru un bărbat. Realitatea este că și un bărbat poate întâmpina aceleași probleme. Se poate teme de singurătatea emoțională și de privarea de sex dacă alege să plece. Poate amâna plecarea și suporta violența până când copiii ajung să se descurce singuri. Copiii reprezintă aproape întotdeauna o miză și o constrângere deosebit de puternică. Astfel, se întâmplă ca mulți bărbați să se trezească cu propriii lor copii manipulați împotriva lor dacă pleacă, fără ca ei să mai aibă apoi posibilitatea de a le schimba părerea și implicit de a repara situația. Există, de asemenea, și cei care s-ar trezi fără resurse și/sau locuință ori care se tem de represalii teribile din partea partenerelor lor. Nu în ultimul rând, sunt cei care oscilea-

[4] „Draga mea, ai face bine să-mi spui/Să mai stau sau să plec odată?".

ză suspendați undeva între cele două, caz în care nu mai suportă câte trebuie să îndure, dar nu știu ce să facă și încearcă să găsească alternative. Este, de pildă, cazul unui director executiv care urăște călătoriile, dar a continuat să negocieze contracte de cealaltă parte a lumii ori de câte ori a putut, pentru a petrece cât mai puțin timp posibil acasă. Odată divorțat, a încetat imediat orice deplasare de genul acesta, iar acum își trimite colaboratorii să călătorească de cealaltă parte a planetei în locul său. Dar au trecut mai mult de cincisprezece ani până a decis să divorțeze – împovărat de presiunile mediului social, de convingerile sale religioase și, nu în ultimul rând, fiind îngrijorat pentru copiii săi.

Când un bărbat decide să meargă la terapie, înseamnă că efectiv nu mai suportă. Adesea este ultima soluție, deși unii nu îndrăznesc sau nu vor să o creadă și... continuă așa, distrugându-se treptat. După ce au fost date toate cărțile pe față, iar situația explicată, iar bărbatul a luat hotărârea de a nu mai fi victimă și a-și relua viața, mai trebuie să răspundă la următoarea întrebare: „Ce vă doriți cu adevărat?" De-acum, el este cel care decide și-și asumă responsabilitatea pentru alegerea sa: să plece sau să rămână în continuare lângă partenera sa.

Dacă decide să plece, acest eveniment se cere pregătit, nu numai în ceea ce privește modul de a face anunțul, ci și ce strategie urmează să adopte, în special în strânsă colaborare cu un avocat care înțelege provocările ce țin de această situația aparte (mai ales dacă sunt implicați copii). În cazul în care decide să rămână, o face pentru că a înțeles pe deplin ce se întâmplă și face eforturi în sensul contramanipulării. Orice este posibil, chiar și să ajungem în stadiul în care trecem de la postura de victimă la cea de complice. Diferența este că, în momentul de față, decizia poate fi luată acum într-un mod pe de-a întregul conștient.

De asemenea, unii află că, scoțând la lumină manevrele manipulatoarelor care le sunt partenere, este ca și cum s-ar fi desprins de ele. O manipulatoare (la fel ca un manipulator) nu este din cale-afară de inventivă. Oricât de rea și de malefică ar fi, „tehnicile" ei sunt aproape întotdeauna aceleași. Când în sfârșit le înțelegem, este ca la teatru, manifestând reflexe aproape pavloviene: dacă el spune cutare lucru sau nu face un altul, atunci ea va reacționa în cutare fel. Odată ce bărbatul își dă seama că o mulțime de reacții sunt previzibile, acesta este ca „scos din priză" – însemnând că dominația încetează să mai aibă efect, deoarece victima cunoaște ce stă la baza ei. Bărbatul devine din nou stăpân pe joc.

Mai poate descoperi și că, sub această carapace dură de care s-a temut atâta vreme, nu se află decât o biată femeie, plină de îndoieli și puncte vulnerabile, dar și că fricile care l-au terorizat nu diferă mult de cele din copilărie, când îl încercau niște emoții puternice la spectacolul lui Guignol. Dominația nu mai ține, torționarul îi pare acum o păpușă de cârpă. În cazul în care decide să rămână, depinde de el să stabilească dacă relația este încă viabilă sau nu și dacă este bună pentru el sau nu. Este o alegere intimă și personală: persoana care îl însoțește în acest demers este acolo pentru a-l informa pe acel bărbat, și nu pentru a decide în locul lui.

Concluzie

Când violența iese din scenă

N-ar trebui ca, în urma parcurgerii acestor pagini, să ne imaginăm că s-a urmărit construirea unei imagini degradate și degradante a femeilor. Un număr infinit de femei sunt ființe de foarte bună calitate. Iar manipulatoarele în niciun caz nu sunt majoritare. Ele reprezintă doar 3% din populația franceză, dar, atunci când apar, perversitatea lor corespunde tabloului întunecat zugrăvit aici și în general. În funcție de fiecare poveste în parte, există evident și nuanțe. Unele femei se angajează într-o manipulare „ușoară", altele întrec măsura, ajungându-se la situații iremediabile. Între cele două, există o gamă întreagă de comportamente care, în orice caz, produc efecte cel puțin negative, dacă nu sunt distructive de-a dreptul.

N-ar trebui nici să fim tentați să credem că violența psihologică este mai puțin gravă decât violența fizică. Doar că și capacitatea acesteia de a provoca răni adânci este puternică. Puteți „ucide" psihic în spatele ușilor închise. La fel de distructiv este sentimentul de a fi luat în posesie și folosit aidoma unui obiect, de a te afla la mila cuiva, neputincios, chiar dacă uneori se întâmplă mai discret.

Violența fizică este cât se poate de vizibilă. Lasă urme, vânătăi, răni, uneori se lasă cu spitalizări și, pentru ca totul să fie autentificat în mod oficial, cu un certificat medico-legal. Femeile vor depune plângere pentru o lovitură primită, dar bărbații bătuți vor ascunde acest lucru. Această violență este tabu. Potrivit ONDRP *(Observatorul Național pentru Delincvență și Răspundere Penală),* atunci când 10 din 100 de femei depun o plângere în urma abuzurilor pe care le-au suferit – ceea ce este oricum foarte puțin – numai 3 din 100 de bărbați îndrăznesc să apeleze la justiție.

Dar ar trebui să ne punem întrebarea: ce urme vizibile lasă violența morală? Niciuna, nu-i așa? Dominația este cel mai adesea greu recognoscibilă (iar uneori de neconceput) pentru persoanele din afară, mai ales când, ca orice bună manipulatoare care se respectă, femeia în cauză adoptă o atitudine fermecătoare și absolut agreabilă în societate! Dar nu toate: unele sunt ca o pacoste, chiar și în public, și nimeni nu vrea să o vadă, ceea ce nu face decât să-i izoleze și mai mult pe partenerii lor.

Numai cei care au studiat fenomenul manipulării cunosc bine victima și sunt înzestrați cu o sensibilitate fină pentru a o atenționa în acest sens. Unele comportamente li se par ciudate și le atrag atenția asupra lor. Dar abordarea subiectului este întotdeauna dificilă. Și totuși, legătura de încredere trebuie să fie puternică și cât se poate de autentică pentru ca un bărbat să îndrăznească să recunoască ceea ce îi face chiar soția lui. Pentru ceilalți, care nu pot înțelege (sau nu vor să înțeleagă), analiza se rezumă la următorul lucru: el îi rămâne alături fie pentru că o iubește mult, fie pentru că găsește niște avantaje în traiul alături de ea.

Ce bărbat ar fi de acord să vorbească despre faptul că trăiește un iad, doar pentru ca toți ceilalți să se lege în consecință de lipsa lui de virilitate (ca să nu ne exprimăm mai vulgar)? Care este bărbatul care ar accepta să se refere la impotența sa psihică și să se aleagă în schimb nu cu compasiune, ci cu o sumedenie de glume proaste despre neputința fizică? Niciunul n-ar face-o. Acesta este motivul pentru care acești bărbați tac și încearcă să facă tot posibilul să nu fie distruși sau să nu se distrugă singuri.

Chiar dacă acest lucru ne-a făcut să repetăm de mai multe ori unele noțiuni, accentul a fost pus în mod deliberat pe fenomenul dominației, cu tot cu manifestările sale de vinovăție și pierderea reperelor de orice fel. Vorbim despre un fenomen insuficient cunoscut și neluat în considerare sub toate dimensiunile sale. Raționalizăm lucrurile pornind de la logica noastră carteziană și liniară, judecând pe baza a ceea ce cunoaștem. Numai că dominația nu ține seama de toate acestea și nici nu se poate explica prin prisma lor; și în condițiile în care acest fenomen se produce mai degrabă în umbră, judecățile peremptorii despre acești bărbați sunt foarte frecvent (dacă nu chiar întotdeauna?) paralele cu realitatea, deoarece se bazează pe aparențe deosebit de înșelătoare.

Dominația poate fi văzută altfel: să ne gândim o clipă la experimentul acela cu broasca așezată într-o oală cu apă, pe care o puneți pe foc. Pe măsură ce temperatura apei crește, broasca își reglează temperatura corpului. Apa se încălzește foarte încet, iar broasca se adaptează de fiecare dată. Când apa ajunge în punctul de fierbere, broasca decide să sară, dar nu poate, deoarece și-a consumat toată energia cu reglarea temperaturii corporale, așa că moare. Credem că moartea broaștei a fost provocată de apa clocotită. Dar, de fapt, ceea ce a ucis-o a fost incapacitatea ei de a decide când să sară.

La fel, ne adaptăm la oameni și situații, dar pentru a ne menține integritatea trebuie să stabilim echilibrul între nevoia de adaptare și nevoia de a pleca. Dacă permitem unei persoane să ne exploateze psihic, fizic, emoțional și financiar, va continua să o facă. De aceea este bine să săriți, înainte ca apa să fiarbă, săriți cât încă mai aveți puterea de a o face!

Înainte de a deveni neputincioși, ba chiar cu vreo două etape înainte! În primul și-n primul rând, nu uitați că trebuie să conștientizați ce se petrece, de fapt. La nivel personal, mă adresez mai ales acelor bărbați atrași într-un vârtej de neînțeles, care nu reușesc să-și reorganizeze gândurile, să vadă unde sunt depășiți și ce îi distruge. La nivel colectiv, de asemenea, este cazul ca rudele, dar și autoritățile medicale, de poliție și judiciare în mod deosebit, să înțeleagă ce se întâmplă și să-și modifice viziunea pentru a oferi un ajutor real și eficient. Fie ca aceste pagini să-i ajute pe toți să-și îmbunătățească abilitățile analitice și să întindă o mână de ajutor, cu inteligență și bunătate.

Al doilea punct ar fi că, indiferent de durata abuzurilor și natura violenței suferite, nu trebuie omis faptul că există bărbați care se reconstruiesc singuri, care renasc. Mulți învață din nou să se bucure de viață, să-și refacă puternicele legături frumoase cu copiii lor, pe care crezuseră cândva că i-au pierdut, iar uneori ajung să întâlnească o femeie blândă, sensibilă, iubitoare și veselă, cu care în sfârșit pot crea ceea ce își doriseră dintotdeauna. Aceste relații, bazate pe temelii solide, reprezintă adevărate promisiuni de fericire sinceră și constructivă.

„Există un singur rău iremediabil: să te abandonezi pe tine", scria Goethe. Redobândirea încrederii în sine devine apoi primul pas spre libertate, libertatea proprie. Manipularea nu este o fatalitate. Nu există nicio obligație și niciun determinism în a suporta capriciile și cerințele unei persoane; nu are nimic de-a face cu dragostea. Să-l ascultăm pe Montesquieu: „Efectul firesc al iubirii este de a-i face fericiți pe cei care se iubesc." Vânătăile se vindecă și, odată ce ați învățat să renunțați la cele obișnuite să captureze și să tortureze, devine posibil să vă numărați printre cei care-și construiesc relații fericite. Se întrevede posibilitatea de a experimenta ceea ce vă doreați de mult: împărtășirea bunăvoinței, a împlinirii și a armoniei.

Mulțumiri

Aș dori să-i mulțumesc în special lui Christel Petitcollin, care are o experiență deosebit de vastă în fenomenele ce țin de manipulare; îi sunt recunoscător pentru ascultarea atentă, sfaturile înțelepte, bunăvoința și entuziasmul ei debordant.

Barbarei Tassart, ale cărei competențe în calitate de terapeut sexual mi-au permis să îmbunătățesc în mod util perspectiva despre sexul folosit ca „armă".

Tuturor acelor bărbați care mi-au acordat încredere și mi-au spus poveștile lor, cu multe detalii din sfâșietoarea intimitate a violenței pe care au suferit-o sau încă o îndură.

Despre autor

Xavier Cornette de Saint Cyr este coach și formator în domeniul inteligenței relaționale, dar și un cunoscut psiholog practician și scriitor. Deprins cu tainele coaching-ului și familiarizat cu diferite abordări în psihoterapie, filosofie și dezvoltare personală, el susține pe oricine se află în căutarea stării de bine. Scopul urmărit este dobândirea unor abilități, încrederea în sine, comunicarea constructivă, prevenirea conflictelor și căutarea sensului vieții.

Pagină online:
http://xavierdesaintcyr.com

Au mai apărut la Editura Philobia

Colecţia **Emisfera dreaptă**

Jeanne Siaud-Facchin – **Prea inteligent ca să fii fericit?** Adultul supradotat

Christel Petitcollin – **Gândesc prea mult.** Cum să îți gestionezi fluxul neîntrerupt de gânduri

Myriam Ogier – **Creierul drept în țara creierelor stângi.** Atipic, intuitiv, creativ: găsește-ți locul dacă simți că ieși din tipare

Christel Petitcollin – **Copilul meu gândește prea mult.** Cum să-ți înțelegi și să-ți ajuți copilul hipersensibil, hiperemotiv și hiperempatic

Christel Petitcollin – **Cu cât sunt mai inteligent, cu atât sunt mai ușor de manipulat.** De ce sunt manipulabil atunci când gândesc prea mult

Colecţia **Perverșii narcisici**

Jean-Charles Bouchoux – **Perverșii narcisici sau violența invizibilă.** Cine sunt? Cum acționează? Cum ne protejăm?

Caroline Bréhat – **Am iubit un manipulator.** Mărturia unei femei prinse în capcana unui pervers narcisic

Christel Petitcollin – **Cu cât sunt mai inteligent, cu atât sunt mai ușor de manipulat.** De ce sunt manipulabil atunci când gândesc prea mult

Julie Arcoulin – **Părinții toxici.** Cum să te vindeci de un părinte manipulator pervers narcisic

Jean-Charles Bouchoux – **Rana de abandon.** Vindecă-ți angoasa de abandon și încetează să mai fii o victimă

Christel Petitcollin – **Copiii manipulatorilor.** Cum îi protejăm?

Christel Petitcollin – **Scapă de manipulatori.** Există soluții!

Marie-France Hirigoyen – **Hărțuirea morală.** Violența perversă în viața de zi cu zi

Julie Arcoulin – **Stop manipulării mentale.** Cum să te salvezi dintr-o relație în care ești dominat psihologic

Isabelle Nazare-Aga – **Manipulatorii sunt printre noi.** Cine ne manipulează și cum ne putem proteja